111 GRÜNDE, TAUCHEN ZU GEHEN

Für Rudi, Leo und Maja

Bettina Winert

111 GRÜNDE, TAUCHEN ZU GEHEN

Eine Liebeserklärung an die Unterwasserwelt

SCHWARZKOPF & SCHWARZKOPF

INHALT

Warum es mich immer wieder in die Tiefe zieht

Vorwort

Jeder Mensch, der ein Hobby mit Begeisterung und Freude ausübt, hat seine ureigene Motivation. Wir suchen Entspannung, Ruhe, den ultimativen Adrenalinkick oder eine Auszeit vom Alltag. Wir wollen mit Gleichgesinnten zusammen sein, uns austauschen und gemeinsam etwas erleben. Wir wollen an unsere Grenzen kommen und Ängste überwinden. Wir möchten die Welt sehen, Natur erleben und an entlegene Orte reisen. Wir möchten unsere Hobbys regelmäßig ausüben, um unseren Alltag bunter zu gestalten. Tauchen ist für mich genau diese ultimative Auszeit, die angenehmste Nebensache der Welt.

Die Begriffe »abtauchen« oder »untertauchen« sind fest in unserem Wortschatz verankert. Diese Worte sind nicht unbedingt positiv behaftet, denn wer ab- oder untertaucht, hat oft etwas auf dem Kerbholz. Unter- und abtauchen stehen als Synonym für entkommen, fliehen oder abhauen. Sieht man diese Begriffe aber ohne die negative Wertung, passen sie perfekt zu uns Tauchern.

Als Taucher entkommt man der täglichen Routine und der Welt, wie wir sie kennen. Man verschwindet von der Bildfläche und verlässt die gewohnte Umgebung. Taucher entfliehen der hektischen Welt, dem Lärm und der zunehmenden Geschwindigkeit. Man taucht unter, in ein anderes Universum, das den Menschen an der Oberfläche verborgen bleibt. Lässt sich hinabsinken in die magische Unterwasserwelt, die einen nie wieder loslässt. In der alles anders ist, als man es gewohnt ist. Taucher bewegen, kommunizieren und atmen anders als an Land. Nichts, was man unter Wasser sieht, findet man an Land, es sei denn, es ist von oben dort hingebracht worden. Tauchen macht etwas mit uns Menschen. Dieser Sport berührt die Sinne, die Seele und den Geist. Tauchen öffnet den Blick für das Unsichtbare, ob auf den Malediven oder in den heimischen Seen. Überall gibt es etwas zu entdecken. Als Mensch wird man demütig, wenn man einen riesigen Mantarochen oder einen Walhai sieht. Aber auch eine Begegnung mit einem Hecht in den heimischen Seen erinnert uns daran, dass die Natur vor unserer Haustür vielfältig und schützenswert ist. Tauchen macht uns zu Weltreisenden, wir kommen in Gegenden, in die man, ohne diesen Sport auszuüben, fast nicht kommen würde. Praktischerweise wird oft vor Traumkulissen getaucht, die besten Tauchspots finden sich in tropischen Gefilden, vor malerischen Inseln oder einer beeindruckenden Bergkulisse. Tauchen ist ein geselliger Sport, denn man taucht eigentlich fast nie alleine. Auf der ganzen Welt lernt man Menschen aus allen Ländern, Berufsgruppen und Altersklassen kennen und schätzen. Oft ergeben sich neue Freundschaften, denn man verbringt viel Zeit miteinander und teilt eine Leidenschaft. Tauchen lässt Raum für Einsamkeit, für Ruhe und Entschleunigung. Die Stille, das Besinnen auf den eigenen Körper sowie die Konzentration auf eine Sache, all das wirkt meditativ und tut der Seele gut.

Bettina Winert

1. KAPITEL

KÖRPER UND GEIST

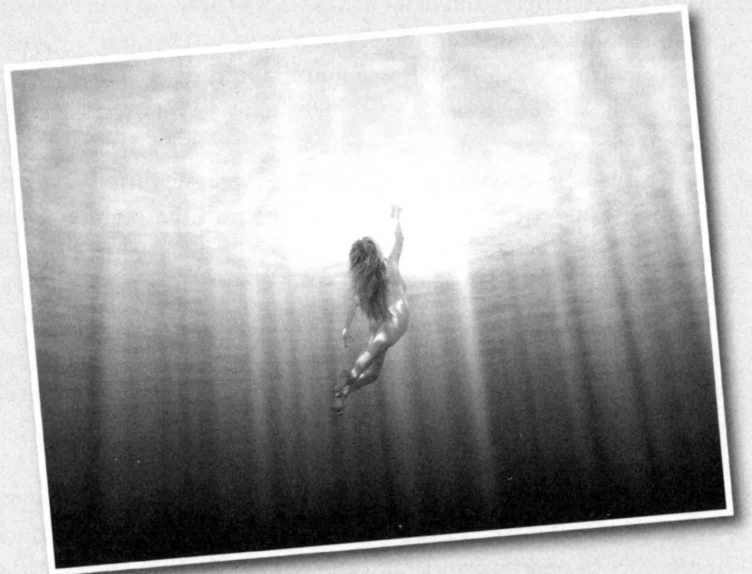

1. GRUND

Weil Tauchen ganzheitlich gut tut

Tauchen ist ein Sport, der den Körper und den Geist gleichermaßen beansprucht und beeinflusst. Wenn wir Taucher unserem Hobby nachgehen, lassen wir uns in die Tiefe fallen, geben ein Stück weit schon gleich die Kontrolle auf, so wie wir sie an Land über unseren Körper haben. Sobald Taucher die Wasseroberfläche durchbrechen, umarmt sie das tiefe Blau des Wasser und lässt einen die Realität umgehend vergessen. Leicht wie eine Feder dringt man mit ruhigen Flossenschlägen tiefer und tiefer in das Unbekannte vor und verspürt eine innere Ruhe, die zunimmt, je weiter man sich in die Tiefe fallen lässt. Der Körper begibt sich fast automatisch in eine entspannte Position, die es dem Taucher erlaubt, durch das Wasser zu gleiten, ohne die Unterwasserwelt zu zerstören.

Die Schwerelosigkeit wirkt wie eine Therapie, sie nimmt die Last von überbeanspruchten Gelenken und dem durch zu viel Sitzen schmerzenden Rücken. Die Hände, die den ganzen Tag mit Tastatur, Smartphone oder Arbeitsgerät beschäftigt sind, haben keine konkrete Aufgabe. Entspannt und lässig verschränken Taucher ihre Arme vor ihrem Köper und stabilisieren so ihren Oberkörper. Die Atmung wird gleichmäßig und ruhig, um den Luftverbrauch zu minimieren und dadurch den Tauchgang zu verlängern. So verfällt der Taucher in eine fast meditative Art zu atmen, Zug um Zug, einatmen und ausatmen. Die Konzentration auf das Wesentliche. Atmen, Flossenschlag. Atmen, Flossenschlag. Atmen, Flossenschlag. Die einzigen Geräusche, die hörbar sind, sind die des eigenen Köpers und das Blubbern des Lungenautomaten. Diese Stille ist in unserer Welt zu einem Luxusgut geworden, überall sind wir permanent mit Lärm konfrontiert. Die Unterwasserwelt ist einer der wenigen Orte der Stille. Kein klingelndes Handy, keine telefonierenden Mitmenschen, keine plappernden Freundinnen oder Straßenlärm.

Diese Ruhe gibt uns mentale Freiheit. Wir können 60 Minuten lang den Luxus genießen, gedanklich komplett frei und nur bei uns zu sein. Natürlich dürfen wir nicht vergessen, auf unseren Tauchpartner zu achten und in einem Notfall sofort zu reagieren. Dennoch kann man nirgendwo so entspannen wie beim Tauchen. Die Sorgen, die Ängste und der Alltag bleiben im wahrsten Sinne des Wortes an Land. Es geht ausschließlich um den aktuellen Augenblick. Atmung, Flossenschlag, Luftverbrauch, Zustand des Tauchbuddys, Orientierung und Natur. Statt im Internet zu surfen oder zu telefonieren, schauen wir eine kleine Ewigkeit den hektischen Clownfischen zu, wie sie ihre Anemone bewachen. Oder wir suchen im See einen Hecht im Seegras, der gut getarnt auf Beute wartet. Nichts, aber auch gar nichts lenkt uns von diesen Momenten im Wasser ab. Natürlich könnten wir unsere Gedanken an die Oberfläche steigen lassen und uns mit Problemen beschäftigen, die im Alltag auf uns warten. Wir können es aber auch einfach sein lassen, denn unter Wasser ist genug los und genug zu machen, um sich nicht in die Gedankenspiralen der Welt an Land hineinreißen zu lassen.

Stattdessen leben wir in dem Moment unter Wasser, nichts anderes hat Bedeutung. Es ist wie eine Stunde autogenes Training, in der wir lernen, komplett abzuschalten und uns zu entspannen. Diese Entspannung ist ganzheitlich, Körper und Geist werden gleichermaßen eingeschlossen. Wir bewegen uns ein Stück weit außerhalb von Zeit und Raum, lediglich die uns zur Verfügung stehende Luft und die Tiefengrenzen, die wir einhalten müssen, beschränken uns körperlich und setzen unserem Unterwasserabenteuer eine Grenze.

2. GRUND

Weil man sich komplett entspannen kann

Jedes Hobby verspricht Entspannung, Abstand von den Sorgen und eine Auszeit vom Alltag. Egal ob man wandert, Yoga macht, reiten geht oder auch kilometerweit läuft. Der Mensch sucht in diesen Aktivitäten eine Auszeit vom Alltag, und vor allem sucht er Entspannung. Denn im stressigen Alltag sind wir alle oft angespannt. Druck im Beruf, Terminstress im Privatleben. Wir sind im Alltag voll eingespannt. Zwischen Familie, Freunden und Beruf zerreißt es manche fast, sie können dem Druck nicht mehr standhalten. Als Ausgleich müssen also Hobbys her, die Entspannung versprechen. Tauchen hält für mich tatsächlich dieses Versprechen. Nirgendwo kann ich mich besser entspannen als unter Wasser. Denn wenn Menschen in die unendlichen Tiefen abtauchen, begeben sie sich in einen Zustand, der mit nichts auf dieser Erde vergleichbar ist. Die Konsistenz des Wassers, es ist dichter als die Luft an der Oberfläche, lässt uns Taucher geradezu schwerelos werden. Was als Erstes von uns abfällt, wenn wir abtauchen, ist also im wahrsten Sinne die körperliche Last. Denn einige Menschen empfinden ihr Leben geradezu als Last und spüren sie in ihren Muskeln und Knochen. Unter Wasser spürt man weder die kiloschwere Ausrüstung noch das eigene Gewicht noch die Sorgen, die auf dem Körper lasten. Das Wasser trägt den Taucher, er wird leicht wie eine Feder. Durch die richtige Körperhaltung, mit vor dem Körper verschränkten Armen und leicht angewinkelten Beinen, ein wenig wie ein Frosch, bewegen sich die Menschen mit sanften Flossenschlägen durch das blaue Wasser.

Die regelmäßigen Atemzüge haben eine meditative Wirkung, die Konzentration auf den eigenen Körper kann es mit jedem Yogakurs dieser Erde aufnehmen. Viele von uns atmen an Land nicht tief genug ein, atmen oberflächlich und hektisch. Beim Tauchen lernen wir wieder, Zug um Zug bewusst ein- und auszuatmen. Für mich persönlich ist Tauchen mein Yoga. Denn Yoga selbst ist einfach nicht mein Ding. Ich erlebe aber beim Tauchen genau die Dinge, die mir überzeugte Yoga-Jünger beschreiben. Ich spüre, wie verhärtete Muskeln weich werden, wie Spannungskopfschmerzen weg sind. Ich merke, wie das leichte Summen im Ohr, das sich durch Stress einstellt, verschwindet. Meine Rückenschmerzen, soweit sie keine ernste medizinische Ursache haben, verschwinden unter Wasser ebenfalls. Mit starken Rückenschmerzen gehe ich nicht tauchen, aber leichte Verspannungen im Nacken oder in den Schultern verschwinden beim Tauchen. Dies ist aber meine ganz persönliche Erfahrung und muss nicht auf jeden andern Taucher zutreffen. Mit Schmerzen ist nicht zu spaßen, und man darf sie gerade beim Tauchen nie unterschätzen.

Da unter Wasser nichts an die Welt oben erinnert, ist es ebenfalls recht einfach, auch geistig komplett abzuschalten. Sich auf die Unterwasserwelt zu konzentrieren, Fische zu entdecken und die Natur einfach auf sich wirken zu lassen. All das lässt uns die Welt da oben komplett vergessen. Ganz im Moment zu leben und sich ausschließlich auf sich und seinen Tauchpartner zu konzentrieren. Das macht den Tauchsport aus. Lediglich der Luftverbrauch und die Tauchtiefe sollten auch bei extremer Entspannung regelmäßig kontrolliert zu werden. Denn sonst wird der Tauchgang schnell sehr stressig und gefährlich.

3. GRUND

Weil man einfach abtauchen kann

Viele Menschen sagen oft im Spaß: »Ich würde so gerne einfach mal für einige Wochen untertauchen.« Sie meinen, sie möchten den Alltag komplett hinter sich lassen und nicht mehr erreichbar sein. Das Wunderbare am Tauchsport ist, dass man tatsächlich abtauchen kann. Denn wer sich durch die Wasseroberfläche fallen lässt, ist weg.

Für niemanden erreichbar. Was auch immer an Land passiert, es wird warten müssen, bis der Taucher wieder zurück ist. Kein Handy, das klingelt. Keine WhatsApp-, Facebook-Nachrichten oder E-Mails erreichen den Taucher unter Wasser. Man kann weder angesprochen noch angehupt werden. Man ist einfach weg. Abgetaucht, ohne Kontakt zur Oberfläche. Der beständige Geräuschpegel, der uns im Alltag wie ein dauerndes Rauschen umgibt, ist wie abgeschaltet. Man ist einfach mal weg, halt abgetaucht.

Da man so wenig Interaktion mit der Welt an Land hat und auch für die Zurückgebliebenen quasi unerreichbar ist und niemand so genau weiß, wo man gerade ist, finde ich den Begriff wirklich passend. Menschen, die untertauchen, wollen auch nicht erreichbar sein. Sie wünschen aus verschiedensten Gründen keinerlei Kontakt mit ihrem alten Umfeld, mit der Welt, aus der ihr Alltag sich zusammensetzt. Sie möchten für einige Zeit völlig unbehelligt, unkontaktiert und unerkannt leben. Sie wünschen keine Interaktion mit ihrem alten Umfeld, vielleicht auch nicht mit einem neuen Umfeld. Vielleicht möchten sie einfach nur mal raus aus dem Trott, dem Alltag. Natürlich ist mir bewusst, dass man das Wort »untergetaucht« eher in einem kriminellen Kontext verwendet, um Menschen zu beschreiben, die sich der Konsequenzen einer von ihnen begangenen Straftat nicht stellen wollen. Die irgendwas auf dem Kerbholz haben oder sich mit ihrer Familie, Freunden zerstritten haben oder auch sonst einfach keinen Ausweg aus einer schwierigen Lebenssituation sehen.

Aber es gibt auch Leute, die tauchen ab oder unter, weil sie keine Lust mehr auf den Alltag, ihr Umfeld oder ihr Leben, so wie es ist, mehr haben. Und damit kann ich mich ganz gut identifizieren. Ich genieße es, auch oft mal einfach abzutauchen und meinen Alltag komplett hinter mir zu lassen, nicht erreichbar zu sein. Und sei es nur für 60 Minuten. Das reicht manchmal schon, um sich oben wieder wohler zu fühlen.

4. GRUND

Weil man kaum kommunizieren muss

An Land dreht sich doch heutzutage alles um Kommunikation. Wir reden über das Handy, wir kommunizieren ununterbrochen in der Arbeit oder chatten mit Freunden, die wir so lange nicht gesehen haben, weil wir im Alltag kaum noch Zeit haben. Uns umgibt ein beständiges Grundrauschen an Kommunikation auf zig verschiedenen Kanälen. Kommunikation wird überall erwartet, immer sollen wir die richtigen Worte finden. Offen kommunizieren, authentisch über Dinge sprechen, aber Hauptsache, wir kommunizieren etwas. Auch wenn einige von uns vielleicht nichts zu sagen haben und auch nichts kommunizieren möchten. Wir müssen ständig und immer erreichbar sein. Das Firmenhandy bimmelt auch im Urlaub, selbst am Wochenende und aus dem wohlverdienten Urlaub sollen wir auf E-Mails antworten. Wer eine WhatsApp-Nachricht bekommt, von dem wird eine unmittelbare Antwort verlangt. Nachrichten trudeln über Facebook, Twitter und Instagram ein, auch hier sollen wir bitte sofort reagieren. Freunde erwarten sich ein Like in den sozialen Medien. Sonst kommt schnell mit vorwurfsvollem Unterton: Hast du meine Urlaubsfotos nicht gesehen …? Alles scheint sich immer und jederzeit um Kommunikation zu drehen.

Der durchschnittliche Sporttaucher hingegen gibt unter Wasser kaum einen Mucks von sich. Unter Wasser herrscht Stille. Es ist geradezu eine Wohltat, mal nicht reden zu müssen. Die Welt um sich herum mit sich selbst erleben, ohne ständig zu kommentieren, was man gerade sieht. Natürlich läuft auch ein Tauchgang nicht ganz ohne Kommunikation ab. Aber durch die eingeschränkten Möglichkeiten der Zeichensprache beschränkt sich dies auf Notfälle, die Kommunikation von Problemen, notwendige Fragen zum Ablauf des Tauchganges oder Hinweise auf das, was es dort unten zu sehen gibt. Unnötiges Geschwafel findet nicht statt.

Der einzige Nachteil ist, dass manche Leute ihre Worte unter Wasser geradezu aufsparen und ihre Mittaucher nach dem Tauchgang mit einer Lawine an Worten überschütten, da sie so überwältigt von dem Tauchgang sind. Aber das Austauschen nach dem Tauchgang gehört einfach dazu. Nur unter Wasser, während des Tauchganges, kann man einfach mal den Mund halten und es genießen, nicht zu sprechen. Man muss sich keine Urlaubsfotos ansehen, nichts erzählen und nichts kommunizieren. Eine willkommene Abwechslung von unserem Alltag.

5. GRUND

Weil man doch viel hört

Fragt man Taucher, was ihnen an ihrem Lieblingssport besonders gut gefällt, erwähnen viele die Stille unter Wasser. Im Vergleich zum Geräuschpegel an Land, ist es unter Wasser tatsächlich angenehm ruhig und an manchen Tauchplätzen geradezu gespenstisch still. Die einzigen Geräusche, die man immer hört, sind die eigene Atmung, das Geräusch des Atemgerätes und den eigenen Herzschlag. Es gibt aber auch unter Wasser durchaus Geräusche, da Wasser Schall besser leitet als die Luft. So hört man Motorboote oder auch Hubschrauber. Nervige Tauchguides, die penetrant bei jedem Clownfisch, den sie sehen, mit einem Metallstab auf ihre Flasche einprügeln oder wie von Sinnen diverse Rasseln schütteln, um mit Lärm ihre Kunden auf ebenjenen Clownfisch aufmerksam zu machen, gehören zu den weniger angenehmen Geräuschen unter Wasser.

Auch unangenehm finde ich die Zeitgenossen, die mit Unterwasserscootern alles andere als lautlos durch die Meere gleiten, aber dafür verdammt schnell sind. Ich liebe auch die Unterwasserfotografen heiß und innig, die nicht in der Lage sind, sämtliche Geräusche ihrer Kamera abzuschalten. So hört man das Klicken beim Abdrücken oder diverse Piepstöne, während der Taucher fotografiert, laut und deutlich. Andere haben alle Alarme aktiviert, die ihr Tauchcomputer hergibt. Manche Taucher stellen alle Alarme ihres Tauchcomputers so ein, dass diese beständig piepsen. Beim Auftauchen habe ich immer die Sorge, dass die Computer sich vor lauter Geräuschen und Blinken selbst in die Luft sprengen, weil ihre Drähte glühen und durchbrennen.

Es gibt aber auch angenehme Geräusche unter Wasser, nämlich die, die natürlichen Ursprungs sind. Fische, die an Korallen knabbern, zum Beispiel, sind relativ laut. Die Papageifische produzieren am Riff ein beständiges Knacksen und Knarren, während sie ihre wichtige Arbeit an den Korallenstöcken verrichten. Aber auch das Pfeifen der Delfine oder die verzückten Schreie der Mittaucher, wenn sie etwas Schönes sehen, sind gut zu hören. Ich habe eine Freundin, von der ich glaube, dass sie ganze Konversationen mit sich und anderen unter Wasser führt. Bei jedem Tauchgang hört man sie laut und deutlich. Zwar vernimmt man nur Gemurmel, Schreie und gedämpfte, undefinierbare Laute, was aber in Anbetracht des Atemreglers, der doch den größten Teil an Platz im Mund einnimmt, recht beeindruckend ist. Ganze Sätze, die Sinn machen, schafft aber nicht mal sie. Wobei das nicht unbedingt am Atemregler liegen muss, da kann man sich nun drüber streiten. Dennoch sind ihre Laute nicht unpraktisch. Denn wenn man sie kreischen hört, weiß man, dass es etwas zu sehen gibt. So ist also die absolute Stille unter Wasser eher ein Wunschdenken als ein tatsächlicher Zustand. Im Vergleich zur Welt an Land ist es aber unter der Oberfläche herrlich ruhig und still.

6. GRUND

Weil man sich auf sich selbst konzentriert

Tauchen ist eigentlich ein Teamsport, da man immer mindestens zu zweit tauchen sollte. Auch wenn es momentan einen Trend zum

Solotauchen gibt, wird der klassische Tauchgang in einer Konstellation von zwei Tauchern durchgeführt, und man sollte aufeinander achten. Dennoch muss man sich beim Tauchen auch gut auf sich selbst konzentrieren und sich mit seinem Geist und seinem Körper auseinandersetzen. Gerade am Anfang hat man Schwierigkeiten, die richtige Körperhaltung einzunehmen. Die Extremitäten gehorchen unter Wasser einfach nicht so richtig wie an Land. Die richtige Haltung muss trainiert werden. Statt horizontal ruhig im Wasser zu liegen, steht man als Anfänger oft wie ein Lemming aufrecht im Wasser und wirbelt mit den Flossen den Sand auf. Die Nervosität führt zu hektischen Flossenschlägen und Armbewegungen, was zu einem erhöhten Luftverbrauch beiträgt und nicht wirklich entspannend ist.

Mental muss man sich eigentlich entspannen, ist aber doch nervös, die lebensnotwendige Luft nur noch aus einer kleinen Flasche zu atmen. Durch einen Schlauch. Die Gedanken rasen, ob man sich in einem Notfall richtig verhalten kann. Tauchen ist gerade am Anfang harte Arbeit. Man muss sich selbst zwingen, ruhig zu werden und regelmäßig und entspannt zu atmen. Nach dem Tauchgang analysiert man, was schiefgelaufen ist und wie man es beim nächsten Mal besser machen kann. Von Tauchgang zu Tauchgang lernt man besser, in seinen Körper hineinzuhören. Aufkommende Nervosität, Überforderung und Stress rechtzeitig zu erkennen. Aber auch zu merken, wie man plötzlich doch komplett entspannt ist und den Tauchgang genießen kann. Sich mit den eigenen Bewegungen auseinandersetzen und überlegen, was man besser machen kann, um weniger Luft zu verbrauchen und entspannter zu tauchen. All das bringt einem viel über den eigenen Körper und Geist bei, und man lernt viel Neues über sich selbst. Je mehr Routine man beim Tauchen bekommt, desto besser kann man sich auf sich selbst konzentrieren, ohne den Buddy oder die Umgebung komplett aus den Augen zu verlieren. Je ruhiger man während des Tauchganges wird, desto weiter sinkt der Luftverbrauch, und der Tauchgang wird deutlich entspannter, wenn man nicht ständig Angst hat, ohne Luft zu bleiben.

Viele Dinge werden einfach automatisch richtig gemacht, wenn man schon viele Tauchgänge absolviert hat. Man nimmt fast schon unbewusst die richtige Körperhaltung ein, man macht langsamere Bewegungen unter Wasser und bewegt sich ganz entspannt vorwärts. Inzwischen nutze ich besonders den Tauchgang in den Seen, in denen ich schon oft unterwegs war, um mich wirklich nur auf mich zu konzentrieren. Ich verändere meine Körperhaltung hier und da, ich adjustiere meine Ausrüstung, teste meinen zweiten Atemregler oder übe die Maske auszublasen. Ich übe das Tarieren mit der Lunge und schaue ganz bewusst, was passiert, wenn ich tief ein- und ausatme. Manchmal ändere ich meinen Flossenschlag oder mache Purzelbäume, einfach nur um zu schauen, was passiert und was sich ändert. Ich lausche tief in mich hinein, höre meinen Herzschlag und mein Blut in den Ohren rauschen. Ich kann mich einfach nur auf mich konzentrieren, was wir in der hektischen Welt an Land viel zu selten machen.

Natürlich verliere ich bei alldem niemals meinen Buddy aus den Augen oder vergesse die Navigation unter Wasser. Sich völlig absorbieren zu lassen, ist beim Tauchen ein No-Go. Man muss immer den Kontakt zu den Mittauchern aufrechterhalten, egal wie entspannt man gerade ist und wie tief man in sich selbst hineinhört. In einem Notfall muss man sofort voll da sein und reagieren können.

7. GRUND

Weil man nicht nachdenken muss, aber nachdenken kann

Da man unter Wasser ja viel mit sich, seiner Ausrüstung oder seinem Tauchbuddy beschäftigt ist, hat man eigentlich gar keine Zeit, über Problemen zu brüten. Auch wenn man ganz entspannt vor sich hindümpelt und gute Sichtweiten im Meer genießt, gibt es unter Wasser so vieles, was ablenkt, und so viel zu sehen. Fische, die ihre Runden ziehen. Schildkröten, Delfine oder sogar Wale. Die Unterwasserwelt in den Meeren und Ozeanen ist dermaßen atemberaubend bunt und vielfältig, dass man oft gar nicht weiß, wo man zuerst hinschauen soll. Neben großen Fischschwärmen oder Schwergewichten wie Mantarochen und Walen gibt es auch jede Menge ganz kleiner Tierchen. Gut versteckte Schnecken, winzige Garnelen und perfekt angepasste Drachenköpfe, die man auf den ersten Blick fast übersieht. Aber auch in unseren Seen kann man sich mit der Unterwasserwelt prima ablenken. Es gibt Hechte, kleine freche Sonnenbarsche, riesige Welse oder auch Krebse zu sehen. Bei mir ist die Freude, im See einen Hecht zu erspähen, so groß, wie im Roten Meer einen Clownfisch zu sehen. Es gibt also genug Ablenkung beim Tauchen.

Wer sich unter Wasser dennoch gezielt beschäftigen möchte, kann dies ebenfalls machen. Entweder man übt einfach mal Unterwassernavigation und taucht nach ganz bestimmten Mustern mithilfe von Kompass und natürlichen Markierungen unter Wasser. Oder versucht, sich in der Unterwasserfotografie weiterzuentwickeln und probiert verschiedene Einstellungen an der Kamera aus. Wer aber möchte, kann die Zeit während eines entspannten Tauchgangs auch nutzen, um sehr wohl den eigenen Gedanken nachzuhängen. Das ist nämlich nicht verboten. Wenn die Bedingungen gut sind, der Tauchgang einfach ist und die Buddys einem gut vertraut sind, kann man sich auch unter Wasser so seine Gedanken über die Situation im Alltag machen. Ich nutze die Zeit oft, um mir gedanklich einen Text für meinen Blog während des Tauchgangs zu überlegen, oder habe auch schon über meine Arbeit nachgedacht.

Früher hatte ich einen extrem stressigen Alltag. Ich war ständig beruflich auf Reisen, privat war ich ebenfalls nur unterwegs und auf Achse. Ständig in Bewegung, selten lange an einem Ort. Selbst am Wochenende setzte ich mich regelmäßig in mein Auto und fuhr mehrere Stunden, um zwei Tage an einem See oder am Meer zu verbringen. Ich betrieb den ganzen Aufwand aus einem Grund:

um tauchen zu gehen. Denn für mich ist und bleibt Tauchen die ultimative Entspannung. Selbst im stressigsten Projekt, mit all meinen Reisen und Verpflichtungen, Tauchen hat mich immer wieder runtergebracht. Ich kann beim Tauchen all meine Sorgen, negativen Gedanken und jeglichen Stress einfach an Land lassen. Ich habe diesen ganzen Ballast zusammen mit meiner Straßenkleidung einfach abgelegt und mir den Neoprenanzug angelegt. Und schon fiel alles von mir ab. Die Schwerelosigkeit im Wasser hat dann das Ihrige dazugetan, dass ich mich komplett frei von Sorgen und Ängsten gefühlt habe und komplett entspannen kann. Die Entspannung unter Wasser und die komplett veränderte Situation führt bei mir oft dazu, dass ich Dinge aus einer ganz anderen Perspektive betrachten kann. Ich kann ohne Ablenkung fast schon meditativ über eine Sache nachdenken und auch mal über Problemen brüten, wenn mir danach ist.

Die langsamen Bewegungen, die fast schon meditative Atmung, all das führt bei mir oft dazu, dass ich mit einer anderen Gemütsverfassung über Sorgen nachdenke und anders an mögliche Lösungen herangehe. Unter Wasser scheinen aber viele Probleme wirklich nichtig und klein. In Anbetracht der Natur, der Naturgewalten und der Millionen Jahre alten Korallen sind die Probleme an Land einfach oft wirklich lächerlich klein. Wenn ich eine alte Schildkröte sehe, die wahrscheinlich noch da sein wird, wenn es mich nicht mehr gibt, werden lächerliche Konflikte im Büro wirklich irrelevant. Oft beschließe ich beim Tauchen, wenn ich über bestimmte Situationen nachdenke, dass sich die meisten negativen Gefühle und Wut einfach nicht lohnen. Der nervige Kollege, der alles besser weiß? Ignorieren. Wenn er sich das nächste Mal aufplustert, denke ich mir, dass er aussieht wie ein dicker, gestresster Kugelfisch, und schon muss ich wieder grinsen. Lächerliche Streitigkeiten im Freundeskreis? Wenn ich während eines Tauchganges über einen Konflikt nachdenke, komme ich oft darauf, dass dieser einfach unnötig und unwichtig ist und ich mich diesen Situationen nicht mehr stellen werde.

Ich komme beim Tauchen immer darauf, dass ich mir diese Gelassenheit, die ich unter Wasser habe, mitnehmen muss in meinen Alltag und mir so mein Leben enorm erleichtern kann. Daher kann ein wenig Nachdenken manchmal nicht schaden, aber es muss nicht sein. Man kann es auch sein lassen und sich einfach nur auf die Natur unter Wasser konzentrieren. Bei aller Ablenkung muss man sich aber immer auf den Buddy konzentrieren und ihn nie aus den Augen verlieren. Manchmal braucht nämlich auch ein erfahrener Mittaucher Unterstützung, und man muss gemeinsam ein Problem lösen.

8. GRUND

Weil man fit sein sollte

Dass Sport für den Menschen gut ist, ist heutzutage eigentlich unbestritten. Wer welchen Sport ausübt, muss jeder für sich entscheiden. Jeder muss etwas finden, was Spaß macht, Freude bereitet und einem selbst guttut. Da ist es irrelevant, ob man laufen geht, Curling für sich entdeckt oder zum Yoga geht. All diese Sportarten vereint, dass sie sich positiv auf den Körper und damit auf die Gesundheit und das allgemeine Wohlbefinden auswirken.

So ist auch Tauchen ein Sport, bei dem es zwar weder auf Geschwindigkeit, Muskeltraining, Wiederholungen von Übungen oder Gewichte ankommt. Aber es ist ein Sport, bei dem man in der Natur und zwischen den Tauchgängen an der frischen Luft ist. Man bewegt sich zwar langsam unter Wasser, aber man bewegt sich doch. Die Muskeln werden durch das Tragen der schweren Ausrüstung auch bestimmt trainiert, das bilde ich mir zumindest ein, wenn ich mal wieder über die Schlepperei fluche.

Durch die Anstrengung und die körperliche Belastung verbraucht man während eines Tauchganges angeblich bis zu 600 Kalorien pro

Stunde. Die hat man dann durch den unglaublichen Hunger nach den Tauchgängen schnell wieder drin, aber wer viel leistet, darf auch viel essen. Das kalte Wasser in den Seen ist gut für niedrigen Blutdruck und bringt den Kreislauf in Schwung, am Meer profitiert man von der frischen, salzigen Luft, die der Lunge guttut. Die langsamen, kontrollierten Bewegungen unter Wasser können für mich mit jeder Yoga-Übung mithalten, außerdem bilde ich mir ein, dass Frog-Kicks den Hintern garantiert straffen. Angeblich ist der Druck unter Wasser auch gut für das schlaffe Bindegewebe. Da kann ich doch gar nicht genug Tauchgänge machen. Eigentlich ist Tauchen ein Sport, der gar nicht nach Sport aussieht. Man bewegt sich möglichst wenig, sollte unter Wasser jegliche Anstrengung vermeiden. Der Herzschlag und die Atmung sollten sich so weit wie möglich im unteren Bereich bewegen. Schnelle Schwimmbewegungen sind genauso unerwünscht wie ein Kampf gegen eine starke Strömung. Dennoch ist es wichtig, fit und trainiert zu sein. Die Tiefe ist einfach eine Belastung für den gesamten Organismus. So geht man davon aus, dass Taucher mit Übergewicht, Bluthochdruck, Diabetes oder auch einer Schilddrüsenüberfunktion eher in Gefahr eines sogenannten Dekompressionsunfalles laufen als andere Taucher. Aber auch direkte Einflüsse wie übermäßiger Alkoholgenuss oder Nikotin können beeinflussende Faktoren sein[1]. Die Liste der möglichen Ursachen für einen Dekompressionsunfall ist lang, und die Auswirkungen sind sehr individuell. Hier spielen Körper, Psyche, äußere Einflüsse, Witterung und Stress eine große Rolle. Dennoch gilt es als allgemeine Lehrmeinung, dass fitte Taucher ein niedrigeres Risiko haben, einen solchen Vorfall zu erleiden. Schlussendlich lässt sich das aber nicht genau sagen, da einfach zu viele individuelle Faktoren eine Rolle spielen.

Sich fit zu halten, sich gesund zu ernähren, nicht oder wenig zu rauchen und in Maßen zu trinken schadet eigentlich niemandem so wirklich, am wenigsten uns Tauchern. Ich selber war, als ich mit dem Tauchen begann, begeisterte Raucherin. Ich rauchte seit vielen

Jahren und dachte gar nicht ans Aufhören. Als ich den Tauchschein machte, wurde mir plötzlich aber eine Sache bewusst. Wenn ich mit den Zigaretten so weitermache, werde ich mich über kurz oder lang wahrscheinlich damit umbringen. Was mir aber in dem Moment des Abtauchens noch mehr Angst machte, war die Vorstellung, irgendwann komplett auf ein externes Atemgerät angewiesen zu sein. Weil ich mir die Lunge mit der Raucherei kaputt mache. Während des Kurses wurde mir auch ganz deutlich vor Augen geführt, wie kostbar frische Atemluft ist. Wie wichtig eine gesunde Lunge ist. Nicht nur für den Tauchsport, aber besonders da.

Gerade ältere Taucher sollten regelmäßig zu einem Arzt gehen, um ihre Tauchtauglichkeit feststellen zu lassen. Mir machte der Gedanke Sorge, irgendwann dort gesagt zu bekommen, dass mit meiner Lunge etwas nicht stimmt und ich vielleicht krank bin. Dazu ist ein gutes Lungenvolumen auch beim Tauchen hilfreich. Aber es lauern auch ernsthafte Gefahren auf die nikotinsüchtigen Tiefenjunkies. Der Wiener Arzt Gerhard Wallner warnt eindringlich davor, zu rauchen und zu tauchen. So enthalte Tabakrauch Kohlenmonoxid, welches den Blutfarbstoff Hämoglobin bindet, sodass weniger Blutkörperchen den Sauerstoff transportieren müssen. Das führt zu einem erhöhten Luftverbrauch.[2] Durch die Verengung der Atemwege, die durch das Rauchen ausgelöst werden kann, kann das Atemgas nicht gut abgeatmet werden, es kann zu einer Lungenüberblähung kommen. Weitere Risiken sind ein Lungenriss oder auch ein Barotrauma, beide sind bei Rauchern stark erhöht. Daher lohnt es sich immer, mit dem Rauchen aufzuhören, besonders wenn man oft tauchen geht. Ein genereller gesunder Lebensstil schadet niemandem und ist auch beim Tauchen kein Nachteil.

9. GRUND

Weil Äußerlichkeiten unwichtig sind

Wer tauchen geht, darf nicht eitel sein. Der Neoprenanzug macht nicht gerade die beste Figur, die Vorstellung, dass man wie Lara Croft oder James Bond in Neopren aussieht, sollte man schnell wieder vergessen. Die meisten von uns sehen aus wie eine Wurst in einer schwarzen Pelle. Egal wie schön man die Haare hat, die Haube auf dem Kopf verdeckt die Haarpracht und führt unter Wasser oft zu dem berüchtigten Cone Head. Heißt, dass sich unter der Haube Wasser ansammelt und die Kopfgröße auf das Doppelte bis Dreifache anschwellen lässt. Taucht man als Frau ohne Kopfhaube, verwandeln sich die schönsten Haare unter Wasser in eine Art von wildem Gewusel, das die meisten Frau aussehen lässt wie eine wild gewordene Medusa. Die Fusseln schweben um den Kopf, als hätten sie ein eigenständiges Leben, und machen ein schönes, Instagram-taugliches Foto quasi unmöglich. Das ist also die schlechte Nachricht an alle, die tauchen wollen, um auf ihren Profilen in den sozialen Medien gut auszusehen.

Make-up kann man als Frau getrost zu Hause lassen. Am Anfang der taucherischen Aktivität versucht man als Frau vielleicht noch, sich abends zumindest ein wenig Farbe ins Gesicht zu kleistern, die Wimpern zu tuschen und vielleicht sogar etwas Lidschatten aufzutragen. Schnell merkt man aber, dass man entweder zu müde, zu verbrannt von der Sonne oder zu aufgequollen vom Wasser ist und es sich einfach nicht lohnt. Dass Tauchen auch einen bestimmten Lifestyle repräsentiert, der Freiheit und Zwanglosigkeit propagiert. Wer möchte, kann sich natürlich aufhübschen. Ich habe eine bezaubernde Dame im Sudan auf dem Tauchboot gesehen, die jeden Abend gemachte Haare und tolle Kleider trug. Ich war etwas neidisch, muss ich gestehen, in meiner Jogginghose und ausgeleierten T-Shirts. Auf meinem Kopf lebte ein explodierter Mops, wo vorher meine Haare gewesen waren. Nach einer Woche Salzwasser und Sonne sehen die Haare aus wie Stroh, dafür ist man schön braun und glücklich. Wer taucht, genießt die Einfachheit. Bequeme Kleidung an Land, um sich schnell umziehen zu können. Kein Make-up, kein Föhn, kein Lockenstab. Abends nach dem Tauchen bleibt es ebenfalls locker und entspannt. Auch auf Tauchsafaris gibt es kein Captain's Dinner, zu dem man ein Abendkleid bräuchte. Zwar habe ich auf Palau tatsächlich japanische Taucherinnern gesehen, die nach dem Tauchgang ihren Lippenstift und den Lidstrich nachgezogen haben, aber solche Exemplare sind doch eher die Ausnahme.

Meine Tauchmädels und ich bekommen dennoch immer Komplimente, dass wir so jung geblieben sind und auch jung und frisch aussehen würden. Da kann ich nur sagen, dass uns das kalte Wasser konserviert. Regelmäßige Tauchgänge im kalten Wasser lassen einfach keine Falten zu. Es ist ein wenig wie Fleisch, das gut gekühlt aufbewahrt wird. Es bleibt länger frisch, schrumpelt nicht und wirft keine Falten. Auch wenn die vielen Aufenthalte an Deck von Schiffen in der prallen Sonne eigentlich das Gegenteil bewirken sollten. Kaltes Wasser ist gut für den Kreislauf, bringt niedrigen Blutdruck auf Touren und härtet ab. Wer regelmäßig in kalten Gewässern taucht, stärkt angeblich das Immunsystem und soll weniger anfällig für Schnupfen sein. Sofern man daran glaubt, denn wissenschaftlich bewiesen ist das nicht. Aber ich glaube daran, und es hilft. Die Kälte hat einen verjüngenden Effekt; nicht umsonst stellen sich so manche Hollywoodstarts für viel Geld in Kältekammern, um einen straffen Körper zu bekommen. Wir Tauchermädels machen das ohne Kammer und haben garantiert noch viel mehr Spaß dabei. Denn nicht nur Kälte konserviert und hält jung, sondern auch Freundschaften und gemeinsame Erlebnisse. So hat man gleich den doppelten Nutzen. Außerdem bewegen wir uns in den heimischen Seen oft im kalten Wasser, trainieren unsere Muskeln durch das Tragen der Ausrüstung zum See und zurück. So bleibt man jung und fit und hat gleichzeitig einfach große Freude an Bewegung und tankt jede

Menge frische Luft. Die bekanntlich auch ganz gut für die grauen Zellen ist. Und all das ist doch wichtiger als die perfekte Frisur oder ein glamouröses Make-up.

10. GRUND

Weil man auch an Land stärker wird

Tauchen bedeutet bei aller Entspannung und Freude immer noch, sich in einer feindlichen Umgebung zu bewegen. Denn unter Wasser bekommen wir das, was wir Menschen am dringendsten zum Überleben brauchen, nicht einfach so: die Luft. Dazu drohen uns von allen Seiten Gefahren wie ein Dekompressionsunfall, Probleme mit der Lunge, Sauerstoffvergiftungen oder ein Tiefenrausch, um nur ein paar zu nennen. Daher ist es umso wichtiger, einen kühlen Kopf zu bewahren und nicht in Panik zu geraten. Viele Verhaltensweisen, die unter Wasser überlebenswichtig sind, habe ich mit an Land genommen und profitiere im Alltag davon.

Ich habe gelernt, eindeutiger und knapper zu kommunizieren und nicht herumzuschwafeln. Unter Wasser muss man nämlich die Dinge, die man loswerden will, auch möglichst kurz und prägnant dem Tauchbuddy mitteilen. An Land kann ich auf Worte zurückgreifen, unter Wasser wird die Kommunikation durch die Verwendung von Handzeichen zusätzlich erschwert. An Land rede ich inzwischen kürzer, aber dafür fokussierter und konzentriert auf das Wesentliche und sehr direkt. Tauchen hat mir auch beigebracht, weniger Ängste zu haben. Wenn ich zum Beispiel im Job eine Aufgabe bekomme, die ich zunächst für nicht machbar halte oder mich überfordert fühle, denke ich an meine Tauchgänge. Denke daran, dass ich 40 Meter tief tauche und nie in Panik gerate, obwohl ich mich dort in einer tendenziell gefährlichen Umgebung befinde und immer einen kühlen Kopf bewahre. So gehe ich dann auch meine Aufgaben an, mit einem kühlen Kopf und viel Ruhe und Gelassenheit. Denn panischer Aktionismus ist unter Wasser keine gute Idee und bringt auch an Land selten etwas Gutes.

Mein Leben ist immer recht vollgepackt mit Aktivitäten, Verpflichtungen und Plänen für die Zukunft. Seit ich tauche, gehe ich alle Dinge sehr viel gelassener und entspannter an. Ich lasse mich nicht mehr stressen oder unter Druck setzen, ich mache alles in einem angemessenen Tempo. Denn manchmal muss es auch beim Tauchen schnell gehen, da darf man keine Zeit verschwenden, um zu handeln. Manchmal kann man sich viel Zeit lassen. Ich verschwende keine Energie auf unwichtige Dinge, bin aber, wenn es darauf ankommt, sofort da und greife ein. Seit ich tauche, nehme ich meine Umwelt auch bewusster wahr. Während meiner Tauchgänge habe ich gelernt, genau hinzusehen und mich daher voll und ganz auf einen Moment zu konzentrieren. Als Tauchanfängerin habe ich oft meine Gedanken abschweifen lassen und so viele Meeresbewohner einfach übersehen, weil ich mit anderen, unwichtigen Dingen mental beschäftigt war. Winzige Pygmäenseepferdchen oder gut getarnte Nacktschnecken sieht man aber nur, wenn man genau hinsieht und sich nicht ablenken lässt. Wenn ich an Land durch die Natur wandere, bin ich ebenfalls voll in diesem Moment. Ich sehe genau hin, ich gucke mir Pflanzen, Tiere und Orte ganz genau an und entdecke jedes Mal etwas Neues in meiner direkten Umgebung. Bunte Blumen, kleine Vögelchen oder fleißige Insekten, all das war mir früher fast verborgen, da ich mit Scheuklappen oder abgelenkt von meinen alltäglichen Sorgen durch mein Leben gerannt bin. Heute nehme ich die Welt um mich herum viel bewusster wahr und entdecke jeden Tag etwas Neues.

Ich habe durch das Tauchen die Stärke entwickelt, mich nicht von Sorgen im Job oder im Alltag ablenken und negativ beeinflussen zu lassen, sondern mein Leben bewusst zu leben. Die Natur bewusst zu erleben, statt mich über Ärger im Büro nach der Arbeit aufzuregen. Mal am Freitag früher Schluss im Büro zu machen, um tauchen zu gehen, statt länger zu arbeiten, nur weil es beim Chef besser aussieht. Länger Urlaub zu machen, weil es der Seele guttut, statt mehr zu arbeiten oder mich mit unwichtigen Dingen im Alltag zu beschäftigen. Das alles habe ich durch das Tauchen gelernt, und es hat mich stärker gemacht.

11. GRUND

Weil man Druckausgleich machen muss

Unter Wasser sind nicht nur die Lebewesen und die Natur ganz anders als an Land. Wasser hat ganz andere Eigenschaften als die Luft in unserer natürlichen Umgebung an der Oberfläche. H2O, so die chemische Summenformel, ist einfach gesagt viel dichter als Luft. Ein signifikanter Unterschied ist der Druck, der auf unsere Körper ausgeübt wird. An Land, auf Meereshöhe, beträgt der Druck ungefähr 1 bar, je höher es hinaufgeht, desto niedriger wird der Luftdruck. Umgekehrt, je tiefer es hinuntergeht, desto mehr Druck lastet auf dem Körper. Pro 10 Meter Tauchtiefe nimmt der Druck ca. 1 bar zu, wobei es Unterschiede zwischen Salz- und Süßwasser gibt. Der gesteigerte Druck resultiert aus der immer größer werdenden Wassermasse, die auf dem Taucher lastet. Für den Durchschnittstaucher reicht es aber, für die Planung eines Tauchganges mit ca. 1 bar Zunahme pro Tiefenmeter zu rechnen.[3] Der steigende Druck macht sich immer in den Ohren, also im Mittelohr bzw. in den Nasennebenhöhlen des Tauchers, beim Abtauchen bemerkbar, denn das Ohr ist ein Hohlraum.[4] Der Druck macht sich immer in einem Druckunterschied in luftgefüllten Körpern und der Umgebung bemerkbar. Mit Wasser oder Substanz gefüllte Räume werden durch diesen Druckunterschied nicht berührt. Die Hohlräume werden unter Wasser mit dem steigenden Druck einfach zusammengepresst, die Luft in diesen Hohlräumen wird komprimiert, und das Trommelfell wölbt sich schmerzhaft nach innen. Je tiefer es geht, desto kleiner werden die Hohlräume. Bei dem leichtesten Druck auf den Ohren sollte die Nase mit zwei Fingern vorsichtig zusammengepresst und die Luft ebenso vorsichtig über die Ohren herausgedrückt werden. So kann die Luft in das Mittelohr gepresst und der Druckausgleich hergestellt werden. Es gibt viele verschiedene Methoden für einen Druckausgleich. Welche Methode am angenehmstem empfunden wird, hängt von der Anatomie des Tauchers ab. Manche müssen nur den Kiefer hin und her bewegen oder mit geschlossenem Mund gähnen, und es knackt in den Ohren. Andere müssen sich ständig die Nase zuhalten und Luft herausdrücken. Wenn eine Methode nicht funktioniert und natürlich der Arzt vorher die Tauchertauglichkeit festgestellt hat, sollte jeder Taucher ein wenig recherchieren und einfach mal mit verschiedenen Methoden üben.

Der Druckausgleich ist eine Grundvoraussetzung, um überhaupt den Tauchsport auszuüben, und Verletzungen in den Ohren sind sehr häufig. Das sogenannte Barotrauma trifft viele Taucher. Manchmal gehen Verletzungen glimpflich aus, aber Unfälle können bis zum Verlust der Hörfähigkeit gehen. Es lohnt sich nicht, hier ein Risiko einzugehen. Nach dem Tauchgang sollten die Ohren mit klarem Süßwasser vorsichtig ausgespült werden, eine Mütze oder ein Stirnband sollten die Ohren auch bei warmem Wetter am Meer nach vielen Tauchgängen schützen. Denn mit einer Mittelohrentzündung oder einem banalen Schupfen kann der Druckausgleich unmöglich sein, und der Tauchurlaub ist vielleicht vorbei, bevor er begonnen hat. Die Techniken des Druckausgleiches sind auch hilfreich, wenn man beim Fliegen Probleme und Ohrenschmerzen hat, und gehören zu den wichtigsten Fähigkeiten, die sich Taucher aneignen müssen.

2. KAPITEL

UNTER DER OBERFLÄCHE

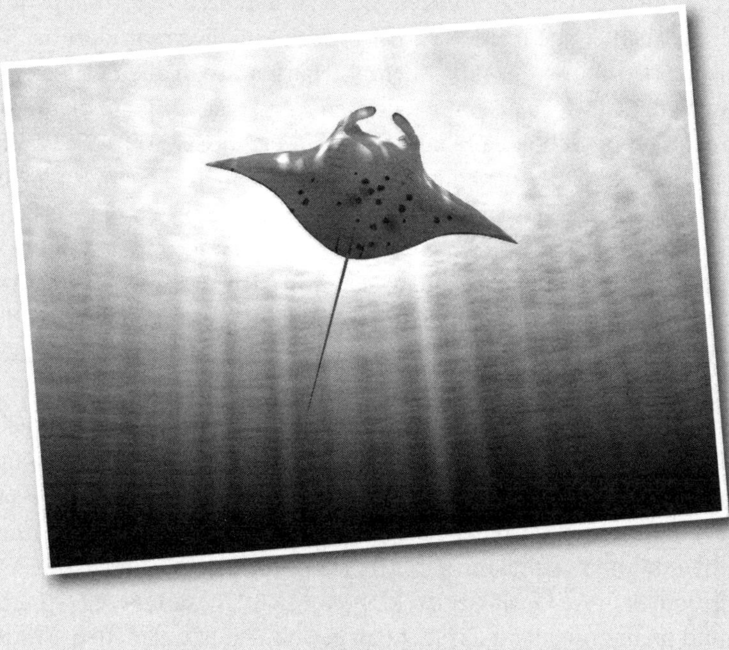

12. GRUND

Weil es in die Tiefe geht

So wie viele Menschen Höhenangst haben, haben sehr viele von uns Angst vor der unbekannten Tiefe. Es steckt wie eine Urangst in den Menschen. Wir sehen an der Wasseroberfläche nicht, was darunter lauert. Vielleicht böse Monster oder fiese Schlingpflanzen, die einen nicht mehr auftauchen lassen. Manche Menschen schwimmen nicht mal in Seen oder im Meer, wenn sie den Grund nicht sehen können.

Als ich mit dem Tauchen begonnen habe, habe ich mich in der Tiefe nicht unbedingt wohlgefühlt. Ich war unerfahren, unsicher und hatte auch einige irrationale Ängste. Was mich verwundert hat, da ich an Land immer schon eher ein Hansdampf in allen Gassen bin und zum Glück keine nennenswerten Ängste habe. Bis auf die Angst, nicht genug Schokolade zu haben. Unter Wasser war es plötzlich anders. Ich hatte Angst, nicht genug Luft beim Tauchgang zu haben oder nicht einfach auftauchen zu können, wenn ich ein Problem habe. Wovor ich allerdings nie Sorge hatte, war, dort unten etwas oder jemandem zu begegnen, der mir nach dem Leben trachtet. Diese Märchen von menschenfressenden Riesentintenfischen oder blutrünstigen Haien habe ich noch nie ernst genommen. Dort unten ist nichts, was darauf wartet, Taucher zu fressen.

Mich hat die Tiefe dann irgendwann voll gepackt, als ich mehr Erfahrung hatte, entspannter beim Tauchen war und diese Ausflüge unter Wasser genießen konnte. Die Tiefe an sich, diese dunkle Welt, die man von oben nicht sehen kann, zu erforschen. Das hat mich irgendwann in den Bann gezogen. Ich genieße das Gefühl, rückwärts in unbekannte Gewässer zu kippen. Mich langsam zu orientieren und meine Augen an das Licht zu gewöhnen. Abzutauchen. Mit jedem Meter zu spüren, wie der Druck sich verändert und wie meine Wahrnehmung sich verändert. Wie mein Körper anders reagiert. Wie sich das Licht und die Farben ändern. Ich freue mich über die

Dinge, die ich dort unten sehe und erlebe. Sie passieren nur dort, in dem Moment, in dem ich hinabschwebe. Nichts ist mit diesem Gefühl für mich vergleichbar. Ich bin unendlich frei und gleichzeitig durch meine menschliche Anatomie komplett eingeschränkt.

Ich spüre, wie mein Kopf langsam leer und leicht wird, bewege mich in Zeitlupe und fühle mich wie ein Vogel im Sinkflug. Gleichzeitig weiß ich, dass ich ohne meine Ausrüstung dort unten verloren bin. Ich schaue mich um, weiß gar nicht, wo ich hinsehen soll, will alles erfassen und sehe doch nur einen kleinen Ausschnitt der Tiefe. Denn die meisten Geheimnisse bleiben uns Tauchern verborgen, da wir nur einen winzigen Ausschnitt erforschen können.

Und so kann es sein, dass sich dort unten doch Monster befinden, die nur darauf warten, einen Taucher zu verschlingen. Oder ein verdammt gut gebauter, muskulöser Poseidon, der uns mitnehmen würde in sein unterirdisches Königreich und mich zur Königin der Meere machen würde. Vielleicht ist dort unten auch einfach fast nichts mehr. Ich persönlich werde das nie selber sehen, denn die Tiefen der Weltmeere sind bis heute quasi unerforscht. Mir ist es aber auch egal, denn der Weg nach unten ist für mich das Ziel. Ich brauche fast nichts anderes, als einfach nur abzutauchen. Der Abstieg in die Tiefe ist immer der Beginn eines magischen Abenteuers, und ich genieße jede Sekunde.

13. GRUND

Weil man von oben nichts sieht

Jeder Tauchgang beginnt mit dem Blick von Land oder von einem Boot aus auf die Wasseroberfläche. Je nach Land, Witterung, Sichtweiten und Wetter sieht man eigentlich nichts, was einen auf die Erfahrung unter Wasser vorbereitet. Bei sehr guter Sicht, wie im Roten Meer, kann es sein, dass man bereits von oben dicht unter der Wasseroberfläche das Gewusel an Fischen zwischen den bunten Korallen sieht. Es kann aber auch sein, dass man bis auf eine sich kräuselnde Wasseroberfläche gar nichts sieht. Die Wasseroberfläche ist die Barriere zur Unterwasserwelt. Unter ihr sind all die Wunder verborgen, die wir uns erhoffen zu sehen. Es kann aber genauso gut sein, dass uns unter dieser Oberfläche wenig erwartet. Abgestorbene Korallen oder ein schlammiger Tauchplatz in einem See. Es kann genauso gut sein, dass dort unten der Walhai auf uns wartet oder eine Gruppe von Schildkröten.

Der Reiz, an einem Tauchplatz anzukommen und nicht zu wissen, wie genau es dort unten aussieht, ist jedes Mal aufs Neue ein Versprechen eines unvergesslichen Abenteuers. Wir wissen es aber erst, wenn wir abgetaucht sind, was auf uns wartet. Ich liebe dieses Gefühl vor dem Tauchgang. Ich stelle mir die Welt da unten immer vor, ich versuche anhand der Erzählungen der Tauchguides und der Einweisung in den Tauchplatz ein Bild von dem zu bekommen, was mich da erwartet. Bis ich aber nicht selber dort unten bin, werde ich nicht wissen, was mich dort erwartet. Manchmal kann man zwar bei besonders klarem Wasser durch die Oberfläche blicken und erahnen, was es zu sehen gibt. Oder wir sehen an der Oberfläche die Rückenflossen von Delfinen oder den Rücken eines Walhais. Aber bis wir im Wasser sind, sind diese Tiere vielleicht schon längst wieder weg, und wir sehen sie gar nicht mehr.

Noch intensiver ist dieses Gefühl, überhaupt nicht zu wissen, was uns Taucher erwartet, wenn wir nachts tauchen gehen. Wir lassen uns rückwärts in das pechschwarze Wasser fallen und sehen auch unter Wasser nur das, was unsere kleinen Lampen anstrahlen können. Die Welt außerhalb dieses Lichtkegels ist für uns unsichtbar. Dort können riesige Haie, Fabelwesen, 50 Meter lange Tintenfische oder einfach nur eine leere Sandfläche sein. Von oben gesehen sind wir in die Dunkelheit ohne Leben abgetaucht, aber im Schein der Taschenlampe offenbaren sich Hunderte von kleinen Krebsen, Garnelen, Nacktschnecken, aber auch jagende Haie oder eine schlafende

Schildkröte. Das, was wir von der Oberfläche aus gesehen haben, hat in dem Fall mit der Realität absolut nichts zu tun. Ich liebe diese Unberechenbarkeit.

Ich mag es, mich überraschen zu lassen und die Realität unter Wasser zu erforschen und sie dann mit meinen Vorstellungen abzugleichen. Was habe ich mir vor meinen ersten Tauchgängen alles ausgemalt, wenn ich am See stand und auf das Wasser schaute. Und wie wenig hatte das dann mit der Unterwasserwelt zu tun. Ich lasse mich jedes Mal aufs Neue auf dieses Unbekannte ein und versuche dennoch, bereits der Wasseroberfläche ihre Geheimnisse abzutrotzen. Was zum Glück meistens nicht gelingt. Denn das Wesentliche bleibt uns an der Oberfläche verborgen, das sehen wir erst unter Wasser.

14. GRUND

Weil man eine neue Welt entdeckt

Wer sich auf den Tauchsport einlässt, fühlt sich wie ein Entdecker und Eroberer aus längst vergangenen Zeiten. Alles, was wir unter Wasser sehen, finden wir nur dort. Wir sehen Lebewesen, die aus einem Science-Fiction-Film entsprungen sein könnten. Kleine Krebse mit bunten Flecken auf dem Hintern und langen Antennen. Fische mit gepunkteter Haut, die in Symbiose mit einem fast durchsichtigen Shrimp leben. Anglerfische mit langen Antennen auf ihrem Kopf, die mit offenem Maul auf Nahrung warten. Sie sind übrigens ein großes Vorbild für mich. So möchte ich auch leben. In einer traumhaften Umgebung sitzen und warten, dass mir leckeres Essen in den Mund schwimmt. Große Fische, kleine Fische. Korallen in allen Farben und Formen. Selbst der unscheinbare Baggersee im Dorf wird zu einem magischen Ort, wenn wir feststellen, was es dort alles zu sehen gibt. Hechte, Welse und sogar Krebse. Selbst ausgesetzte Schildkröten wurden in heimischen Seen schon gesehen.

Unter Wasser ist alles anders. Die Lebewesen, das Licht, die Farben und Formen, die Pflanzen. Nichts ist, wie wir es von der Erdoberfläche kennen. Diese Unterschiede machen jeden Tauchgang so besonders und einzigartig. Man fühlt sich wie in einer Märchenwelt oder auf einem fremden Planeten, auf dem man eigentlich nichts verloren hat, aber den man nie wieder verlassen möchte. Diese neue Welt zieht mich immer noch in ihren Bann, egal wie oft ich an einem Tauchplatz abtauche. Jeder Tauchgang ist anders, und jedes Mal entdecke ich für mich eine komplett neue Welt und sehe die Unterwasserwelt einfach auf eine andere Art und Weise. Riffe sind voller Leben. An allen Ecken wuselt es, jeder Quadratmillimeter wird genutzt und ist bewohnt. Kein Stückchen wird verschenkt, außer es handelt sich um abgestorbene Korallenriffe, dann sieht das anders aus. An einem intakten Riff geht es zu wie auf einem Wimmelbild. Man weiß gar nicht, wo man zuerst hinschauen soll. Auf die großen Korallen? Auch hier lohnt sich aber immer ein genauer Blick. Denn die Lebewesen am Riff sind wahre Anpassungskünstler und verschmelzen mit ihrer Umwelt. So sind kleinste Krabben perfekt getarnt, da sie die Farben ihres Wirtes tragen. Winzige rosa Seepferdchen sehen auf den ersten Blick aus wie ein Teil der Gorgonien, auf der sie leben. Mit viel Geduld und einem guten Auge entdeckt man sie, oft werden die Winzlinge aber auch übersehen. Andere Meeresbewohner haben die Farbe des Sandes angenommen und sind am Grund kaum zu identifizieren. Das Meer ist wie eine Wundertüte. Jedes Stück Koralle, jeder Stein, jedes Fleckchen Farbe kann ein seltenes Lebewesen sein, das man schnell übersehen könnte. In den Anemonen sind die Clownfische die sichtbarsten Bewohner, hektisch verteidigen sie ihr Zuhause gegen die neugierigen Taucher. Ein genauer Blick zeigt, dass aber auch kleine Krebse hier in einer Art Wohngemeinschaft mit dem Clownfisch in der Anemone zu Hause sind.

In unseren Seen jagen Hechte ihre Beute. Tausende von winzigen Fischen beäugen die Taucher neugierig, die an ihnen vorbeiziehen. Die Wurzeln der Seerosen in den Seen sehen aus wie kleine verwunschene Märchenwälder, unter den runden Blättern verstecken sich dicke, fette Kröten. All das sieht man, wenn man an Land spazieren geht, einfach nicht, es bleibt den Menschen da oben verborgen. Aber es würde sich für jeden von uns lohnen, sich die Unterwasserwelt mit Ruhe und Geduld anzusehen, denn vieles ist erst auf den zweiten oder dritten Blick sichtbar und bliebe ansonsten vor uns verborgen. Es ist eine komplett neue Welt, die sich uns Tauchern offenbart.

15. GRUND

Weil es nicht immer so ist, wie man es erwartet

Wenn ich an einem Tauchplatz ankomme, verschaffe ich mir einen ersten Eindruck. Ich schaue in das Wasser, beuge mich über die Reling oder gehe am See ein Stückchen ins Wasser hinein. Ich schaue mir eine Karte vom Tauchplatz an, informiere mich über das, was andere Taucher hier schon gesehen haben, und wie die Begebenheiten sind. Wenn ich mit einem Guide unterwegs bin, höre ich mir das Briefing an und versuche mir den Tauchplatz vorzustellen. Dann ziehe ich mich um und mache mich für den Tauchgang fertig. Ich versuche, mir die Karten des Tauchplatzes in Erinnerung zu rufen und mich an das Briefing zu erinnern.

Endlich tauche ich ab, und alles ist anders, als ich es erwartet hatte. Egal wie sehr ich an das Briefing denke und die Informationen, die ich erhalten habe, irgendwie ist der Tauchplatz nie so, wie ich ihn mir vorgestellt habe. Besonders die Seen erstaunen mich jedes Mal. Durch nicht ganz so gute Sichtweiten wie im Meer sieht man von oben oft überhaupt nicht, was einen erwartet. Man sieht die dunkle Wasseroberfläche, vielleicht durch den Wind gekräuselt, was es unmöglich macht zu erahnen, welche Schätze unter der Oberfläche verborgen blieben. Taucht man ab in dieses vermeintlich dunkle

Wasser, offenbaren sich herrliche Sichtweiten, türkises Wasser und eine beeindruckende Unterwasserwelt mit vielen unterschiedlichen Bewohnern. Umgekehrt habe ich auch schon Tauchgänge im Meer erlebt, die tolle Sichtweiten und viele Fische versprachen, und nach dem Abtauchen stellte sich heraus, das es außer kaputten Korallen nicht allzu viel zu sehen gab.

Man kann sich vor dem Tauchgang nur auf die Einweisung der Tauchguides verlassen oder auf die Erfahrung von Tauchern, die dort schon öfter im Wasser waren. Aber selbst diese Berichte sind nicht verlässlich. Denn was ein Taucher vor einer Woche an einer bestimmten Stelle gesehen hat, muss nicht mehr da sein. Wenn es heißt, an dem und dem Tauchplatz werden oft viele Schildkröten gesehen, kann es gut sein, dass ich keine einzige sehe. Entweder weil ich nicht hinsehe oder weil sie nicht da sind. Manche Tauchplätze verändern sich auch. Das Wrack der »Blue Belt« im Sudan habe ich vor einigen Jahren noch betaucht, einige Monate später ist es an dem Hang, auf dem es lag, abgerutscht und ist für Sporttaucher nicht mehr erreichbar. Manchmal leben bestimmte Tiere jahrelang an einem Ort und beschließen plötzlich umzuziehen, und man findet sie nicht mehr.

Daher sollte man sich als Taucher vor jedem Tauchgang bewusst machen, dass die Dinge einfach nicht immer so sind, wie sie scheinen oder wie man es erwartet. Das schützt vor einigen Enttäuschungen, denn wer zu hohe Erwartungen hat, wird oft enttäuscht. Besser ist es, sich alle Informationen anzuhören, sich bestimmte Dinge einzuprägen, um nach dem Tauchgang wieder zurückzufinden und sich unter Wasser einfach überraschen zu lassen. So ist man auf Enttäuschungen einigermaßen vorbereitet und kann sich über unerwartete Begegnungen umso mehr freuen. Die Natur ist nicht berechenbar und das Meer kein Zoo. Nichts kann garantiert werden, und wir sollten als respektvolle Taucher auch keine Ansprüche haben. Sondern dankbar sein für das, was wir zu sehen bekommen. Auch wenn wir uns etwas anderes erhofft haben.

16. GRUND

Weil die Dunkelheit uns einhüllt

Viele Menschen verbinden Tauchen mit bunten Korallen und Fischen. Aber nicht überall, wo getaucht wird, ist es hell und freundlich. Viele Tauchplätze, gerade in den heimischen Seen, sind eher dunkel und düster. Je weiter es in die Tiefe geht, desto weniger Licht dringt durch die Oberfläche. So manchem Anfänger wird am Anfang angst und bange, in einem fremdem Element auch noch durch die Dunkelheit zu geistern klingt für viele Menschen nicht besonders verlockend. Je länger ich aber tauche, desto mehr genieße ich diese dunkle Seite des Tauchsportes. Ich liebe es, im Meer ganz zu Beginn des Tauchganges in größere Tiefen abzutauchen und ganz bewusst wahrzunehmen, wie es um mich herum immer dunkler wird. Genauso gerne bin ich in dunklen Seen unterwegs. Die Dunkelheit legt sich wie ein Mantel um mich, nicht bedrohlich, sondern beruhigend. Nichts lenkt ab von dem Moment, in dem ich mich befinde. Ich konzentriere mich auf meine Atmung, meine Bewegungen. Hier und da erhasche ich einen Blick auf Lebewesen, die in dieser Dunkelheit leben.

Noch faszinierender ist es, einen Tauchgang in der Nacht zu machen. In der kompletten Dunkelheit die Taschenlampe auszumachen und zu warten, bis das Auge sich an das Licht, das der Mond durch die Oberfläche schickt, gewöhnt und langsam die Konturen des Riffs sichtbar werden. Sich auf die Geräusche der Nacht zu konzentrieren. Diese Dunkelheit zieht mich immer wieder in ihren Bann und lässt mich komplett in der Unterwasserwelt versinken. Ich brauche nach solchen Tauchgängen immer länger, um mich wieder an die Geräusche und das Licht an Land zu gewöhnen, denn die Stille ist einzigartig und tut der Seele gut. Ich fühle mich in der Dunkelheit inzwischen sehr wohl und genieße diesen Luxus.

An Land gibt es kaum noch Orte, die nachts wirklich dunkel sind und an denen man den Mond und die Sterne leuchten sehen kann.

Überall blinken die Lichter der Zivilisation und verderben mir die Freude an der Dunkelheit. Ich liebe die Dämmerung und das Morgengrauen, diese Zeit zwischen den Welten. Ich liebe die Ruhe der Nacht, wie sich die Dynamik der Welt in der Dunkelheit verändert, und die tiefe Ruhe, die ich selber im Innern habe, wenn ich mal im Dunkeln in einem Garten sitze. Daher genieße ich die Dunkelheit im Wasser umso mehr, da sie noch intensiver, absoluter und stiller ist als an Land.

17. GRUND

Weil man die Heimat anders sieht

Wer taucht, sollte sich nicht nur in fremde und ferne Länder begeben. Natürlich gibt es in Indonesien oder auf den Malediven viel unter Wasser zu sehen. Wer aber unsere Seen und Flüsse verschmäht, dem entgeht etwas. Denn ein Blick auf die Oberfläche eines Sees lässt uns nicht mal ansatzweise erahnen, wie es unter der Oberfläche aussieht. So warten Hechte, Welse und Barsche auf die Taucher. Kleine, hektische Sonnenbarsche beäugen die komischen Besucher neugierig. Selbst im kleinsten Tümpel wartet eine Traumwelt, in der sich zwischen den Seerosen Hunderte von kleinen Fischen tummeln und in den Sonnenstrahlen silbrig glänzen.

Im Winter locken die Seen unter der eisigen Oberfläche mit einem einmaligen Erlebnis für erfahrene Taucher. Eistauchen ist nichts für schwache Nerven, da man nicht jederzeit auftauchen und ein Fehler schnell tödlich werden kann. Wer aber genug Erfahrung und starke Nerven hat, der wird mit einer einmaligen Unterwasserwelt belohnt. Das Sonnenlicht, das durch das Eis bricht, von unten zu betrachten ist ein besonderes Erlebnis. Abgetaucht wird vor der traumhaften Kulisse von verschneiten Bergen und einem wahren Winterwunderland. Eine kaltwassertaugliche Ausrüstung und erfahrene Organisatoren, die den Tauchgang professionell absichern und begleiten, sind essenziell.

Durch das Tauchen in den heimischen Seen ergibt sich die Möglichkeit, zu erleben, wie vielfältig auch unsere Natur ist. Dazu ist ein Wochenende an einem See mit Freunden wie ein Kurzurlaub. Einige entspannte Tauchgänge, gutes Essen und viel Lachen. Da muss man nicht quer durch Europa oder nach Asien fliegen, um sich zu entspannen. Außerdem schärft es den Blick, wie wichtig Naturschutz ist. Versteht mich nicht falsch, natürlich gehören auch seltene Tierarten im Amazonas geschützt. Aber genauso wichtig ist für mich, dass unsere Seen sauber werden und bleiben. Ich habe einen großen Teil meiner Heimat komplett neu entdeckt, da ich mich bisher immer nur an der Oberfläche der Gewässer aufgehalten habe. Aber unsere Seen und Flüsse haben so viel zu bieten, sie beheimaten einmalige Ökosysteme mit vielen Lebewesen und einer tollen Unterwassernatur.

Wir alle sollten uns viel intensiver mit dem Lebensraum Wasser vor unserer Haustür auseinandersetzen und uns für den Schutz einsetzen. Damit dieser einmalige Lebensraum erhalten wird und auch die nachfolgenden Generationen etwas davon haben. Wer nicht immer Zeit hat, tauchen zu gehen, dem empfehle ich, einfach mal im lokalen Badesee schnorcheln zu gehen. Ihr werdet überrascht sein, was ihr alles vor die Maske bekommt und wie aufregend so ein Mikroabenteuer vor der eigenen Haustür sein kann. Ihr werdet eure Heimat mit ganz anderen Augen sehen, glaubt mir.

18. GRUND

Weil man zum Entdecker wird

Als ich zum ersten Mal abgetaucht bin, war es für mich wie eine Offenbarung. Ich sah plötzlich Dinge, die mir fast 30 Jahre lang verborgen geblieben waren. Ich sah eine Welt, die man nicht so einfach sehen konnte. Die entdeckt werden muss, für die man etwas Anstrengung auf sich nehmen sollte, wenn man sie sehen will.

Ich machte meinen Tauchschein in Österreich. Im Frühjahr in einen Bergsee zu springen, das ist den Mutigen und Verrückten vorbehalten, denn das Wasser ist so früh im Jahr noch verdammt kalt. Ich hatte bereits einige Zeit am Attersee verbracht und kannte diesen wunderbaren Bergsee recht gut. Umso faszinierender fand ich es, ein Gewässer, das einem vertraut ist, zu betauchen. Denn bei all den Besuchen am See ist mir der größte Teil dieses zauberhaften Gewässers verborgen geblieben. Was wir sehen, wenn wir auf das Wasser blicken, ist lediglich die Oberfläche, ein winziger Teil des ganzen Naturwunders. Ich bin im Vorfeld meiner ersten Tauchgänge im Attersee fast vor Neugierde umgekommen, ich wollte endlich wissen, wie es da unten aussieht.

Als ich dann endlich abtauchen durfte, zusammen mit meinem Tauchlehrer, fühlte ich mich wie ein Entdecker. Ich konnte es kaum glauben, dass ich diesen bisher für mich unbekannten Teil des Sees endlich erforschen durfte. Eine völlig neue Welt eröffnete sich mir. Ich fühlte mich wie ein Forscher aus einem vergangenen Jahrhundert, der zum ersten Mal ein fremdes Land oder einen Kontinent betritt und Dinge sieht, die er noch nie gesehen hat. Ich konnte gar nicht glauben, dass oben die Welt weiterhin so aussah, wie ich sie kannte, und ich hier unten im Attersee in den Tiefen alles Mögliche zu sehen bekam. Fische, versunkene Segelboote, Steinformationen und einen wunderbaren Bewuchs, all das war da, und ich hatte all die Jahre überhaupt keine Ahnung, dass eine ganz andere Welt auf mich wartet.

Alles, was ich sah, sah ich zum ersten Mal. Ich fühlte mich wie ein Entdecker, auch wenn andere Taucher diese Dinge bereits gesehen haben, das war mir egal. Für mich war es das erste Mal, und ich stellte mir einfach vor, ich sei der erste Mensch, der diese Dinge sieht. Ich stellte mir vor, ich sei eine Art weibliche Indiana Jones unter Wasser, in Österreich, und erlebe ein grandioses Abenteuer, das einmalig ist.

Es gibt nur einen einzigen Moment, in dem man etwas zum ersten Mal sieht. Diesen Moment muss man genießen, feiern und darf sich fühlen wie ein Pionier und Entdecker. Dieses Gefühl habe ich mir bewahrt. Egal wo ich abtauche, ich sehe diese Welt für mich zum ersten Mal, auch wenn ich schon zigmal dort abgetaucht bin. Denn kein Tauchgang ist wie der vorherige. So wie sich die Welt an Land beständig verändert und je nach Jahres- und Tageszeit unterschiedlich wirkt, so ist es auch unter Wasser. Ein und derselbe Tauchplatz bietet bei jedem Tauchgang etwas Neues. Jedes Mal kann plötzlich ein anderes Lebewesen auftauchen. Morgens sieht man am Riff noch einen Oktopus, nachmittags kommt plötzlich der Adlerrochen vorbei. Manche Sachen sieht man beim ersten Tauchgang einfach nicht, weil man woanders hinschaut und das kleine Seepferdchen oder den Hecht einfach nicht im Blickwinkel hat. Jeder Tauchgang birgt die Möglichkeit, etwas Neues zu entdecken. So können sich auch plötzlich die Bedingungen oder die Strömung ändern, morgens herrscht noch Ruhe, Nachmittags pfeift den Tauchern das Wasser um die Ohren. All diese Dinge muss man erleben, erfahren und spüren. Ich habe das Gefühl, dass ich bei wirklich jedem Tauchgang auch an mir bekannten Tauchplätzen etwas Neues entdecken darf, ein großartiges Gefühl.

19. GRUND

Weil man die Welt anders sieht

Diese ersten Taucherlebnisse haben dazu geführt, dass ich die Welt von Anbeginn meiner Taucherkarriere mit anderen Augen gesehen habe. Bevor ich abtauchen konnte, waren Gewässer für mich immer schon etwas Wunderbares. Seit ich ein Kind bin, liebe ich es zu schwimmen, am Meer oder an einem See zu sitzen und bin immer schon eine echte Wasserratte gewesen. Aber ich habe immer nur die Oberfläche des Wasser gesehen und genutzt. Habe mich in den Wellen treiben lassen, lag im Sommer stundenlang am See und kühlte mich in den Fluten ab.

Tauchen hat mir die Augen geöffnet. Ich habe gesehen, dass ein See nicht nur ein mit Wasser gefülltes Loch ist, das für uns Menschen Abkühlung im Sommer bietet oder für Wassersport wie Segeln benutzt werden kann. Sondern ein sensibles, komplexes Ökosystem voller Leben. Zwischen den Seepflanzen tummeln sich unzählige Bewohner, die diesen Lebensraum bevölkern. Wenn man nicht selber einmal in einem See abgetaucht ist, wird man diese Wunder der Natur wahrscheinlich nie zu Gesicht bekommen. Man kann sich daher auch kaum vorstellen, was da unten im Dorfteich wirklich los ist. Wenn ich heutzutage an einem See sitze, denke ich sofort darüber nach, was dort unten in dem See wohl gerade los ist. Frage mich, ob gerade ein riesiger Hecht vorbeischwimmt, auf der Suche nach Nahrung. Ob Karpfen stumm in einer Gruppe durch den See ziehen oder ob irgendwo ein Krebs sich in den schlammigen Grund zurückzieht. Ich ärgere mich noch viel mehr als vorher, wenn ich sehe, wie Menschen gedankenlos Müll in einen See werfen, denn ich habe gesehen, wie ein vermüllter Seeboden aussieht. Mir tut das körperlich weh, wenn ich mitbekomme, wie respektlos wir mit dieser Natur vor unserer Haustür umgehen. Ich sehe einfach nicht nur die Oberfläche, ich sehe sofort die Tiefen der Seen und Flüsse vor mir und das Leben, das dort blüht. Das wir schützen müssen.

Am Meer denke ich auch sofort daran, was wohl unter der Oberfläche gerade passiert. Ich überlege mir, welche Fische wohl dort ihre Heimat haben, ob es Korallen gibt oder ob alles abgestorben sein könnte. Früher ahnte ich, dass es im Meer viele Lebewesen gibt, das es große Fische wie Haie und Mantas gibt. Aber ich konnte es mir nie vorstellen. Jetzt weiß ich, wie es da unten aussehen kann, wenn ich am Meer sitze, und male mir diese wunderbare Welt aus und versuche mir sie vorzustellen. Ich erfasse jedes Gewässer in seiner Gesamtheit. Ich sehe die Oberfläche, ich erahne aber auch die Tiefe und wie es unter der Oberfläche aussieht. Wenn ich am Meer bin, bin ich mit dem Herzen eigentlich immer unter Wasser, da wo ich als Taucher eigentlich immer sein will. Die Welt ist für mich ein Stück tiefer und größer geworden, ich sehe diesen Teil unter dem Wasser genauso deutlich vor mir wie die Oberfläche. Das hat für mich meinen Blick auf unsere gesamte Welt verändert und für das Unsichtbare geschärft.

20. GRUND

Weil man sich wie im Weltall fühlen kann

Alleine schon die Schwerelosigkeit im Wasser ist das Gefühl, welches der völligen und echten Schwerelosigkeit im All am nächsten kommt. Nicht ohne Grund trainieren Astronauten regelmäßig im Wasser ihre Fähigkeiten zu Einsätzen an der Raumstation. Sie schweben mit schwerer Ausrüstung durch einen Pool und üben Außeneinsätze an der Raumstation. Der Unterschied zwischen professionellen Tauchern, die Wartungsarbeiten durchführen, und dem Astronauten Alexander Gerst ist also wahrscheinlich gar nicht so groß.

Was Taucher ebenfalls mit Astronauten oder auch Piloten verbindet, ist die Möglichkeit, eine weitere Dimension zu erfahren. An Land schauen wir immer nur aus unserer Perspektive auf die Erde, wir sehen die Welt dreidimensional. Im Wasser und im All kommt mit der Tiefe die vierte Dimension hinzu. Wir sehen einen Lebensraum unter uns, über den wir hinwegschweben. So ähnlich stelle ich es mir vor, wenn ich über der Erde kreisen würde. Diese Abgeschiedenheit, der fehlende Kontakt zur Welt an Land, so könnte es sich auf einer Raumstation anfühlen. Wir Taucher bewegen uns ebenfalls wie Astronauten in einem potenziell feindlichen Lebensraum, in dem wir ohne die Hilfe von Technik zum Atmen sehr schnell sterben würden. Wir erforschen eine Welt, in der wir nicht zu Hause sind und in der wir eigentlich nichts verloren haben. Dazu die schwere Ausrüstung, die klobig ist und uns an Land eher hinderlich als förderlich ist. Sobald wir aber in die Schwerelosigkeit des Wassers abtauchen, verliert die Ausrüstung ihr Gewicht. Die Anzüge der Astronauten dürften allerdings um einiges mehr wiegen als eine Taucherausrüstung.

Einige Tauchgänge beschreibe ich immer wieder mithilfe von Assoziationen zu fremden Planeten oder dem All. Wer schon mal einen Nachttauchgang gemacht hat, am besten mit ausgeschalteter Lampe, kann sich wirklich wie im Weltall fühlen. Umgeben von Dunkelheit; lediglich das Plankton, das man aufwirbelt und das im Mondschein reflektiert, sieht aus wie Millionen von Sternen. Für mich sind Nachttauchgänge in meiner Vorstellung so ähnlich wie ein Spaziergang im Weltall. Schwerelos im Dunkeln zu schweben, da fehlt lediglich die Sicht auf den blauen Planeten Erde. Dafür sehen wir Taucher aber einen Ausschnitt der Erde, die vielen Menschen ebenfalls verborgen bleibt. Zwar gibt es mehr Taucher als Astronauten, aber dennoch haben nicht alle Menschen das Privileg, die Unterwasserwelt mit eigenen Augen zu sehen.

Manche Unterwasserwelten sind so karg, sandig und farblich speziell, dass ich mich oft frage, ob es auf dem Mars ähnlich aussehen könnte. Schlammige Böden erinnern mich an Bilder von der Marssonde, selbst die rote Färbung findet man in manchen Gewässern. Weiße Nebelschwaden, die oft von aufgewirbeltem Sand stammen, schaffen eine mystische Stimmung, die ich mir auf dem Mars so ähnlich vorstelle. Der Seeboden wirft große Schlammblasen, die aussehen wie Krater oder vor sich hin blubbernde heiße Quellen wirken. Manchmal würde ich mich nicht wundern, wenn plötzlich ein Marsmännchen vor mir stünde. Aber die vielen außergewöhnlichen Meeresbewohner sind mir teilweise so fremd und sehen so exotisch aus, wie es Marsmännchen wahrscheinlich auch sein würden. Daher drifte ich bei meinen Tauchgängen oft gedanklich ab und stelle mir dann weiterhin vor, ich sei im Weltall unterwegs, wo noch nie zuvor jemand gewesen ist.

21. GRUND

Weil man sich diese Welt erarbeiten muss

Die Redewendung »unter die Oberfläche schauen« wird verwendet, um zu beschreiben, dass man sich Mühe gibt, genauer hinzusehen. Was direkt an der Oberfläche liegt, wird als etwas gesehen, was zu leicht zu erreichen ist. Etwas, was nur als eine Art Tarnung für etwas Darunterliegendes verwendet wird. Die Redewendung wird in vielen verschiedenen Zusammenhängen benutzt. Für Menschen, deren eigentlicher Charakter nicht sofort sichtbar ist, sondern bei denen man unter die Oberfläche schauen muss, um zu erkennen, wer sie wirklich sind. Eisberge sind der Prototyp der Oberfläche, denn an der Oberfläche ist immer nur die Spitze des Eisberges zu sehen, der größte Teil liegt unter Wasser und ist daher unsichtbar für das menschliche Auge.

Wir glauben in den meisten Bereichen unseres Lebens, dass das, was wir sehen, nur die Oberfläche ist. Gesellschaften, Länder, Freunde, das Leben an sich. Der erste Eindruck wird doch oft als Kratzen an der Oberfläche gesehen. Wer mehr wissen möchte, muss in die Tiefe gehen. Ein Studium, eine Ausbildung, ein Hobby, eine tiefe Freundschaft oder ein Interesse, all das muss vertieft werden. Überall wird propagiert, dass es nicht reicht, nur das Offensichtliche zu sehen. Wer mehr wissen möchte, wer Geheimnisse herausfinden will oder wirklich ein Experte für ein bestimmtes Thema werden möchte, muss in die Tiefe gehen und unter die Oberfläche schauen, denn dort schlummert die Wahrheit. Dort, unterhalb der einfach zu erreichenden oberen Schichten, finden sich die echten Erkenntnisse.

Nicht ohne Grund heißt es, dass sich jemand in ein Buch, einen Text oder auch in einen Film vertieft. Sich von einem Thema in die Tiefe ziehen lässt, sich immer tiefer sinken lässt. Es scheint so, als hätte die Menschheit immer schon daran geglaubt, dass etwas dann wertig und fundiert ist, wenn man sich intensiv damit beschäftigt und nicht oberflächlich bleibt. Tiefe ist als Charaktereigenschaft positiv behaftet, wer Tiefe hat, ist einfach nicht seicht und oberflächlich, sondern ernsthaft, verlässlich und auch irgendwo voller Geheimnisse. Denn bei Menschen, deren Wesen als tiefgründig beschrieben wird, zeigt sich die wahre Charakterstärke auch nicht auf den ersten Blick.

In die Tiefe zu gehen ist also nicht einfach, sondern immer mit einem gewissen Aufwand, Vorbereitung und Hartnäckigkeit verbunden. Der Tauchsport ist ebenfalls kein einfacher Sport. Neben der Ausbildung, der umfangreichen Ausrüstung und dem Wissen, das man sich aneignen sollte, ist eigentlich jeder Tauchgang eine Anstrengung, um der Oberfläche zu entkommen. Mal ist die Anstrengung größer, wenn man eigenständig in den Seen taucht, die Ausrüstung selber an den Tauchplatz tragen muss und sich dann mit dem ganzen schweren Gerödel zum See schleppt. Ist man auf einem Safariboot, hat man zwar jede nur erdenkliche Hilfe und springt einfach nur fertig angezogen von Bord. Dennoch muss man sich die Tiefe auch dann erarbeiten.

Denn je nach Tauchplatz, Strömung und Wassertemperatur kann auch der Abstieg auf die angepeilte Tiefe eine echte Herausforderung sein, sodass man sich den Weg zu den Wunder der Unterwasserwelt fast schon erkämpfen muss. Manchmal wiederum kann man sich einfach hinabsinken lassen und hat mit der Anfahrt und dem Einstieg den schwierigsten Teil bereits hinter sich gelassen. Aber ganz egal, wie es läuft, um unter die Oberfläche zu sehen, muss man sich Mühe geben und sich diese Welt und die Tiefe ebenfalls erarbeiten, sie macht es uns nicht immer einfach, und das ist auch gut so.

22. GRUND

Weil Taucher unterschiedliche Interessen haben

Menschen sind unterschiedlich. Jeder von uns hat verschiedene Vorlieben und Interessen. Der eine mag die Berge, der Nächste das Meer. Manche surfen, andere reiten, wandern, klettern oder segeln. Manche lesen ein Buch nach dem anderen, haben aber wenig Interesse an Kinofilmen. Auch innerhalb einer auf den ersten Blick homogenen Gruppe gibt es große Unterschiede. Läufer ist nicht gleich Läufer. Der eine läuft Marathon, der andere sprintet. Manche Reiter lieben Springreiten, andere wollen einfach nur auf dem Pferderücken durch die Natur trotten.

So vielfältig wie wir Menschen, so komplex wie der menschliche Charakter und die unterschiedlichen Interessen, so vielfältig und komplex sind auch die Taucher. Denn wir sind ja nichts anderes als ein Querschnitt der Gesellschaft, in der wir leben. Mit allen Vorlieben und Dingen, die wir nicht so mögen. Auch wenn es nun auf den ersten Blick so scheint, als wären wir als Taucher ebenfalls eine komplett homogene Gruppe, da wir alle demselben Hobby nachgehen und grundsätzlich die gleiche Leidenschaft teilen, gibt es auch zwischen den Tauchern riesige Unterschiede. Jeder Taucher hat ganz spezielle Vorlieben und zieht bestimmte Tauchgänge anderen vor. Die Welt unter Wasser ist so vielfältig und abwechslungsreich, dass für jede Vorliebe etwas dabei ist.

Es gibt Taucher, die einfach nur unter Wasser sein wollen. Als ich mit dem Tauchen begonnen habe, wollte ich einfach nur tauchen. Mir war es völlig egal, ob ich seltene Tiere sehe, bunte Korallen oder einen Hecht im See. Jeder Clownfisch war aufregend, wobei ich bis heute ausflippe wenn ich die kleinen frechen Zeitgenossen sehe. Ich wollte lediglich meinen Kopf unter Wasser haben, mich umschauen, unter Wasser atmen und mich schwerelos bewegen. Ob ich im See unterwegs war oder im Roten Meer, war mir herzlich egal. Wenn ich nach dem Tauchgang gefragt wurde, was ich gesehen habe, hatte ich meistens keine wirkliche Antwort und konnte kaum Fische benennen, weil es mir einfach nicht so wichtig war, was ich genau gesehen habe. Ich fand alles toll, aufregend und spannend. Bis heute zähle ich mich eher zu der Gruppe Taucher, denen es eigentlich nicht so wichtig ist, was sie konkret sehen. Hauptsache, man ist unter Wasser. Ich genieße selbst Tauchgänge in Gewässern mit wenig Fischen, ich finde, es ist immer schön unter der Oberfläche. Ein dunkler See, ein Nachttauchgang ohne Lampe oder ein Tauchgang im Roten Meer, bei dem man eigentlich nichts Besonderes sieht, macht mich genauso glücklich wie eine Schule von Hammerhaien. Ich bin immer zufrieden, solange ich abtauchen darf.

Es gibt Taucher, die es vorziehen, im Süßwasser zu tauchen. Ich kenne Leute, die erst ganz selten im Meer tauchen waren. Sie tauchen einfach lieber in ihren heimischen Seen ab, als um die halbe Welt zu fliegen. Sie erkunden jeden Zentimeter der Gewässer vor ihrer Haustür, kennen die Flora und Fauna und verfolgen die Veränderungen der Natur während der sich ändernden Jahreszeiten. Sie müssen ebenfalls nichts Besonderes sehen, um einen schönen Tauchgang zu haben. Aber ein Hecht oder ein Wels macht ihren Tauchgang ganz besonders. Das kalte Wasser macht ihnen nichts aus, sie genießen die Erfrischung sogar und gehen zu jeder Jahreszeit ins Wasser. Viele Warmwassertaucher verstehen das überhaupt nicht, alleine die Temperatur von unter 20 Grad schreckt sie ab.

Aber auch die Warmwasserliebhaber teilen sich in ganz unterschiedliche Gruppen auf. Die Makroliebhaber suchen stundenlang nach winzigen Lebewesen. Sie verbringen den gesamten Tauchgang damit, Seepferdchen in Indonesien zu suchen, die nur wenige Millimeter lang sind und farblich perfekt getarnt in Korallen leben. Sie wissen genau, welche Tiere wo leben, und hängen Minuten an einem Fleck, um doch irgendwo eines der winzigen Tierchen zu sehen. Alternativ suchen sie Schnecken, Krebse, transparente Garnelen und andere Riffbewohner, für die man eigentlich ein Mikroskop bräuchte. Dass hinter ihnen der riesige Manta vorbeizieht, ist diesen Tauchern völlig egal.

Das Gegenstück zu diesem Taucher ist der Liebhaber von Großfisch. Alles, was ihn nicht an Körperlänge überragt, ist uninteressant. Nacktschnecken, Riffbarsche oder Korallen sind diesem Taucher herzlich egal. Er fliegt nach Mexiko, Galapagos oder den Bahamas, um die ganz großen Meeresbewohner zu sehen. Haie, Wale oder Rochen müssen es sein. Ein Barrakuda ist nur dann spannend, wenn er in einem Schwarm von mehreren Tausend Tieren vorkommt.

Die Mischung aus diesen beiden Tauchertypen ist der Fischfanatiker. Er kennt jedes einzelnen Lebewesen und hat die lateinischen Namen genauso parat wie die deutsche oder englische Bezeichnung. Er kann sagen ob es ein Weibchen oder ein juveniles Tier war, und kann ihre Färbung genau beschreiben. Nach dem Tauchgang fragt er die Mittaucher, ob sie diese Fische auch gesehen haben, und erklärt vieles zu den Tieren, ihrem Verhalten und ihrem Lebensraum. Von diesen Tauchern habe ich viel über Flora und Fauna unter Wasser gelernt und die ein oder andere Bezeichnung aufgeschnappt.

Wem bestimmte Fische völlig egal sind, sind die Liebhaber von bunten Tauchgebieten. Sie möchten einfach nur tauchen, es soll farbenfroh, voll mit Korallen, Riffbewohnern und Fischen sein. Am liebsten halten sich diese Taucher im Roten Meer im Bereich bis 15 Metern auf und dümpeln stundenlang am Riff entlang, ohne wirklich Strecke zu machen. Diese Art von Taucher könnte auch genauso gut Schnorchler sein. Es geht ihnen ausschließlich um die Entspannung, die Freude an bunten Farben, am Gewusel am Riff. Eine Schildkröte macht sie genauso glücklich wie ein Clownfisch oder ein Riff voller Rotfahnenbarsche.

Das Gegenteil von diesem Typ Taucher sind die, die sich gar nicht für Fische interessieren. Sondern für Blech. Ihr Taucherleben besteht daraus, um die Welt zu fliegen und Wracks zu betauchen. Sie wissen, welche Wracks wo liegen, warum und wann sie gesunken sind. Sie kennen den historischen Kontext, die Route des Schiffes, die Spezifikationen der Schiffsausstattung und die genauen Umstände, unter denen das Schiff gesunken ist. Während des Tauchganges suchen sie nicht nach Lebewesen, die sich im Wrack eingenistet haben, sondern nach dem Motorraum oder der Schiffsglocke. Ein buntes Riff oder selbst große Fische sind für diesen Typ Taucher lediglich willkommene Ablenkung, während sie ihre langen Dekozeiten absitzen, die sie beim Erforschen tief liegender Wracks angesammelt haben.

Das Schöne am Tauchsport ist, dass es für all diese Taucher passende Angebote gibt. Natürlich gibt es auch Taucher, die sich in verschiedener Intensität für alle diese Dinge interessieren. Ich sehe mir gerne Wracks an, finde sie wahnsinnig beeindruckend. Aber ich suche dort unten auch nach Fischen, nicht nur nach der Schiffsglocke. Ich suche gerne nach kleinen Schnecken, aber wenn ich keine finde, ist es auch nicht schlimm. Ich versuche, für alles einfach offen zu sein und mich begeistern zu lassen, egal was ich sehe.

Das Schöne ist ja, dass jeder seiner Leidenschaft nachgehen kann. Ich freue mich, wenn ich sehe, dass sich jemand wirklich für Wracks begeistert oder für Haie. Ich finde es toll, wenn Menschen sich so intensiv mit ihrem Hobby auseinandersetzen und zu wahren Experten in bestimmten Bereichen werden. So kann ich gerne stundenlang zuhören, wenn jemand spannend über Wracks erzählt, da es einfach ein Stück Geschichte ist. Ich bewundere Taucher, die den Namen jeder Nacktschnecke kennen, denn ich weiß so vieles nicht. Diese Vielfältigkeit macht für mich auch den Tauchsport aus.

23. GRUND

Weil die Welt unter Wasser unerforscht ist

In unserer heutigen Welt ist fast jeder Millimeter digital erfasst, vermessen und dokumentiert. Man kann sich die entlegensten Ecken dieser Erde auf Google Maps ansehen, inklusive Fotos von anderen

Reisenden oder Menschen, die dort leben. Es gibt für die abgeschiedensten Winkel digitale Wanderkarten, fast überall auf dem Planeten kann man sich per GPS leiten lassen, über Handys kommunizieren oder über Satelliten telefonieren. Echte weiße Flecken existieren auf den Landkarten des blauen Planeten fast nicht mehr.

Lediglich die Orte, die dieser Erde den Beinamen »Blauer Planet« geben, sind kaum erforscht. Denn aus dem Weltall erscheint die Erde blau, weil der größte Teil der Weltkugel von Wasser bedeckt ist. Laut Wikipedia sind es momentan 71% der Oberfläche, die unter Wasser liegen. Das beinhaltet auch Seen, Flüsse und andere Gewässer sowie Ozeane und Meere[5]. Ausgerechnet dieser Teil, der den meisten Platz auf der Erdoberfläche einnimmt, ist weitestgehend unerforscht. Selbst die Rückseite des Mondes sei besser erforscht als die Gewässer dieser Erde, heißt es immer.

Ein Grund ist die Unzugänglichkeit der Tiefsee. Als Tiefsee gilt alles ab einer Tiefe von 200 Metern, dazu gehören 88% der Fläche der Ozeane.[6] Für Menschen ist es fast unmöglich, sich oft und lange genug in solche Tiefen zu begeben, um die Flora und Fauna zu erforschen. Rekordhalter im Tieftauchen mit Geräten ist der Ägypter Ahmed Gabr, er erreichte eine Tiefe von 332,35 Metern[7]. Ist der Abstieg in flotten 15 Minuten machbar, so dauert der Weg nach oben 13 Stunden. Für den Taucher bedeutet so ein Ausflug in große Tiefen ein langwieriges Training und eine große gesundheitliche Gefahr. Der Aufenthalt in der Tiefe selber muss auf ein Minimum begrenzt sein, sonst dauert der Aufstieg noch länger. Lange Forschungsarbeiten sind dort ohne viel Gerät auch kaum möglich, da es da unten zappenduster ist. Jeder Taucher in so einer Tiefe muss viel Geduld und Zeit mitbringen, um diesen Lebensraum zu erforschen.

Es gibt U-Boote, die in so große Tiefen vordringen können, ohne dass die Forscher sich dem Druck aussetzen und Gasgemische atmen müssen. So erreichte der Regisseur James Cameron mit einem U-Boot namens »Deepsea Challenger« eine Tiefe von 10,898 Metern und konnte etwa drei Stunden dort unten verbringen. Insgesamt erreichten drei Menschen diese Tiefen.[8] Bemannte militärische U-Boote schaffen es in Tiefen von bis zu 7.000 Metern[9].

Was aber deutlich ist, ist, dass der Aufwand in fast keiner Relation zu dem winzigen Bereich steht, der erforscht werden kann. Ein Tauchgang auf fast 11.000 Metern bietet einen winzig kleinen Ausschnitt dieser geheimnisvollen Unterwasserwelt. Nur die Lebewesen, die im Scheinwerferlicht der U-Boote vorbeischwimmen, werden gesehen. So kann sich im Licht ein bisher unbekannter Oktopus befinden, aber außerhalb des Lichtkegels könnten 100 unbekannte Fische vorbeidüsen, selbst während eines so aufwendigen Tauchganges wüssten wir nichts über ihre Existenz. Die sich stetig weiterentwickelnde Technologie schafft aber immer neue Möglichkeiten, die Tiefsee zu erforschen, ohne dass sich Menschen in Gefahr begeben. Mithilfe unbemannter Boote, Tauchroboter oder Drohnen können die Forscher vom Schiff aus die Tiefen erkunden und sich auf die Suche nach den Geheimnissen dieser verborgenen Welt begeben. Sie finden immer wieder neue Lebensformen, die in dunklen Gewässern ohne Sonnenlicht und Sauerstoff auskommen und unter lebensfeindlichen Bedingungen leben.[10] Forscher vermuten in solchen Gegenden den Ursprung des Lebens an Land zu entdecken und zu entschlüsseln, wie wir Menschen unseren Weg an Land begonnen haben.

Diese Expeditionen sind aber ebenfalls sehr aufwendig, teuer und bedürfen viel Vorbereitung, Technik und Geld. Die Forscher sind wochenlang auf dem Meer unterwegs, wissen überhaupt nicht, was sie erwartet und ob sie etwas Brauchbares mitbringen können. Ein Forscher im Urwald kann sein Lager an verschiedenen Orten aufschlagen und sich monatelang in entlegenen Gegenden bewegen. Auf einem Schiff ist man sehr eingeschränkt und auf vieles angewiesen, wie Trinkwasser oder Diesel. Alles, was man an Bord braucht, muss man mitnehmen und kann es in entlegenen Gegenden nicht einfach so neu organisieren. Ich bin hin- und hergerissen. Auf der einen Seite würde ich gerne mehr erfahren über den Ursprung des Lebens auf diesem Planeten und über die wundersamen Lebewesen der Tiefsee. Auf der anderen Seite haben wir Menschen meistens nichts Gutes gebracht, wenn wir uns einen neuen Lebensraum erobert haben. Daher ist es aus meiner persönlichen Sicht besser, wenn die Tiefsee ihre Geheimnisse für sich behält. Denn nur so kann vermieden werden, dass dieser Lebensraum ebenfalls ausgebeutet und für Profite geplündert wird.

24. GRUND

Weil es irgendwann nach oben geht

Das magische Abenteuer Tauchen neigt sich für viele Sporttaucher nach ungefähr 60 Minuten dem Ende zu. Man muss sich langsam darauf vorbereiten, wieder den Weg in die Welt an Land anzutreten. Wehmut ergreift dann viele Taucher, die sich gar nicht von der Unterwasserwelt trennen möchten und die Oberflächenpause lediglich als Vorbereitung auf den nächsten Tauchgang sehen. Der Weg von unten nach oben und das Auftauchen wird daher oft nur als notwendiges Übel gesehen. Noch länger zieht es sich, wenn man bedingt durch einen längeren und tieferen Tauchgang einen sogenannten Dekompressionsstopp einlegen muss, um im Gewebe gebundene Gase abzuatmen und den Druck auf den Körper langsam zu vermindern.

Aber anstatt mich diesem Aufsteigen widerwillig zu fügen, habe ich beschlossen, auch hier die Schönheit zu sehen und diese Erfahrung zu genießen. Denn der Weg aus der dunklen Tiefe an die helle Oberfläche hat seine Faszination. Mich beeindruckt jedes Mal der Wechsel der Farben. Je tiefer ein Taucher unterwegs ist, desto weniger Farben sind noch sichtbar, die Welt in den Tiefen der Meere und Seen kann schon sehr dunkel und düster sein. Wenn ich nun meine langsame Rückkehr an die Oberfläche antrete, wird es mit jedem Meter heller und bunter. Die Sonnenstrahlen brechen ab einer gewissen Tiefe wieder durch das Wasser und zaubern auch im langweiligsten See ein wunderbares Lichtspiel in das kühle Nass. Im Roten Meer beginnen auf ungefähr zehn Metern die Korallenwälder, Rotfahnenbarsche wuseln zu Tausenden durch das Riff und scheinen mich geradezu von meinem Ausflug in die Tiefe zurück zu begrüßen. Sieht man in größeren Tiefen weniger Lebewesen, so kommt mir der Kontrast zu den belebten seichten Tiefen noch kontrastreicher vor. Ich genieße es, meinen Sicherheitsstopp so lange wie möglich auszudehnen und die Eindrücke dieses bunten Lebens am Riff geradezu einzusaugen und fest in meinem Kopf zu verankern.

Dann bereite ich mich langsam mental auf den Moment vor, in dem ich die Wasseroberfläche durchbreche. Ich konzentriere mich auf meine Atmung und auf einen möglichst langsamen Aufstieg. Im Gesicht spüre ich, wie das Wasser direkt unter der Oberfläche wärmer ist, und lasse mich von den Sonnenstrahlen blenden. Ich nehme wahr, wie mein Körper mit dem aufgeblasenen Jacket von alleine nach oben gezogen wird, die Wellenbewegung spült mich geradezu nach oben. Ich nehme den Atemregler aus dem Mund, nehme einen tiefen Atemzug frischer Luft. Dann blase ich meine Tarierhilfe vollständig auf.

Ich verweile noch einige Sekunden bis Minuten wie ein Korken an der Wasseroberfläche, lasse mich von den Bewegungen des Wassers tragen. Ich genieße diese Momente, nehme wahr, was an der Oberfläche passiert, und bereite mich mental auf meine Rückkehr in die echte, laute und dennoch wunderbare Welt vor, in der ich lebe.

3. KAPITEL

NATUR ERLEBEN

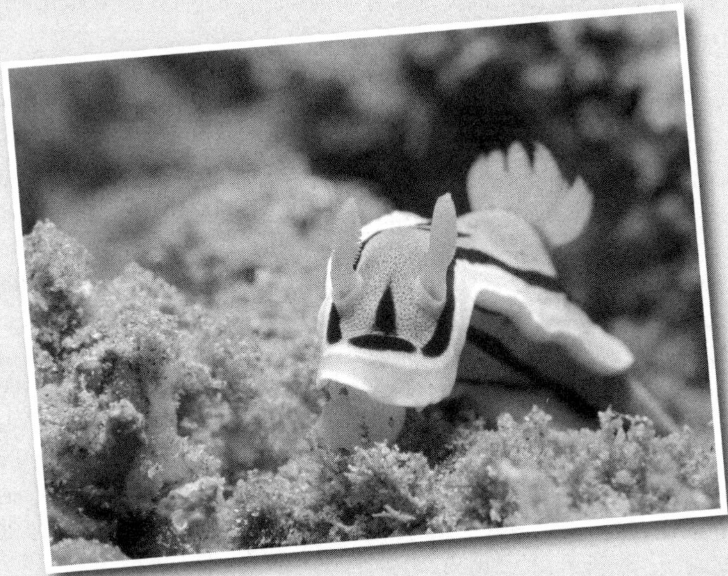

25. GRUND

Weil der erste Tauchgang ein Schock ist

Wer das erste Mal abtaucht, hat oft eine Vorstellung im Kopf von dem, was ihn erwartet. Man hat sich ja informiert. Besonders wenn es zum ersten Mal in einen Tauchurlaub geht, hat man sich ein wenig beraten lassen, was es wo zu sehen gibt und wo man gut tauchen kann. Ich behaupte aber, dass nichts, aber auch gar nichts, uns Menschen auf diesen ersten Tauchgang vorbereitet. Egal wie viele Videos und Fotos man sich ansieht, mit Freunden redet und sich vorbereitet. Die Wucht, mit der dieses überbordende Leben unter Wasser uns trifft, ist mit nichts zu vergleichen.

Im Meer taucht man ab, vorbei an riesigen Gorgonien, bunten Weichkorallen, Schwärmen mit Tausenden von Glasfischen. Macht man eine Handbewegung, ändert der kollektive Schwarm seine Richtung, wie ein glitzernder lautloser Vogelschwarm am Himmel. Neugierige Fusliere beäugen die Taucher, ein stoischer Steinfisch sitzt regungslos auf einer Koralle und wird von den Tauchern fast übersehen. Die weisen Augen einer uralten Schildkröte scheinen direkt in unsere Seele zu blicken, sie wirkt unendlich wissend, als habe sie alles gesehen und wisse über alles Bescheid. Die Farben, die Formen, die Lebewesen. Das Licht, die Strömung, die Landschaft. All das erscheint unwirklich, wie aus einem anderen Universum. Wer hier sein Herz verliert, der bekommt es nie wieder zurück. Denn wer diesen Schock erlebt, dem wird ein Stück seines Herzens entrissen und der lässt für immer ein Stück seiner Seele unter Wasser. Dieser Zauber vergeht nicht mehr und lässt uns nie wieder los.

Je länger man taucht, desto mehr gibt es zu entdecken. Denn mit der Zeit ist man nicht mehr so stark mit sich selbst beschäftigt, sondern kann seine Umwelt viel besser wahrnehmen und im Gewusel am Riff so manche Meeresbewohner entdecken, die dem Auge vielleicht zunächst verborgen bleiben. Mit den Jahren wird der Blick für die Unterwasserwelt geschärft, man weiß irgendwann, wo man seltene Fische beobachten kann, wo sich eine kleine Nacktschnecke verstecken könnte und ob es sich bei einem Schwamm nicht doch um einen bewegungslosen Oktopus handelt. Es lohnt sich, immer genau hinzusehen. Bei meinen ersten Tauchgängen habe ich mich so oft erschrocken, wenn sich ein vermeintliches Stück Koralle plötzlich blitzschnell aus dem Staub gemacht hat, war doch der obere Teil der Koralle ein perfekt angepasster Steinfisch. All diese Lebewesen, die ein Riff bevölkern, lösen etwas in uns Menschen aus, und man fühlt sich während der ersten Tauchgänge wieder wie ein Kind, das die Welt neu entdeckt. Der Schock, den dieses Erlebnis Tauchen auslöst, ist ein positiver. Es ist mit nichts zu vergleichen, denn es trifft uns mit voller Wucht, unvorbereitet und unmittelbar mitten ins Herz.

26. GRUND

Weil Schnecken Pyjamas tragen

Neben Tauchen ist Schlafen mein liebstes Hobby. Am liebsten würde ich den ganzen Tag in meinem gestreiften Pyjama verbringen und immer wieder ein Nickerchen auf der Couch halten. Daher fühle ich mich einem Tierchen ganz besonders verbunden, auch wenn es recht häufig zu sehen ist. Die Chromodoris quadricolor, auch bekannt als Pyjamanacktschnecke, findet sich oft im Roten Meer, ist aber auch im Mittelmeer oder vor Ostafrika zu sehen. Ich liebe das kleine gestreifte Wesen einfach.

Wenn ich eine entdecke, stelle ich mir vor, wie auch diese kleine Schnecke ihren Pyjama nicht ausziehen will und durch ihr Leben schlurft. Sie isst etwas, geht ein wenig spazieren, trifft Freunde und legt sich dann in ihrem Lieblingsoutfit wieder für ein Nickerchen hin. Dann steht sie wieder auf, macht sich einen Kaffee und sitzt auf ihrem Lieblingsplatz im Riff und lässt die Unterwasserwelt an sich vorbeiziehen. An ihren prominenten blau-gelben Streifen ist sie gut zu erkennen, wobei sie mit Weiß und Schwarz insgesamt vier Farben trägt. Irgendwann werde ich mir einen Pyjama schneidern lassen, der genau die Farben dieser kleine Schnecke hat, und es mir dann am Strand im Sand gemütlich machen.

Die Nacktschnecken gibt es in unzähligen Varianten, und die kleinen bunten Kunstwerke tragen nicht nur Pyjamas. Manche Arten werfen sich jeden Tag in Schale, als würden sie auf den Opernball gehen. Sie tragen bunte Gewänder, die gepunktet, gestreift oder ausgefranst sind. So einige der Nacktschnecken sind besser angezogen als jede Prinzessin auf dieser Erde und sehen jeden Tag und immer gut aus. Ihre knallbunten Farben schützen sie vor Feinden oder erlauben ihnen, sich perfekt an ihre Umgebung anzupassen. Je nachdem, wie ihre persönliche Überlebensstrategie unter Wasser aussieht, so ist ihre Form und Färbung.

Ich frage mich manchmal, ob die ganz üppig Angezogenen unter den Schnecken sich herablassend über die Cousine im Pyjama äußern und hinter vorgehaltener Hand munkeln, sie würde sich gehen lassen und nur noch im Schlafanzug vor die Tür gehen? Vielleicht leidet sie ja unter Depressionen? Würde ihr mal guttun, sich chic anzuziehen. Fragt man mich nach meiner Lieblingsnacktschnecke, so ist es aber weiterhin das Exemplar im Nachtgewand. Auch wenn es viele gibt, die auffälliger, bunter und geschmückter sind, ich mag den kleinen Zeitgenossen im gestreiften Anzug, in ihrer Schlichtheit sind sie unglaublich niedlich und hübsch anzusehen, ohne aufdringlich zu sein. Und sie tragen Streifen und Pyjama, beides sind auch meine Favoriten.

27. GRUND

Weil man Delfine pfeifen hört

Entspannt und ruhig taucht man mit seiner Gruppe ab. Plötzlich fangen die Ersten an, sich umzuschauen. Köpfe drehen sich in alle Richtungen. Dazu kommt ein besonderes Handzeichen. Mit ausgestrecktem Zeigefinger kreist die Hand immer wieder um das rechte oder linke Ohr. Als Anfänger dachte ich noch, dass die anderen vielleicht Ohrenschmerzen oder Probleme mit dem Druckausgleich haben. Mit ein wenig Erfahrung weiß ich aber, dass die Gruppe Delfine pfeifen gehört hat und nun nach ihnen Ausschau hält. Zusätzlich wurde aber mit der Hand eine wellenförmige Bewegung mit dem Handrücken nach oben angezeigt. Dieses Zeichen symbolisiert springende Delfine.

Wer nun das Quäntchen Glück, Geduld und noch genug Luft hat, der hat eine gute Chance, diese wunderbaren Tiere tatsächlich zu sehen. Dass man sie hört, bevor man sie sieht, multipliziert die Spannung und Vorfreude auf die freundlichen Zeitgenossen. Auch wenn Delfine eigentlich Raubtiere sind, die auch vor Aggressionen innerhalb der eigenen Gruppe nicht zurückschrecken, assoziieren wir mit ihnen positive Eigenschaften. Die meisten Menschen empfinden Delfine als freundliche, ewig lächelnde, mitfühlende, und intelligente Geschöpfe. Dass mag auch nicht ganz falsch sein, denn Delfine gelten als hoch entwickelte Lebewesen, dennoch sind und bleiben sie wilde Tiere. Es sind keine Plüschtiere, keine Schmuseteddys, und sie möchten weder angefasst noch bedrängt oder umzingelt werden. Man muss ihnen mit Respekt, Abstand und Demut begegnen. Kommen sie von sich aus nahe an den Menschen heran, hat man einfach Glück gehabt und sollte sich ruhig und besonnen verhalten. Ich gerate jedes Mal in Verzückung, wenn ich die Delfine pfeifen höre.

Denn wenn sie neugierig um uns Taucher herumschwirren und uns nahe kommen, ist es eine der schönsten Begegnungen, die man unter Wasser haben kann. Und wenn man wirklich großes Glück hat, pfeifen sie sogar ein Liedchen für die Taucher. Nach einigen Minuten ist das wunderbare Schauspiel vorbei, und die Gruppe der sympathischen Meeressäuger zieht weiter in die unergründlichen Tiefen und Weiten des Meeres. Wer ganz genau hinhört, kann vielleicht ihr Pfeifen noch etwas länger nachklingen hören.

28. GRUND

Weil Mantas fliegen können

Wer hier eine Geschichte rund um ein Kultauto erwartet, den muss ich enttäuschen. Hier geht es um die Riesenmantas, die sanften Könige der Meere. Riesenmantas sind für mich die vielleicht faszinierendsten Tiere, die ich unter Wasser jemals gesehen habe. Durch ihre auffällige schwarz-weiße Färbung, ihre charakteristischen Kopfflossen und die riesigen Flügel wirken sie wie übergroße Schwalben. Sie erreichen eine Spannweite von bis zu sieben Metern und können bis zu 1,3 Tonnen auf die Waage bringen. Sie scheinen durch das Wasser zu fliegen, da sie ihre riesigen Flossen wie Flügel auf und ab bewegen und lautlos durch das Wasser gleiten.

Ich stelle mir oft vor, wie es wäre, so große Vögel auf der Erde zu haben. Besonders die Frage, wie dann mein Auto aussehen würde, das Vögel für ihr großes Geschäft gerade zu magisch anzieht, hat mich unter Wasser schon so einige Male kichern lassen. Die Riesenmantas ernähren sich ausschließlich von Plankton und haben im Gegensatz zu ihren Verwandten, den Teufelsrochen, keinen Giftstachel. Diese sanften Riesen findet man auf den Malediven ebenso wie in Indonesien oder auch im Roten Meer. Ich hatte das große Glück, dass eines dieser Exemplare seinen Flug unterbrochen und mich in Indonesien lange und intensiv mit seinen seitlich liegenden Augen direkt angesehen hat. Während ich zappelnd versuchte, auch gegen die Strömung meine Position, Tiefe und Körperspannung zu halten, schwebte der Riesenvogel fast bewegungslos neben mir über dem Riff. Ich hatte Gänsehaut am ganzen Körper, konnte mein Glück kaum fassen. Das Tier schien unendlich weise und alt zu sein und mir etwas mitteilen zu wollen, es hat mir wirklich direkt in die Augen gesehen. Das mag nun esoterisch klingen, aber genau so hat es sich angefühlt. Mir liefen die Tränen herunter, all die Anspannung des letzten Jahres, das für mich persönlich nicht so einfach gewesen war, schien von mir abzufallen. In Gedanken erzählte ich dem Tier alles, was mich so belastete und was in den letzten zwölf Monaten passiert war. Es schien mir zuzuhören und schaute mich einfach nur an. Gänsehaut pur.

Nach 30 Minuten schlug es mit seinen riesigen Flossen und verschwand im blauen Wasser. Ich ließ mich von der Strömung erfassen und in Richtung der restlichen Tauchtruppe zurücktreiben. Ich war leicht wie eine Feder, die Glückshormone schossen durch mein Blut, ich war wie berauscht. Unter der Maske und dem Atemregler spürte ich mein Grinsen, mein Mund ging gefühlt einmal um meinen Kopf herum. Ich ging wie ein Schlafwandler an Land und hauchte nur »unglaublich«, wenn mich jemand fragte, wie mein Tauchgang denn war. Diese riesigen fliegenden Fische sind für mich Könige der Meere, und diese Begegnung hat etwas in mir ausgelöst, was mich nie wieder loslassen wird.

29. GRUND

Weil Clownfische Superstars sind

Spätestens seit dem Pixarfilm *Findet Nemo* kennt jedes Kind die sogenannten Anemonenfische, die auch Clownfische genannt werden. Die kleinen, hektischen Zeitgenossen waren Vorbild für die Geschichte rund um den Clownfisch Nemo. Dieser wird von Tauchern entführt, von hartnäckigen Freunden wiedergefunden und mit seinem Vater vereint. Heutzutage ist der Name »Nemo« ein Synonym für Clownfische. Ob die enorme Beliebtheit bei Tauchern mit dem Film zu tun hat, sei dahingestellt. Aber sicherlich hat der Zeichentrickfilm den Anemonenfischen eine globale Berühmtheit beschert.

Sehr viele Taucherherzen schlagen höher, wenn Tauchplätze mit vielen Anemonen und damit Clownfischen angekündigt werden. Die Anemonenfische leben in Symbiose mit Anemonen. Sie beschützen sie vor Feinden, fächeln ihnen Wasser zu und reinigen ihre Tentakel.[11] Im Gegenzug beschützen die Anemonen durch ihr Nesselgift die Clownfische und ihre Familien. Diese perfekte Symbiose ist nicht nur praktisch, sondern auch wunderbar anzusehen. Die Anemonen selber leuchten je nach geografischer Region rot, blau lila oder weiß. Innen befinden sich Tentakel in den verschiedensten Formen und Farben, manche mit bunten Spitzen oder blasenähnlichen Gebilden. Die wogenden Tentakel der Anemone im Wasser umschmeicheln die kleinen Clownfische geradezu. Immer wieder taucht der Fisch in die Sicherheit seines Wirtes ein, um in der nächsten Sekunde frech daraus herauszuschauen. Diese beiden Tiere sind in ihrem Zusammenspiel ein äußerst beliebtes Fotomotiv und der Clownfisch sicherlich einer der bekanntesten Fische weltweit. Nicht nur dank des Films, sondern dank der unzähligen Fotos, die Taucher von ihm machen.

Bei aller Begeisterung sollten wir Taucher aber nie vergessen, dass der Clownfisch eine einzige Aufgabe hat, und diese ist, die Anemone zu beschützen. Daher löst die Anwesenheit der Taucher oft großen Stress bei den kleinen Tieren aus, die Blitzlichter der Kameras machen das Ganze nicht besser. Wer eine bewohnte Anemone sieht, sollte sich also immer mit Respekt und Vorsicht annähern und nicht allzu lange vor der Anemone ausharren. Das erspart den kleinen Clownfischen viel Stress. Auch Superstars brauchen ihre Privatsphäre, man sollte sie nie bedrängen. Ich flippe vor Freude immer noch aus, wenn ich ein mit Anemonen bewachsenes Riff entdecke, denn dort finde ich fast garantiert viele Clownfische. Manche sind groß, ihre Färbung ist dunkelgelb, sie sind eher ruhig, was vielleicht ihrem Alter zuzuschreiben ist. Andere sind so winzig wie mein Fingernagel, sie leuchten fast noch neongelb und sind so aktiv und wuselig wie kleine Welpen. Diese Babys brauchen einen besonderen Schutz durch ihre Anemone. Aber egal wie sie aussehen, ich habe mein Herz an diesen Superstar verloren und bekomme nie genug von ihm.

30. GRUND

Weil man demütig wird

Wann immer ich mich durch die Unterwasserwelt bewege, wird mir eine Sache immer wieder klar. Ich bin auf dieser Erde als Mensch eine ganz kleine, unwichtige Nummer. All diese Lebewesen, die Farben, Formen und die unbändige Natur. Die Gewalt des Wassers, welche die Formen der Unterwasserwelt in Millionen von Jahren geformt und wahre Kunstwerke erschaffen hat. Die beständige Bewegung der Wellen, welche die Strände und Küsten geformt hat. Wenn ich in der Strömung treibe wie ein kleines Blatt im Wind und mir bewusst wird, dass das Wasser die Kraft hat, mein Leben zu beenden. Durch eine riesige Welle, die mich an Land spült, durch eine Strömung, die mich zu tief sinken lässt. All das ist so viel stärker als ich, dass ich mich ganz klein fühle.

Ich tauche über Riffe, die Millionen von Jahren alt und wahre Wunderwerke sind. Geformt von der Natur, ohne menschlichen Einfluss. All das ist so mächtig und groß, und wir kleinen Taucher bewegen uns in einem winzigen Abschnitt dieser fantastischen Welt. Das auch nur unter großer Anstrengung, mit viel Ausrüstung und mit einem gewissen Risiko, dass uns etwas passiert. Denn wir gehören da unten eigentlich nicht hin, es ist nicht unsere Welt. Wir sind dort kurz zu Gast und sollten uns auch dementsprechend benehmen. Wir müssen Respekt haben vor dem, was wir dort unten finden, und es so zurücklassen, wie wir es aufgefunden haben. Wir dürfen nichts mitnehmen, nichts zurücklassen und keine Spuren hinterlassen. Nichts darf darauf hindeuten, dass wir in diese fremde, magische Welt jemals eingetreten sind.

In mir löst dieses Wunder der Natur so tiefe Gefühle aus, dass ich oft gar nicht die Worte habe, es zu beschreiben. Aber wenn ein Riesenmanta mich umkreist und ich unendliche Korallenriffe unter mir sehe, werde ich demütig. Demütig, auch weil ich das Privileg habe, dieses Wunder zu entdecken, zu erforschen und zu erleben. Ich mache mir bewusst, dass nur ein Bruchteil der Menschheit diese Wunderwelt zu Gesicht bekommt. Ich rufe mir auch ins Gedächtnis, dass ich nur einen winzigen Ausschnitt dieser wunderbaren Unterwasserwelt sehen darf und kann. Dass weitere Wunder unter Wasser existieren, die ich nie sehen werde, die vielleicht niemand jemals zu Gesicht bekommen wird, und desto wichtiger ist es, sorgsam damit umzugehen und alles für den Erhalt der Natur unter, aber auch über Wasser zu tun. Damit noch viele Generationen nach mir dieses Wunder sehen und ihren Wert zu schätzen lernen.

Unter Wasser wird mir immer wieder klar, wie gewaltig groß der Teil der Welt ist, denn wir nicht bewohnen. Wir sollten uns dessen immer wieder bewusst sein und uns nicht für die Krone der Schöpfung halten, sondern als ein winziger Teil der Natur sehen, der aber den größten Schaden anrichtet. Wer Demut hat, geht vielleicht sorgsamer mit dieser Wunderwelt unter Wasser und auch an Land um und tut alles, um sie zu schützen.

31. GRUND

Weil es so bunt ist

Die vielen Bilder von den Tauchgebieten dieser Erde suggerieren, dass die Unterwasserwelt knallbunt ist. Wie ein Technicolor-Traum eines Regisseurs aus den 70er-Jahren, der möglichst viele Farben und

Formen in seinem Film unterbringen wollte, so scheint es unter Wasser auszusehen. Korallen wachsen in allen Farben des Regenbogens am Riff. Die Fische, die sich dazwischen tummeln, übertrumpfen die Korallen aber geradezu noch. Es wirkt vieles wie übertrieben, als hätte sich ein Fotograf so richtig mit einem Bildbearbeitungsprogramm ausgetobt und an den Farbreglern alles gegeben.

Nur spiegeln diese Bilder nicht immer genau die Realität wider. Denn an manchen Tauchplätzen auf dieser Erde ist es noch bunter, als es auf den Bildern aussieht. Viel bunter und vielfältiger, als wir es uns in unseren kühnsten Farbträumen ausmalen können. Jede Farbe kommt in Tausenden Schattierungen vor. Fische vereinen Farben, die man in der Kombination nicht tragen würde, die aber dennoch zusammen ganz entzückend aussehen. Mantarochen wiederum sehen in ihrem schwarz-weißen Outfit so elegant aus, als würden sie im Smoking zu einem Abendessen gehen. Kleine Nacktschnecken sind so prachtvoll gefärbt, dass sie es mit jedem Haute-Couture-Kleid aufnehmen könnten. Jede Farbe hat ihren ganz spezifischen Zweck. Die Färbung dient dem Schutz und dem Überleben im Riff. Manche Tiere tragen Warnfarben, da sie giftig sind. So trägt der Blauringoktopus namensgebende und bezaubernde blaue Ringe, ist aber potenziell auch für Menschen tödlich und warnt mit dem knalligen Blau vor seiner Giftigkeit. Andere Tiere wiederum haben sich Warnfarben lediglich als Schutz zugelegt, sind aber gar nicht giftig. Manche Tiere ändern blitzschnell ihre Farbe und die Struktur ihrer Haut, um sich innerhalb von Sekunden unsichtbar zu machen. Der Oktopus ist Meister dieser Disziplin.

Diese Vielfalt an Farben und Schattierungen raubt mir jedes Mal den Atem, ich kann mich kaum daran sattsehen. Manchen Gewässern oder Tauchplätzen sieht man gleich an, dass es unter Wasser bunt wird. So reichen die Korallen an den Riffen im Roten Meer bis unter die Wasseroberfläche, bereits von oben ist das bunte Gewusel der Riffbarsche und Fahnenbarsche zwischen den Korallen zu erkennen. Taucht man ab, ist man sofort im Aquarium unterwegs.

Anderen Tauchplätzen sieht man es gar nicht an und muss sich die bunte Vielfalt erst ein Stück weit erarbeiten. So mancher See in Österreich zeigt nur eine dunkle Wasseroberfläche; taucht man aber ein und die Augen gewöhnen sich an die veränderten Lichtverhältnisse, so sieht man plötzlich Tausende Schattierungen von Grün, Blau und Türkis. Das Wasser schimmert im Sonnenlicht, der Grund ist dicht bewachsen, und dazwischen tummeln sich grüngold schimmernde Hechte und bunt gesprenkelte Sonnenbarsche. Rot-gelbes Seegras verwandelt jeden faden Tümpel in ein buntes, freundliches Naturerlebnis für uns Taucher. Überall findet der geneigte Taucher eine bunte, prachtvolle Farbwelt, mal ist sie offensichtlich, mal muss man genau hinschauen.

32. GRUND

Weil es manchmal kaum Farben gibt

In Indonesien ist es fast schon schwer, Orte zu finden, die nicht voller bunter Korallen und farbiger Riffbewohner nur so wimmeln. Wer aber viel in Seen, in der Nord- und Ostsee oder auch im Mittelmeer oder der Adria taucht, darf nicht ganz so viele Farben erwarten. Der Bewuchs ist einfach nicht annähernd so üppig wie in Asien oder im Roten Meer, die klimatischen Bedingungen sind einfach ganz andere. Die Lebewesen haben sich der Umgebung angepasst. Im Vergleich zu ihren Verwandten in exotischeren Gefilden halten sie sich farblich eher zurück und ziehen gedeckte Farben vor. Das hat ebenfalls seinen Reiz.

Denn so ist die Herausforderung größer, genauer hinzuschauen. Die gut getarnten dunklen Seepferdchen vor der kroatischen Küste sind nur zu sehen, wenn man sich Mühe gibt, sie zu finden. Ausnahme sind die gelben Exemplare, die geradezu im Dunkeln der Adria leuchten wie kleine gelbe Lampen. Diese eher monochrome

Welt ist ein wenig wie ein altmodisches Foto. Die Farben wirken ein wenig düster, melancholisch und vergilbt. Es ist eine ganz eigene Stimmung, die dort herrscht. Ruhiger, langsamer und vielleicht manchmal weniger aufregend als die Tauchgebiete der Tropen. Der Reiz ist ein ganz anderer. Diese leicht düstere Stimmung hat etwas sehr Reduziertes und schärft den Blick für das Wesentliche und für die kleinen Dinge, die man unter Wasser sieht. Auf grauen Gesteinsbrocken plötzlich eine kleine, bunte Schnecke zu sehen ist, wie einen kleinen Schatz dort zu finden, wo man ihn nicht erwartet. In Kroatien kleben schwarz-weiße Schnecken an den Steilwänden wie kleine, platt gefahrene Kühe. Winzige Farbtupfer, die unerwartet auftauchen und große Freude auslösen. Kommt man dann plötzlich zu einer Steilwand, die dann doch mit gelben Schwämmen bewachsen ist, ist die Freude riesig.

In dunklen Seen, in denen man irgendwann nur noch durch ein schlammiges, düsteres Wasser taucht, sieht man teilweise nicht mal einen kleinen Farbtupfer. Ich empfinde solche Tauchgänge immer als gute Übung für die eigene mentale Stärke und den Orientierungssinn. Wer bei Sichtweiten von einem Meter in schlammigem Wasser keine Angst hat, der kann jede Situation meistern. Nichts lenkt in diesen Momenten vom Tauchen selber ab, man ist nur mit der eigenen Bewegung beschäftigt und damit, sich zu orientieren, sowie die Tiefe und den richtigen Kurs einzuhalten. Auch das ist Tauchen, und auch mit solchen dunklen, farblosen Welten sollte man sich ab und zu auseinandersetzen und hier an sich selber arbeiten, um bei solch schwierigen Bedingungen dennoch Freude an dem Sport zu haben. Aber es lohnt sich immer, genau hinzusehen und jeden Farbtupfer zu entdecken oder sich einfach auch mal an einer etwas monotoneren Unterwasserwelt zu erfreuen.

33. GRUND

Weil es manchmal fast nichts zu sehen gibt

Manchmal sind die eigenen Erwartungen sehr hoch, wenn man an einen neuen Tauchplatz kommt. Gerade die Seen, die ich noch nicht betaucht habe, lassen mein Herz schon bei Ankunft höher schlagen. Türkisblaues Wasser, eine atemberaubende Bergkulisse, gute Sichtweiten in glasklarem Wasser lassen nur einen Rückschluss zu: Da unten gibt es viel zu sehen. Viele Hechte, Karpfen und Sonnenbarsche. Mit großer Vorfreude ziehe ich mich an, tauche ab und sehe nichts. Ein schlammiger Grund unter klarem Wasser bei sehr guter Sicht. Einige versunkene Bäume, zwei kleine, verirrte Fischchen im Uferbereich. Zunächst kommt doch ganz leise die Enttäuschung. Dann die Freude, einfach unter Wasser zu sein, und die Erkenntnis, dass jeder Tauchgang schön ist, wenn man ihn sich schön macht. Statt den Kopf hängen zu lassen, konzentriere ich mich auf das, was ich sehe. Ich genieße es also einfach, auch mal nichts zu sehen.

Denn obwohl es nicht so viel Leben und Natur im Wasser gibt, wie ich es mir erhofft hatte, gibt es natürlich etwas zu sehen. Das Spiel des Sonnenlichtes auf dem Seeboden. Die Reflexion der Wellen im Sonnenlicht. Die Sonnenstrahlen, die sich in den versunkenen Bäume verirren und ein mystisches Licht zaubern. Ein kleiner, verschreckter Hecht, der sich zwischen den Zweigen der versunkenen Bäume versteckt. Die Ruhe, diese friedliche Atmosphäre unter Wasser. Das alles genieße ich in vollen Zügen, ohne ernsthaft enttäuscht zu sein. Denn auch wenn es vielleicht nicht so viel zu sehen gibt, wie man es erwartet, ist jeder Tauchgang auf seine Art und Weise wunderbar, wenn man es nur zu schätzen weiß.

Gleichzeitig kommt eine große Trauer bei mir auf, wenn ich eine tote Unterwasserwelt sehe. Kaputte Korallen, durch Dynamitfischerei zerstört. Abgebrochene Korallen, die zu viele Taucher verursacht haben. Vollgemüllte Seen, ohne Leben, ohne Fische.

Es ist wichtig, auch hier genau hinzuschauen und sich gegen diese Umweltverschmutzung stark zu machen. Wir Taucher sind das Sprachrohr der Unterwasserwelt, wir sehen sie, nehmen sie wahr und können den Menschen, die nicht tauchen, davon berichten. Auch ein Gewässer, in dem es nichts zu sehen gibt, ist eine Botschaft für uns Menschen. Dass wir besser auf die Natur achten sollten, dass wir ein Ökosystem vielleicht bereits zerstört haben oder dass wir einen See noch retten könnten, wenn die richtigen Maßnahmen ergriffen werden. Das alles ist eine Nachricht und eine Warnung an uns, diese Erde zu achten und den Meeren und Seen besonderen Schutz zu gewähren. Denn für uns sind sauberes Wasser und intakte Ökosysteme überlebenswichtig.

34. GRUND

Weil wir die Natur schützen müssen

Ganz allgemein sagt man ja, dass man sich mit den Menschen, Situationen oder Gegebenheiten dann am ehesten identifiziert, wenn sie einem nahe gehen. Anders gesagt: wenn ich das Gefühl habe, dass mir etwas auch passieren könnte, dann bin ich besonders erschüttert. Stürzt mitten in Europa ein Flugzeug ab oder passiert ein Anschlag, ist die Betroffenheit besonders groß. Trifft wiederum ein Wirbelsturm oder ein Erdbeben eine uns völlig unbekannte Region, nimmt uns das weniger stark mit. Das ist mitnichten verwerflich, sondern liegt in der Natur des Menschen.

Wenn ich bei mir in der Nachbarschaft Müll in der Natur liegen sehe, regt mich das fürchterlich auf. Wenn ich von verseuchten Flüssen in Bangladesch höre, ist es furchtbar, aber um einiges abstrakter als ein verschmutzter Badesee vor meiner Haustür. Wenn ich nun lese, dass Meerestiere an Plastiktüten krepieren, macht mich das heute, da ich selber tauche, um einiges betroffener als noch vor vielen

Jahren. Je mehr ich von den Ökosystemen unter Wasser sehe und darüber lerne, desto wütender macht mich die Verschmutzung unserer Gewässer und der Ozeane. Ich drehe durch, wenn ich in meinem Badesee Plastikmüll finde, da ich weiß, dass dort unten drei riesige Karpfen leben. Ich habe Angst, dass diese freundlichen Zeitgenossen an dem Müll ersticken. Ich weiß durch meine Schnorchelgänge, wie fragil die Seerosen unter der Oberfläche sind. Ihre dünnen Stängel können so schnell reißen. Daher macht es mich wütend, wenn Schwimmer nicht genug Abstand halten oder ihre Hunde genau durch die Seerosen ins Wasser jagen.

Je mehr ich also sehe, desto mehr verstehe ich, wie wichtig und schützenswert die Welt unter Wasser ist. Weil es mir nahe geht. Weil ich mich direkt betroffen fühle. Es könnte die tote Schildkröte sein, die ich bereits im Roten Meer gesehen habe, die in einem Fischernetz hängt. Es ist auf jeden Fall eine Schildkröte, die ich nicht mehr in der freien Wildbahn sehen werde. Je mehr Eindrücke ich sammle, je öfter ich unter Wasser unterwegs bin, desto vehementer werde ich, was den Naturschutz an Land angeht. Ich nehme Müll aus dem Wald mit, versuche Plastikmüll im Alltag so gut zu vermeiden, wie ich es kann, und werfe nichts in die Natur. Nie und nimmer würde ich auch nur ein Papierfitzelchen bewusst auf die Erde werfen.

Tauchen hat mich noch mehr für den Umweltschutz sensibilisiert, weil ich sehe, was Müll und Plastik im Wasser anrichten. Wer die Bilder von vermüllten Meeren vor Bali sieht, ist betroffen. Wer selber Plastikmüll im Riff sieht, wird unglaublich wütend, da es einen selbst dann unmittelbar betrifft. Wir alle können daran arbeiten, die Meere und Seen sauber zu halten, denn unser Überleben hängt davon ab. Klingt dramatisch und ist es auch.

35. GRUND

Weil Natur glücklich macht

Mir geht das Herz auf, wenn ich schöne und intakte Natur sehe. All diese Pflanzen und Tiere, die sich in ihrem Lebensraum tummeln. Die frische Luft, die Elemente. Gleißendes Sonnenlicht wechselt sich mit Mondschein ab. Einfach im Garten oder am See zu sitzen macht mich glücklich. Das satte Grün einer Wiese, das Blau eines Bergsees. Die unendlichen Wellenbewegungen des Meeres, der Horizont, der mit dem Meer zu verschwimmen scheint. Diese kleinen Momente des Glücks, die sich einstellen, wenn ich draußen bin.

Wenn ich nun in einer Umgebung bin, in der die Natur geradezu explodiert, in der ich vor lauter Tieren und Pflanzen gar nicht weiß, wo ich zuerst hinsehen soll, dann fließen die Glückshormone, es ist wie ein Rausch. Unter Wasser ist dieses Gefühl von Glück unendlich groß. Ich tauche vorbei an riesigen Fächerkorallen, sehe winzige Seepferdchen und einen riesigen Manta, der seine Runden dreht. Diese Sichtungen in einer Traumkulisse lassen das Ganze fast unwirklich erscheinen. Als befände ich mich in einem Film. Ich spüre, wie meine Mundwinkel vor lauter Grinsen um meinen Kopf herumreichen und sich am Hinterkopf treffen. Ich reiße die Arme hoch, ich schüttele meine Beine oder schlage auch schon mal einen Purzelbaum, da ich manchmal einfach nicht weiß wohin mit meiner Freude und meinem Glück. Am liebsten würde ich es herausschreien, was ich manchmal auch trotz des Atemreglers im Mund probiere.

Die Glückshormone, die beim Tauchen oder Schnorcheln ausgeschüttet werden, kann man nur mit Verknalltsein vergleichen. Alles, was an Hormonen ausgeschüttet werden kann, um einen Menschen glücklich zu machen, befindet sich in meiner Blutbahn, wenn ich tauchen gehe. Selbst der Anblick eines schönen Sees mit vielen Hechten, Seegras und tanzenden Sonnenstrahlend reicht, um mir eine große Dosis Glückseligkeit zu verpassen. Der Anblick der Natur, die Fische, der Bewuchs und ich laut- und schwerelos mittendrin, das löst etwas in mir aus. Kein Shoppingtrip, kein Abendessen, keine Party und kein Stadtbummel können mich jemals so glücklich machen wie ein Ausflug in die Unterwasserwelt.

Mein Lieblingsbuch ist *Alice im Wunderland.* Die Geschichte über das kleine Mädchen, das in ein Kaninchenloch fällt und zunächst viel zu groß und dann wieder viel zu klein ist, das wundersame Gestalten sieht, die eigentlich nur ihrer Fantasie entsprungen sein können. So ging es mir in Raja Ampat. In der einen Sekunde fühlte ich mich neben winzigen, bunten Nacktschnecken und kleinen Krebsen wie ein Riese. In der nächsten Sekunde war ich der Winzling, der mit großen Augen einen Mantarochen an sich vorbeiziehen sah. Um mich wirklich wie Alice zu fühlen, würde nur noch fehlen, dass die Tiere mit mir sprächen. Wundern würde es mich nicht. Oft stelle ich mir vor, was die Lebewesen mir sagen würde. Sicher Sätze wie »Guck nicht so blöd, noch nie einen Walhai gesehen«? oder »Mach die Taschenlampe aus, du blendest mich«. Ich male mir aus, wie ganze Bataillone von Füsilieren so wie die Soldaten der Herzkönigen im Buch in Reih und Glied stehen und den Marschbefehl abwarten, um die neugierigen Taucher zu verjagen. Der hektische Clownfisch ist das Pendant zum weißen Hasen mit der Taschenuhr, der es immer so eilig hat und »keine Zeit, kein Zeit« murmelt. Die Rolle der Herzkönigin würde ich bedingt durch ihre Farbe mit der spanischen Tänzerin besetzen und höre sie ihren Lieblingssatz rufen: »Ab mit dem Kopf.« Die entspannte, kiffende Raupe auf dem Pilz sehe ich in den vielen Nacktschnecken, die ganz ruhig auf ihren bunten Korallen sitzen, die ebenfalls wie Pilze aus dem Riff wachsen. Eine Wasserpfeife habe ich allerdings noch nie bei einem der possierlichen Tierchen entdeckt.

Der Fantasie ist aber unter Wasser einfach keine Grenze gesetzt, und sie regt mich immer wieder an, mich wie ein Kind in die Geschichten meines Lieblingsbuches zu versetzen und mich wie in einem riesigen Wunderland zu fühlen. Denn genau das ist die Unterwasserwelt. Und wir Taucher sind mittendrin.

Wenn ich tauche, habe ich oft das Gefühl, dass ich in einem anderen Zustand als an Land bin. Meine Bewegungen, mein Empfinden, meine Gedanken, meine Wahrnehmung. All das hat mit dem, wie ich mich an Land fühle, recht wenig zu tun. Unter Wasser fühle ich mich wie in einer Blase, abgeschnitten von der Realität. Es ist ein wenig wie einen kleinen Schwips zu haben. Der Kopf ist ganz leicht, die Gedanken positiv, und das Grinsen ist fest in mein Gesicht getackert. Mein Herz ist voll von positiven Gefühlen und Emotionen. Ich spüre geradezu, wie die Endorphine durch meinen Körper rauschen und mich zu dem glücklichsten Menschen auf diesem Planeten machen. Egal was ich sehe, ob einen Hecht im See oder einen Manta in Indonesien, ich kann mich kaum halten vor Freude. Eine kleine Nacktschnecke zu entdecken ist so, als hätte ich den Topf voller Gold am Ende des Regenbogens geborgen.

Es ist wie, wenn man zwei, drei Gläschen Schampus trinkt und in einen Zustand der absoluten Glückseligkeit und Zufriedenheit mit sich und dem Universum verfällt. Alles ist schön, alles zaubert ein Lächeln ins Gesicht, die Zukunft ist rosig, und die Gegenwart ist der beste Moment meines Lebens. Sobald ich den Atemregler an Land aus dem Mund nehme und die Maske absetze, verfliegt diese Euphorie zwar ein Stück weit. Aber nicht ganz, dieser Schwips ist um einiges nachhaltiger als ein durch Alkohol ausgelöstes Wohlbefinden. Kater hat man praktischerweise auch keinen. Lediglich das Bedürfnis nach mehr und mehr Tauchgängen ähnelt dem Durst auf den nächsten Schluck Schampus.

36. GRUND

Weil die Natur unberechenbar ist

Manche Tauchreisen werden mit dem Versprechen auf besondere Begegnungen mit Großfisch verkauft. Oder mit der Aussicht auf besonders viele kleine bunte Nacktschnecken oder massenhafte Sichtungen anderer seltener Tiere. Es ist schon so, dass man an bestimmten Tauchplätzen und zu bestimmten Jahreszeiten eine größere Wahrscheinlichkeit hat, bestimmte Tiere zu sehen. Cocos Island vor Costa Rica ist berühmt für die Hammerhaie. Bestimmte Buchten auf den Philippinen oder vor Dschibuti sind zu bestimmten Zeitpunkten ein Hotspot für Walhaie. Von Februar bis Juli ist die Wahrscheinlichkeit am größten, beim Sardine Run in Südafrika riesige Sardinenschwärme und jagende Großfische zu sehen.

Mit diesen Verheißungen werden Taucher durch Reisebüros, Blogs und Tauchzeitschriften geködert und für bestimmte Destinationen sensibilisiert. So machen sich dann hoffnungsvolle Taucher auf eine lange Reise um den halben Erdball oder zumindest an das Rote Meer, weil ihnen ein eifriger Mitarbeiter im Reisebüro etwas ganz Besonderes versprochen hat, auf das es geradezu eine Garantie gäbe. Es werden Mantas auf den Malediven und Hammerhaie im Sudan versprochen. Man könne diese Riesen quasi fast bei jedem Tauchgang sehen. Hoffnungsvolle Taucher springen dann in die Gewässer, tauchen ab und sind ganz erschüttert, dass die Hammerhaigruppe sich im Sudan nicht sofort zeigt. Zurück an Bord, werden die Guides mit Fragen bombardiert: Wo sind die Hammerhaie, wie oft sieht man die, wir haben gehört, die sind fast immer da. Der Guide versucht höflich zu erklären, dass Hammerhaie wilde Tiere und nicht immer fest an einem Ort zu finden sind. In Costa Rica sind die Hammerhaie so zahlreich, dass die Taucher sich beschwert haben, dass es bei einem Tauchgang mal keine zu sehen gab. Dass stattdessen 20 Rochen unterwegs waren, war diesen Gästen völlig egal.

Es gibt eben keine Garantie, diese Tiere zu sehen. Manch ein Taucher macht den Eindruck, er sei der festen Überzeugung, dass er für die Haie quasi bezahlt hat und ein Anrecht darauf habe. Oder aber dass er wirklich glaube, dass man die Tiere einfach immer sähe, wie im Aquarium. Das sind die Momente, in denen ich mir mental mit den Hammerhaien ein High-Five gebe und diese wilden Tiere feiere. Dafür, dass sie unberechenbar sind. Dafür, dass die Natur unberechenbar und unbestechlich ist. Niemand kann sich in freier Wildbahn bestimmte Dinge kaufen. Es ist unmöglich, eine Garantie abzugeben, denn die Natur macht, was auch immer sie möchte. Egal, ob viele Taucher viel Geld für Hammerhaie oder Walhaie bezahlt haben.

Es gibt Glückspilze, die ihren ersten Freiwassertauchgang in Thailand machen und dem Walhai fast auf den Rücken springen. Besonders amüsiert mich meine Freundin Sarah, die in Ägypten für eine Eco Lodge arbeitet. Sie hat 1.500 Tauchgänge, davon 1.450 im Roten Meer, und hat bis heute tatsächlich keinen einzigen Walhai gesehen. Dabei kommen Sichtungen direkt vor der Basis des Hotels vor. Nur ist sie nie zum richtigen Zeitpunkt im Wasser. Dafür darf sie immer über diese Begegnungen schreiben und für ihre Gäste davon berichten.

Ich selbst habe den Walhai unzählige Male verpasst. Vor Costa Rica hat meine Gruppe keinen gesehen, die andere Gruppe, wenige Meter von uns entfernt, hatte das unglaubliche Glück. Im Sudan habe ich nur den Rücken eines Walhais vom Schiff aus gesehen, aber nicht unter Wasser. Auf den Malediven hatten wir kein Glück, auf der Fahrt vor unserer wurde der Walhai drei Mal gesehen. Schlussendlich hatte ich dann in Mosambik das Vergnügen, einen beim Schnorcheln zu sehen. Es ist wirklich reine Glückssache und nicht vorhersehbar, und das macht es so spannend. Manche Orte locken mit Walhai-Garantie, zum Beispiel Dschibuti oder die Cenderawasih-Bucht in Indonesien. Aber ich komme mir an solchen Orten, wo es quasi eine Garantie gibt, ein wenig vor, als würde ich schummeln. Obwohl das Blödsinn ist, denn an manchen Orten leben einfach große Populationen bestimmter Tiere. Dennoch, einen Walhai zufällig irgendwo zu entdecken ist einfach ein großes Glück, und der Überraschungsmoment, wenn man die gefleckte Haut sieht und das riesige Tier sich an einem vorbeischiebt, ist unbeschreiblich schön und etwas ganz Besonderes.

37. GRUND

Weil man schlafende Fische sieht

Lange habe ich mich vor den sogenannten Nachttauchgängen gefürchtet. Gerade für einen Anfänger ist die Vorstellung, durch das dunkle Meer zu tauchen, geradezu furchterregend. Nachts sieht man doch nichts, und vielleicht lauern doch riesige Kraken auf dem Meeresgrund, die Taucher in die Tiefe ziehen und sie nie wieder freigeben. Natürlich spielen sich diese Ängste nur im Kopf des Tauchers ab, denn mit einer ordentlichen Taschenlampe sieht man ganz gut, und es ist nicht bekannt, das ein Taucher nachts von Meeresmonstern verschleppt worden wäre.

Was man aber wirklich sieht, sind schlafende Fische. Der Papageifisch, der ein buntes Kleid in den Trendfarben der 80er-Jahre trägt, hat seine ganz eigene Strategie, sich von seinem anstrengenden Tagwerk zu erholen. Er ist nämlich für die Instandhaltung der Korallen zuständig, in dem er die auf den Korallen wachsenden Algen abknabbert und sie dadurch säubert. Den ganzen Tag ist er unermüdlich im Einsatz und bekommt die Überstunden garantiert nicht bezahlt. Freinehmen kann er sich auch nicht, denn niemand anders kann seinen Job übernehmen. Abends ist er dementsprechend kaputt und zieht sich zurück. Er fällt völlig erschöpft unter einen Felsvorsprung oder unter einen Korallenstock und wartet auf das Sandmännchen. Damit er so schutzlos nicht sofort seinen Fressfeinden zum Opfer

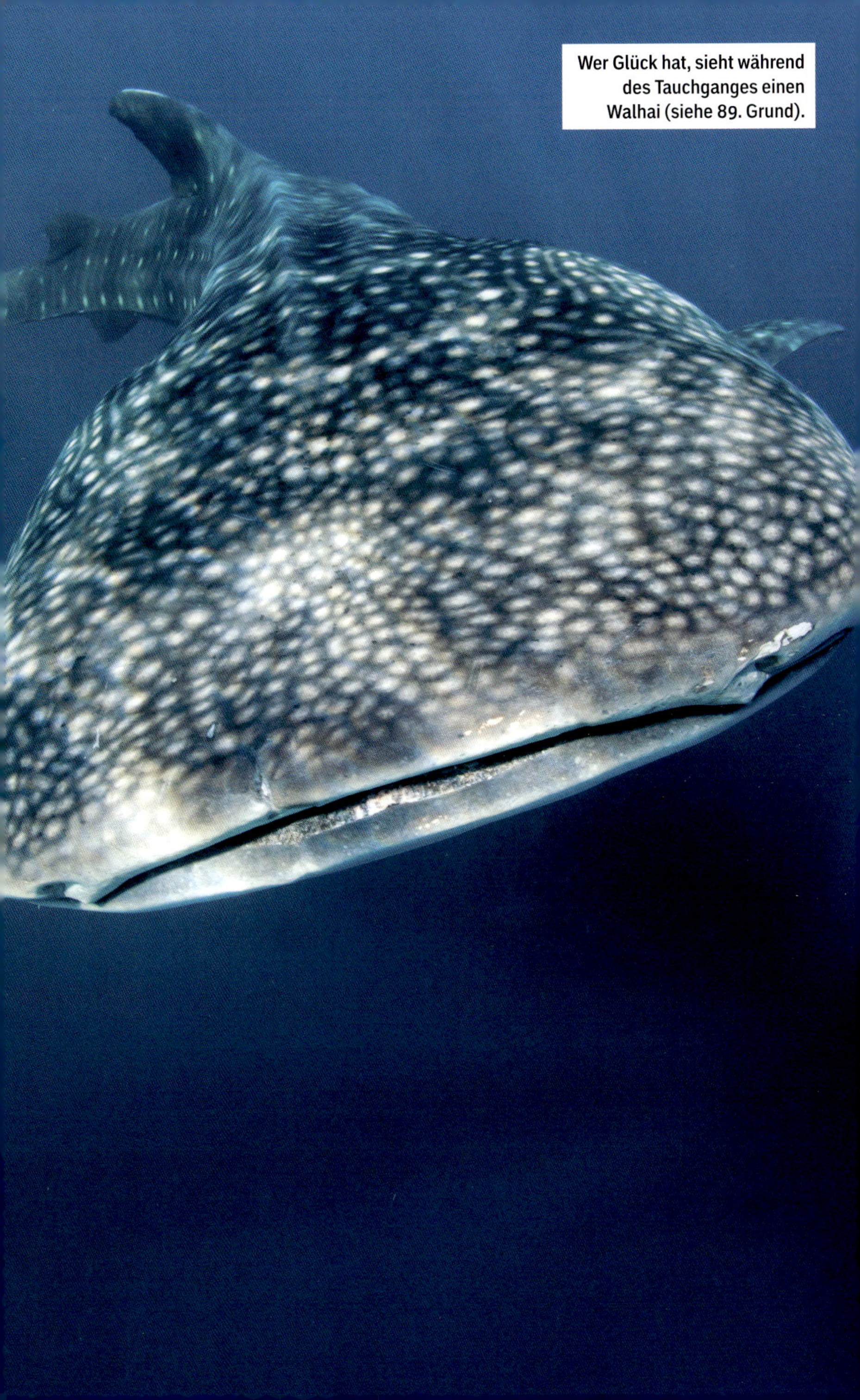

Wer Glück hat, sieht während des Tauchganges einen Walhai (siehe 89. Grund).

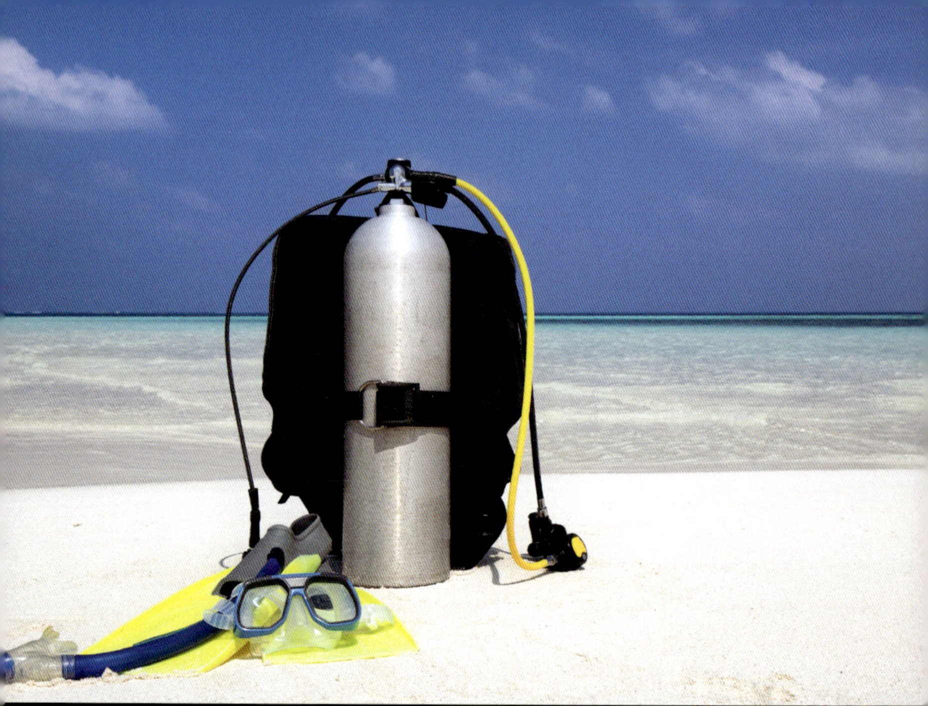

Oben: Dieser Moment, bevor der Tauchgang endlich losgeht, ist für jeden Taucher etwas ganz Besonderes.
Unten: Auch unter Wasser werden gern Selfies geschossen (siehe 42. Grund).

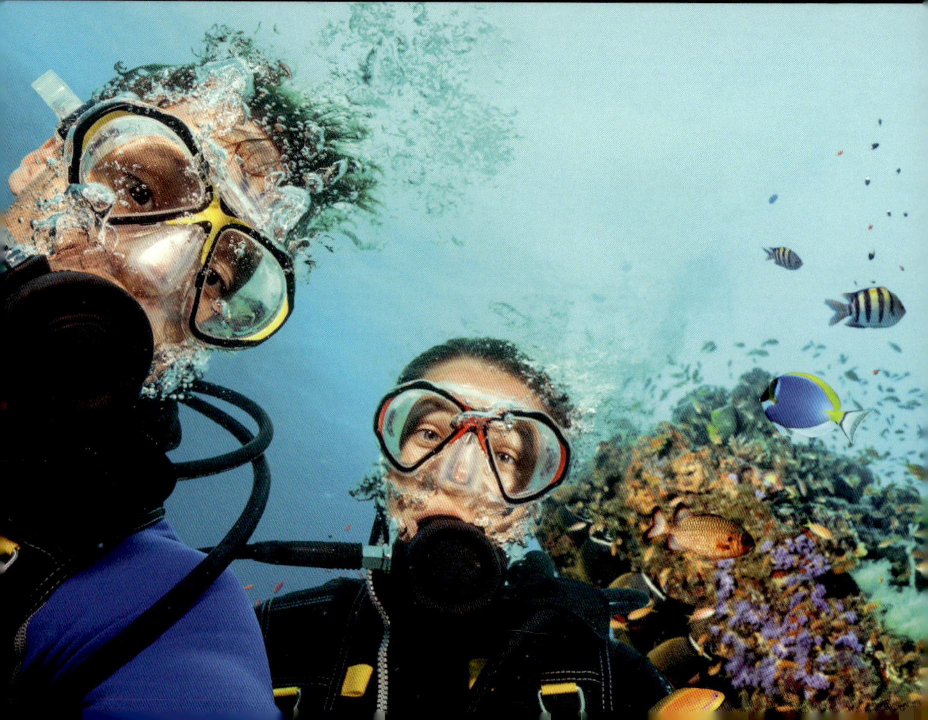

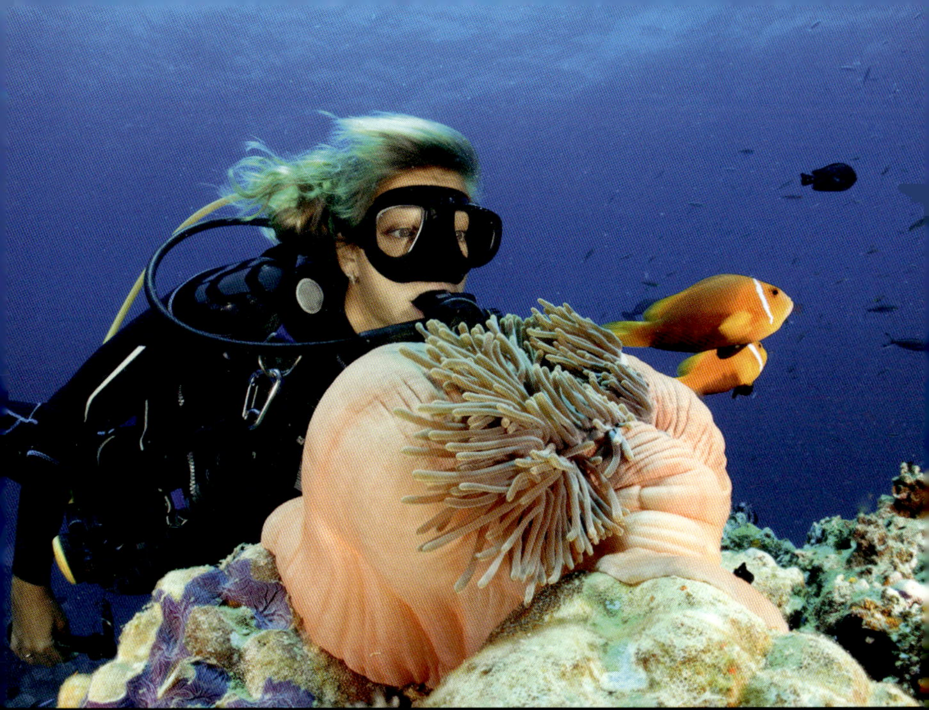

Oben: Anemonen beherbergen Clownfische, und diese bedanken sich, in dem sie die Anemone schützen (siehe 29. Grund). **Unten:** Die Kulisse beim Tauchen ist nicht nur unter der Oberfläche atemberaubend schön.

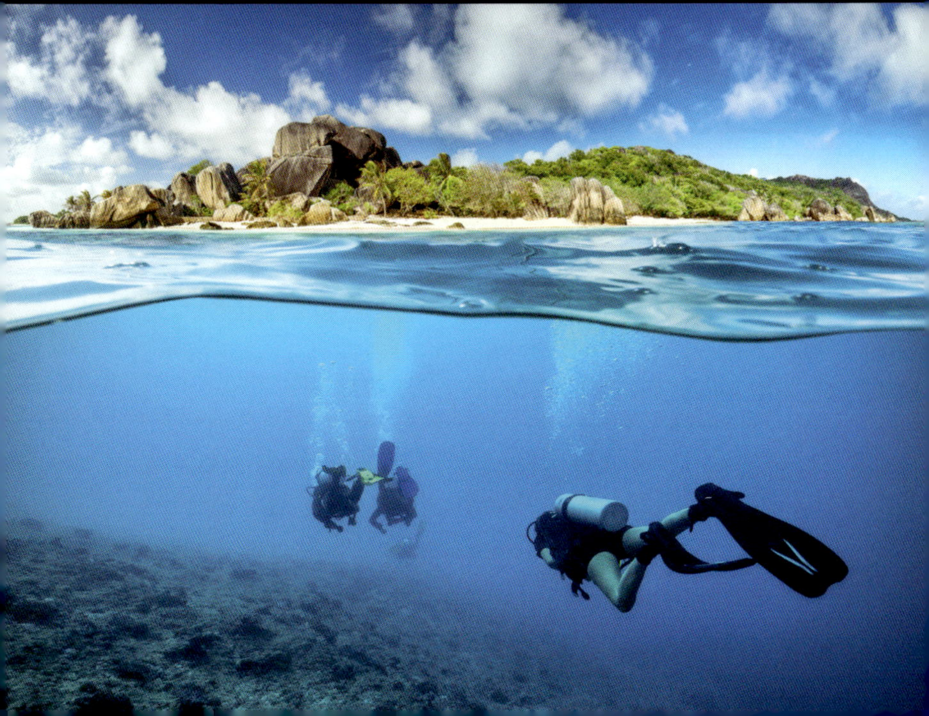

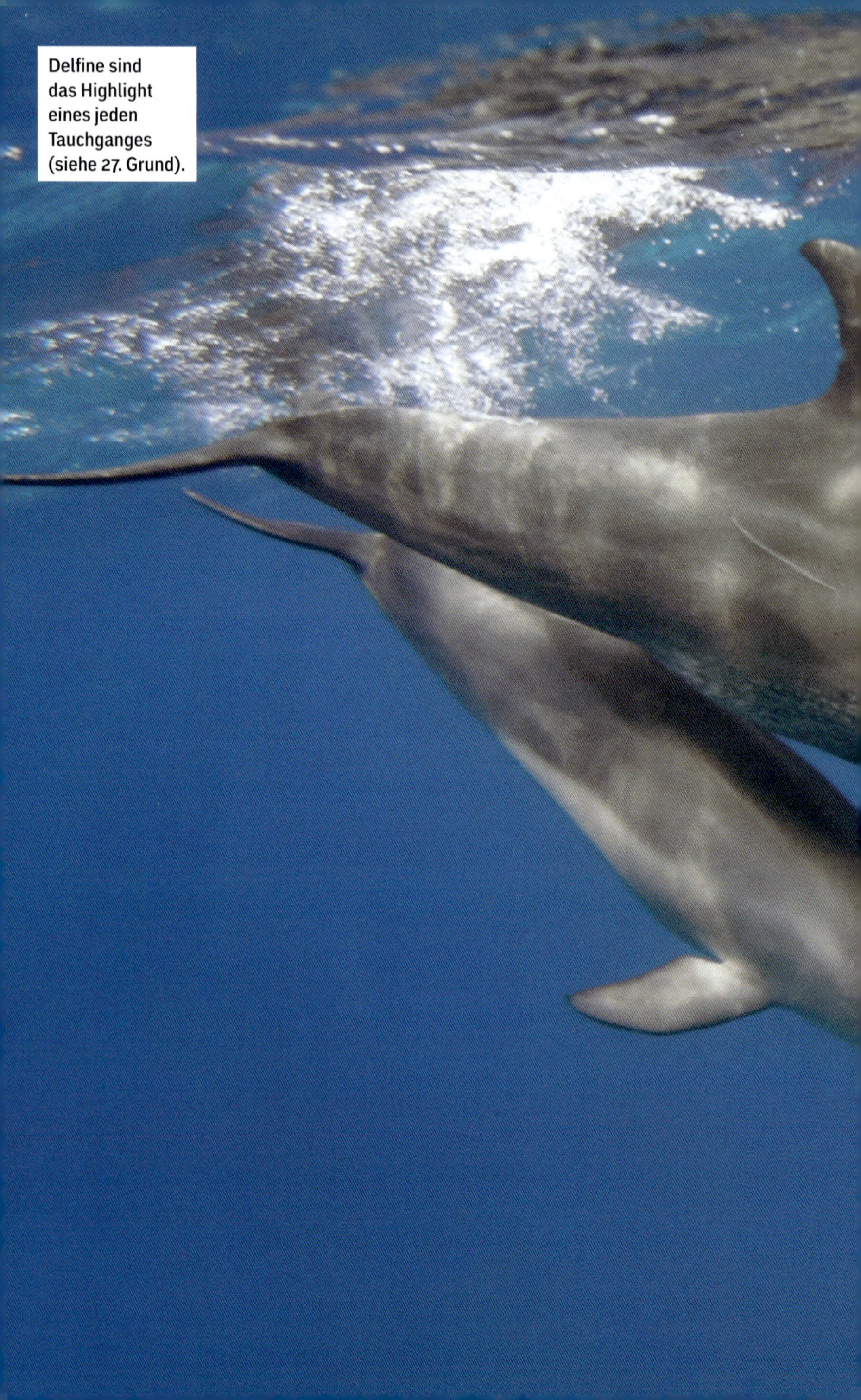

Delfine sind das Highlight eines jeden Tauchganges (siehe 27. Grund).

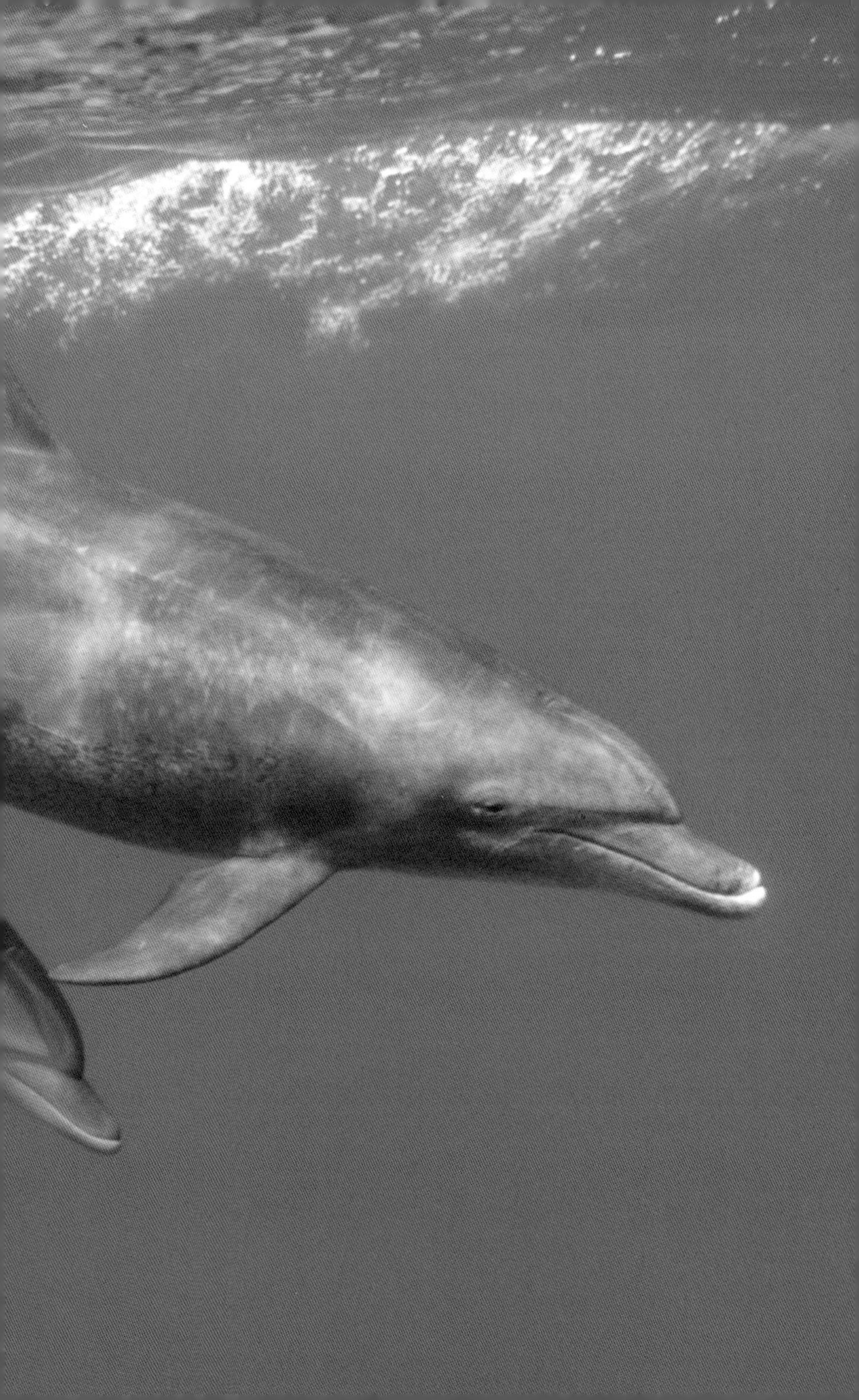

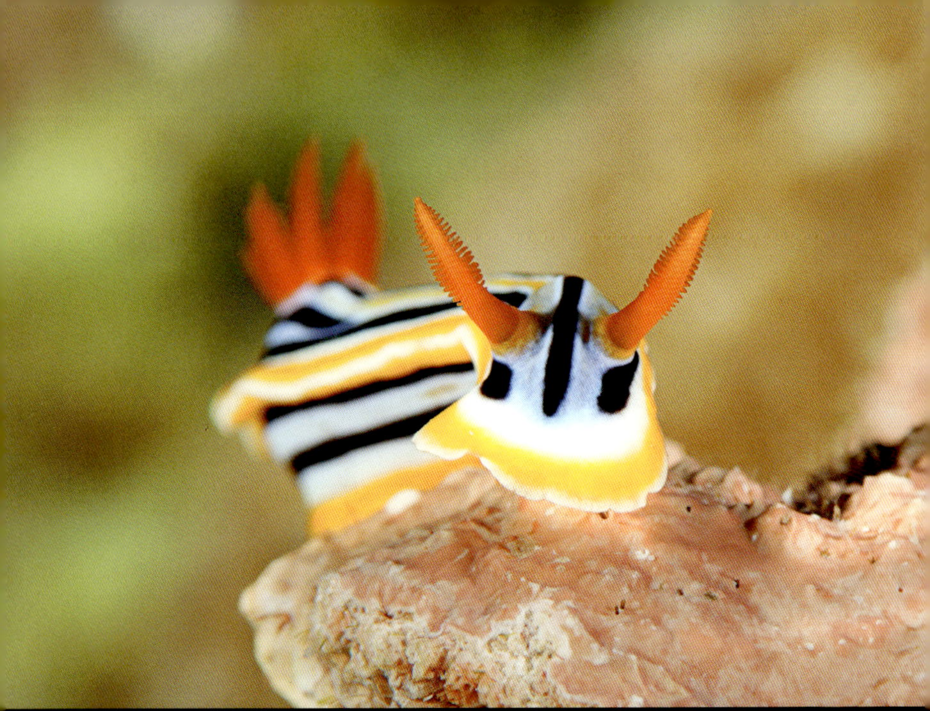

Oben: Eine kleine Nacktschnecke in ihrem gestreiften Pyjama (siehe 26. Grund).
Unten: Hammerhaie sind dank ihrer namensgebenden Kopfform unverwechselbar (siehe 56. Grund).

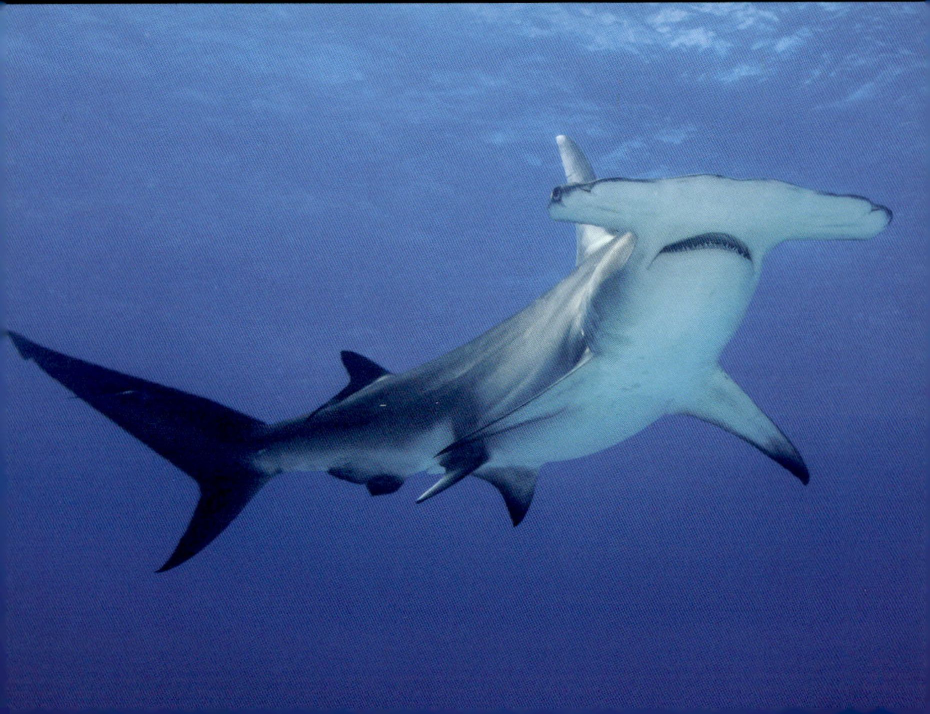

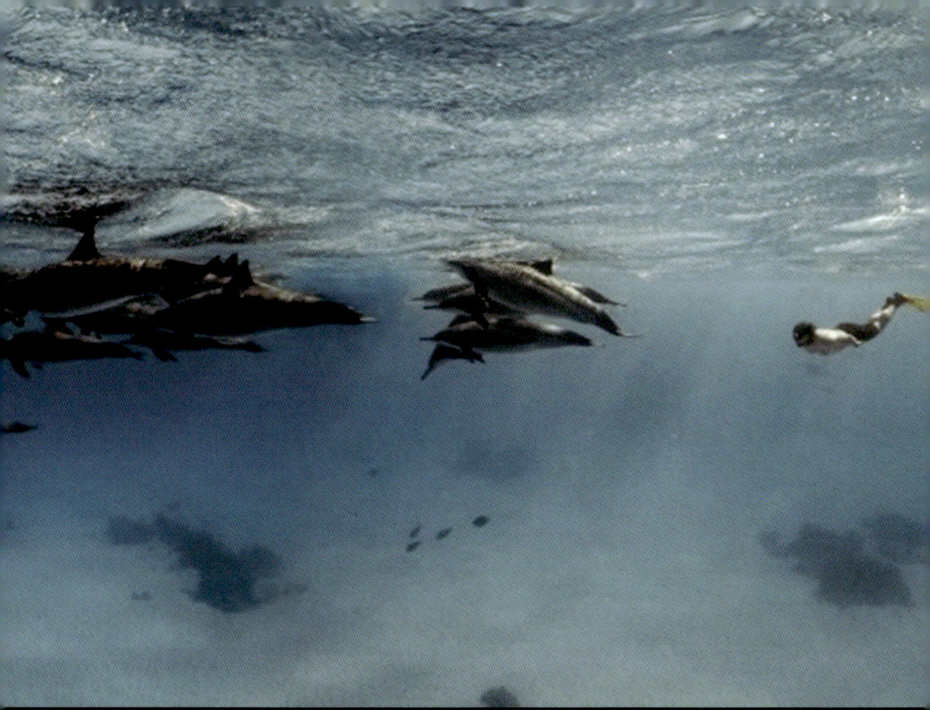

Oben: Ein Freitaucher nährt sich einer Gruppe von Delfinen (siehe 84. Grund).
Unten: In einen Fischschwarm einzutauchen ist ein absolut außergewöhnliches Erlebnis für jeden Taucher.

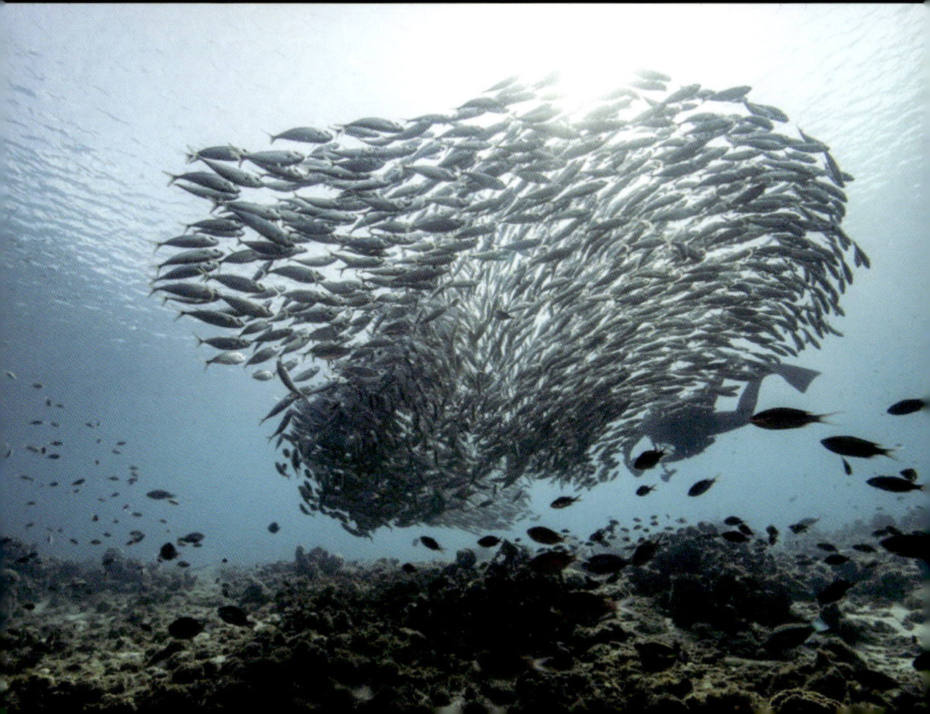

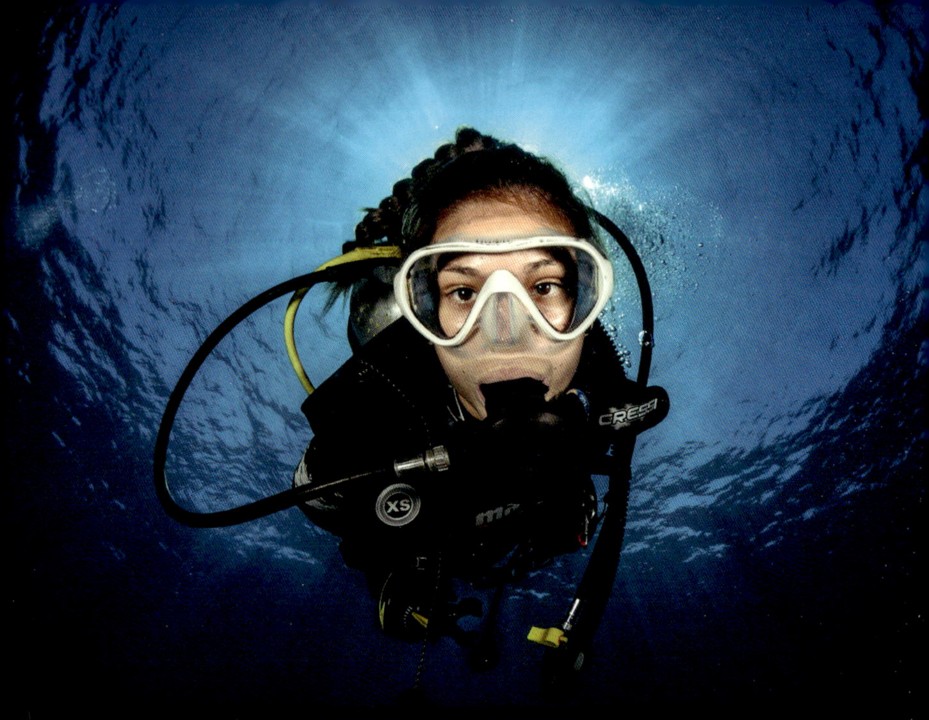

Oben: Der Moment, wenn es endlich in die Tiefe geht – dafür lebt jeder Taucher (siehe 12. Grund).
Unten: Ein Taucher hinter einer großen Fächergorgonie (siehe 31. Grund).

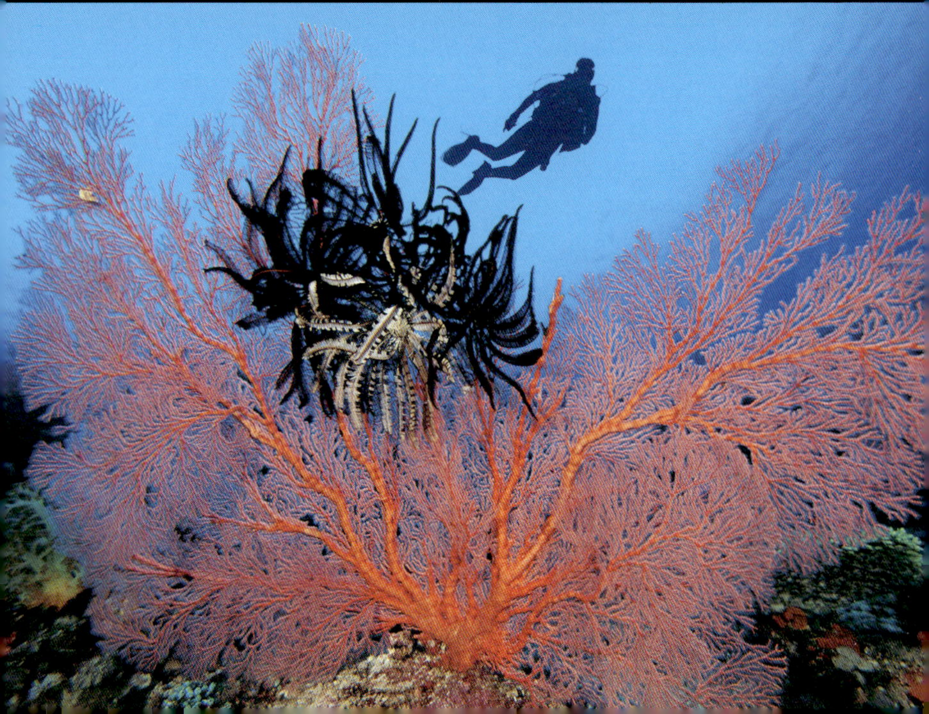

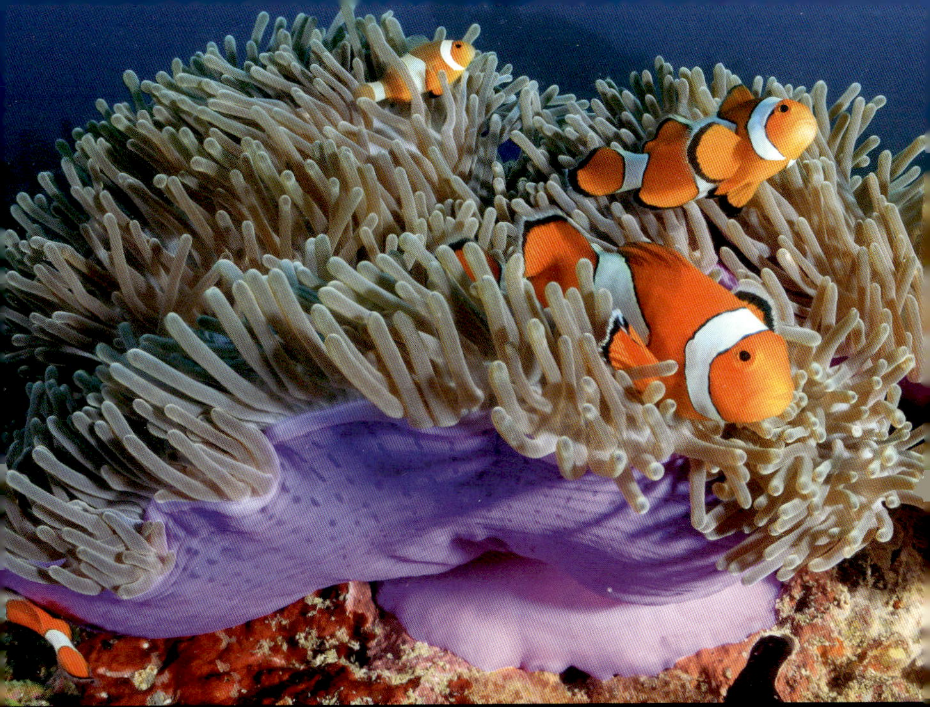

Oben: Eine Clownfisch-Wohngemeinschaft in einer Anemone.
Unten: Immer ein beliebtes Fotomotiv – der Blaupunktrochen (siehe 72. Grund).

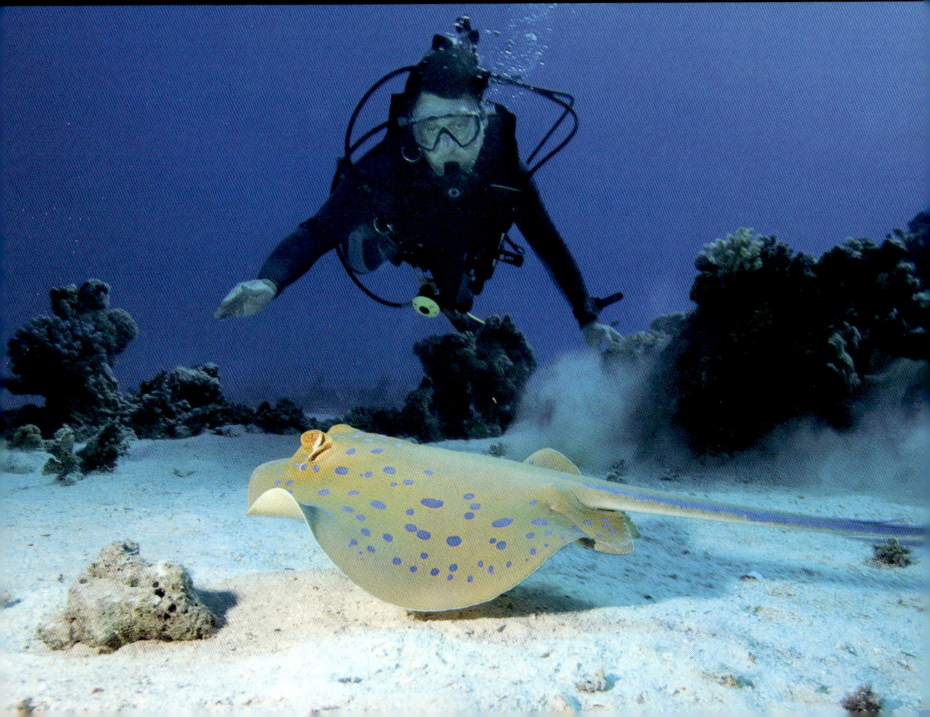

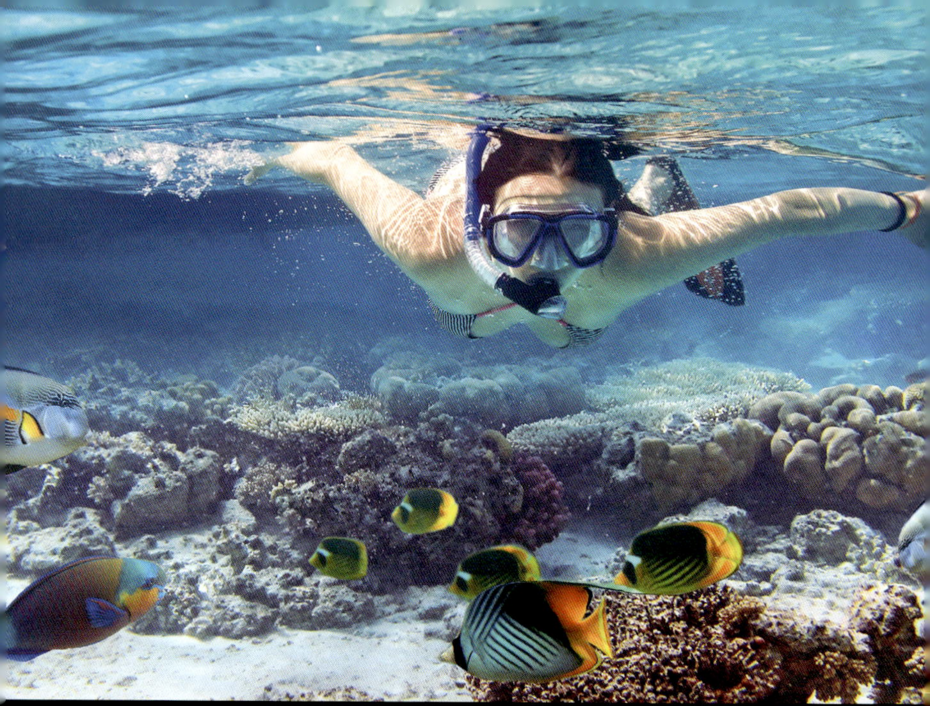

Oben: Eine Schnorchlerin entdeckt die bunte Unterwasserwelt dicht unter der Wasseroberfläche (siehe 111. Grund). **Unten:** Ein Taucher fotografiert mitten in einem Fischschwarm (siehe 53. Grund).

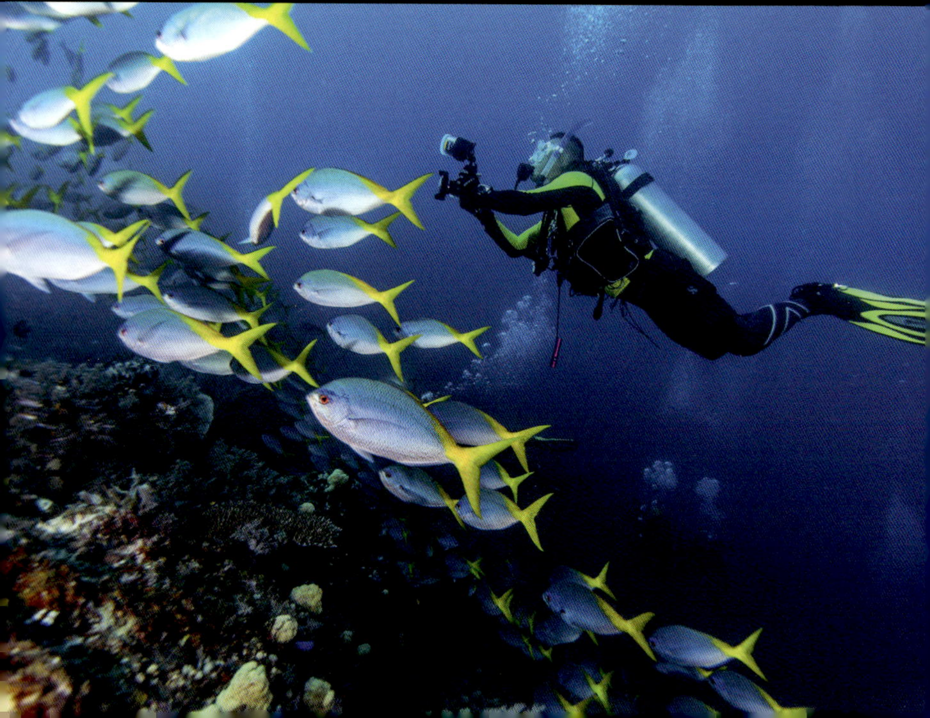

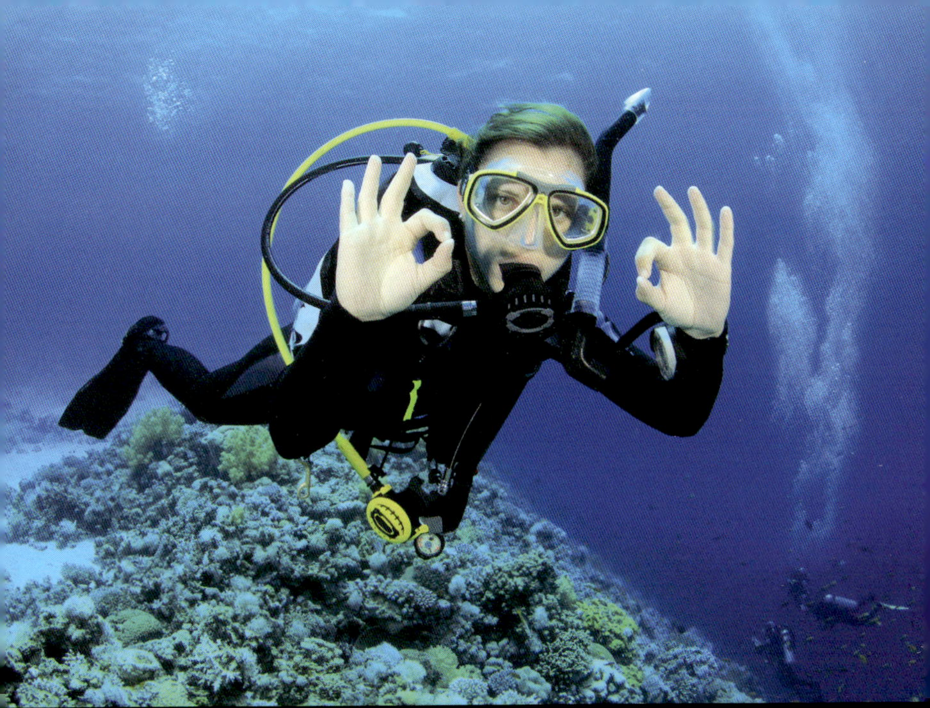

Oben: Ein gut gelaunter Taucher gibt das OK-Zeichen (siehe 45. Grund).
Unten: Typisch für das Rote Meer sind die Rotfahnenbarsche an den farbfrohen Riffen (siehe 70. Grund).

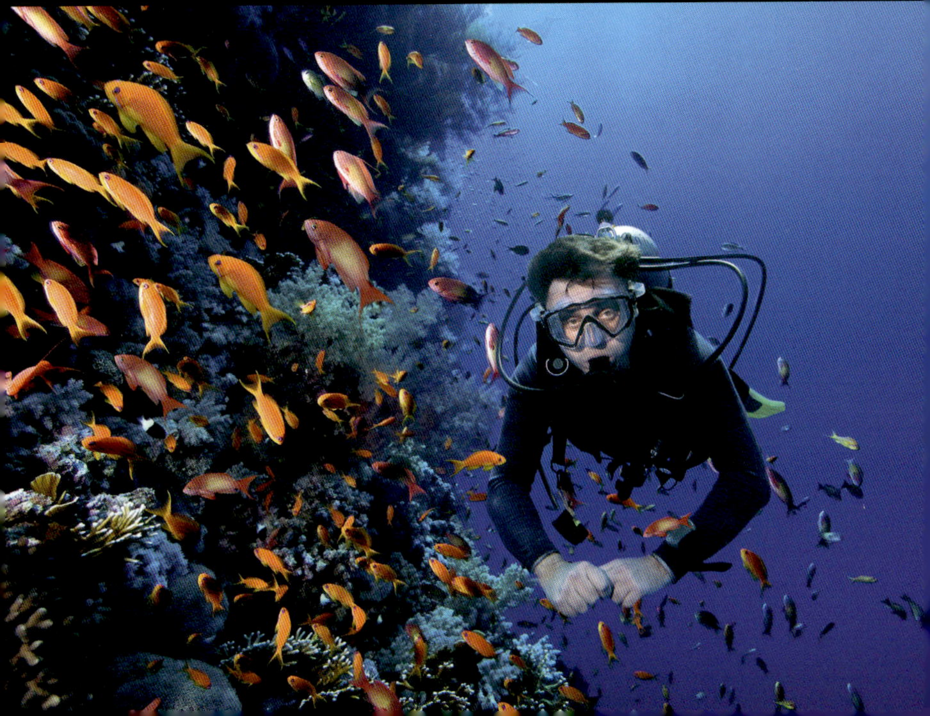

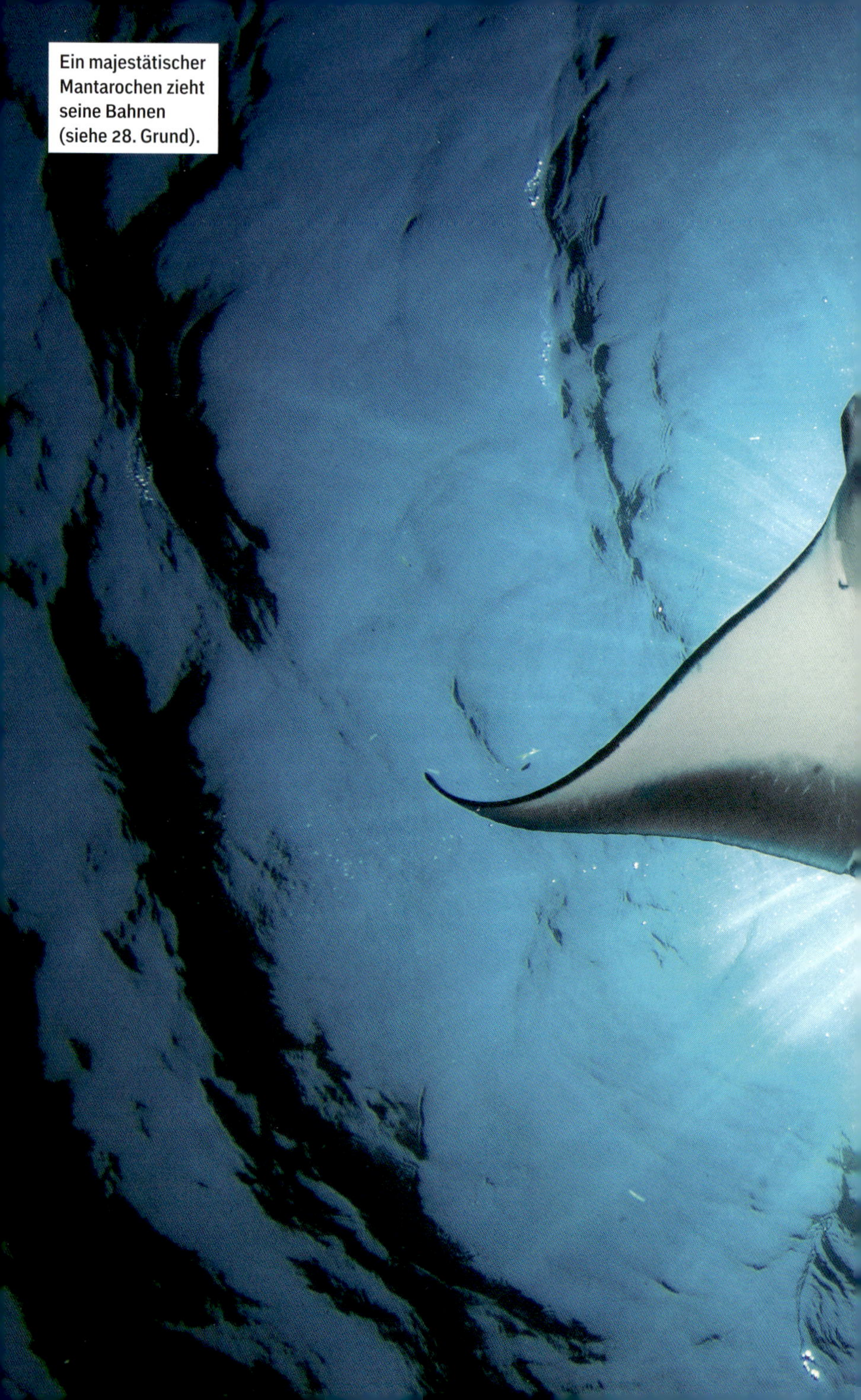

Ein majestätischer Mantarochen zieht seine Bahnen (siehe 28. Grund).

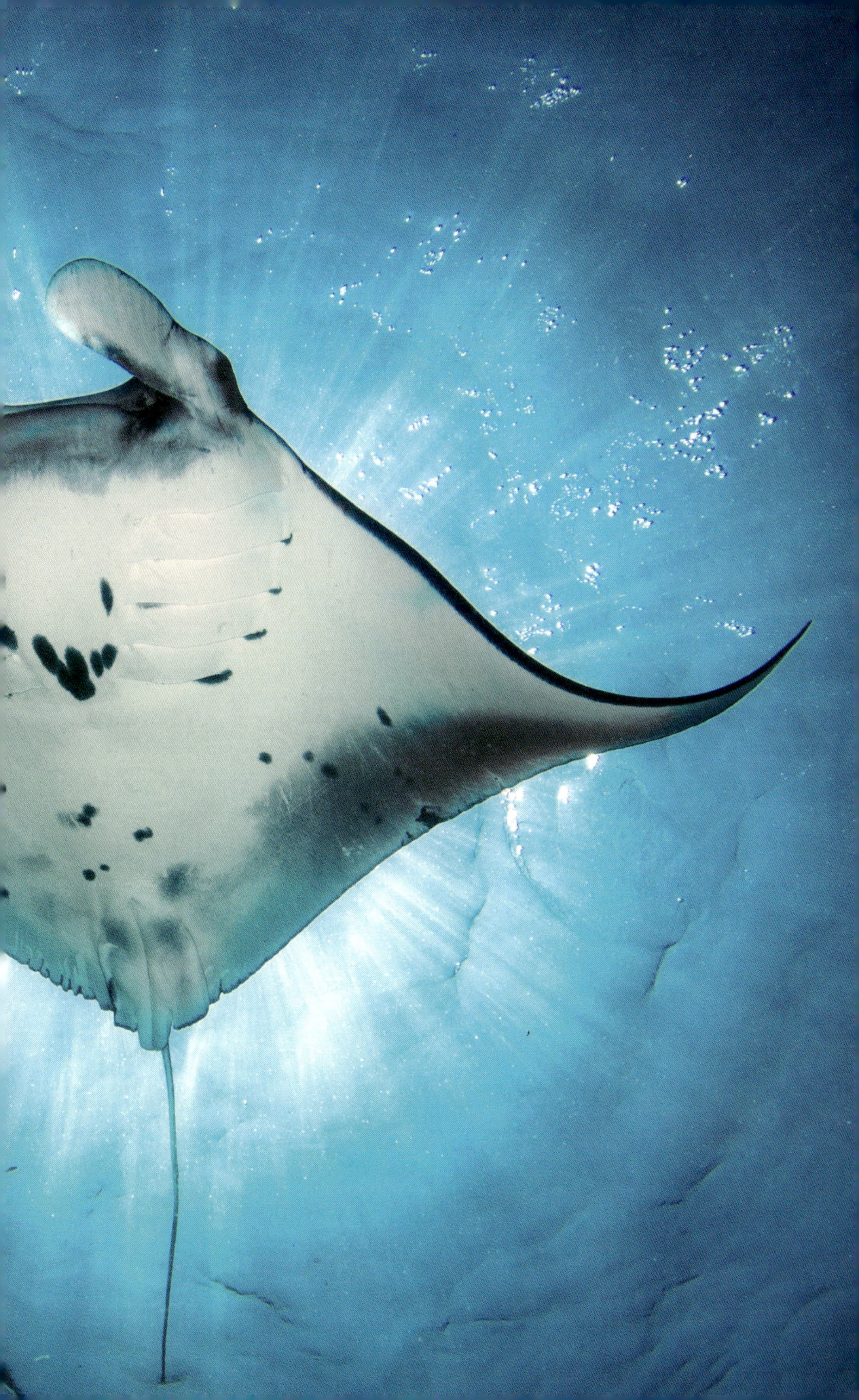

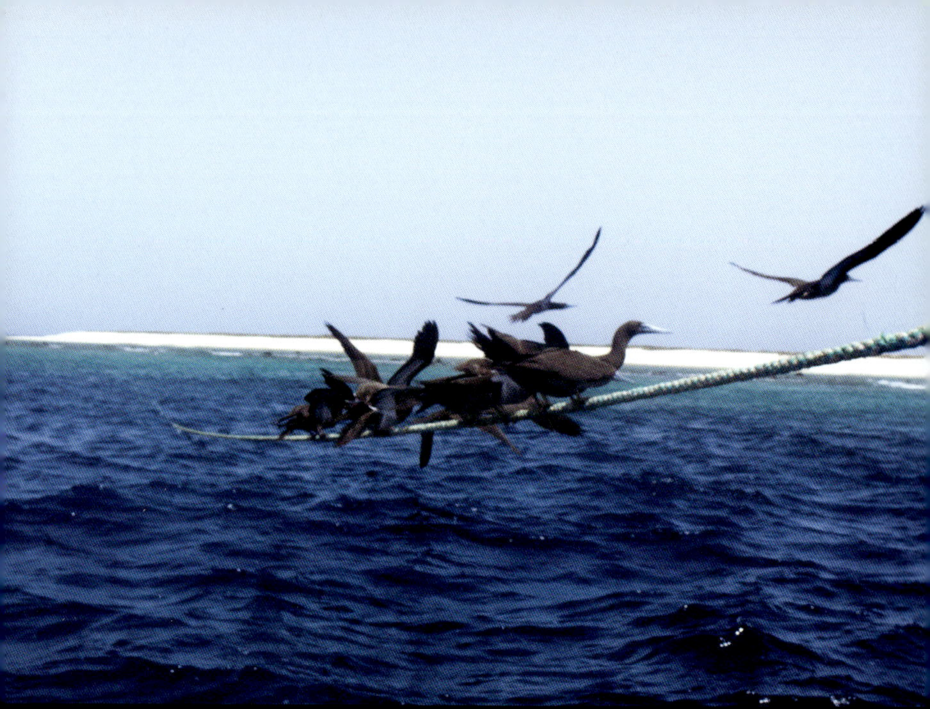

Oben: An einsamem Riffen begleiten nur die Möwen das Tauchboot (siehe 57. Grund).
Unten: Die Aussicht am Abend vom Deck des Safaribootes (siehe 88. Grund).

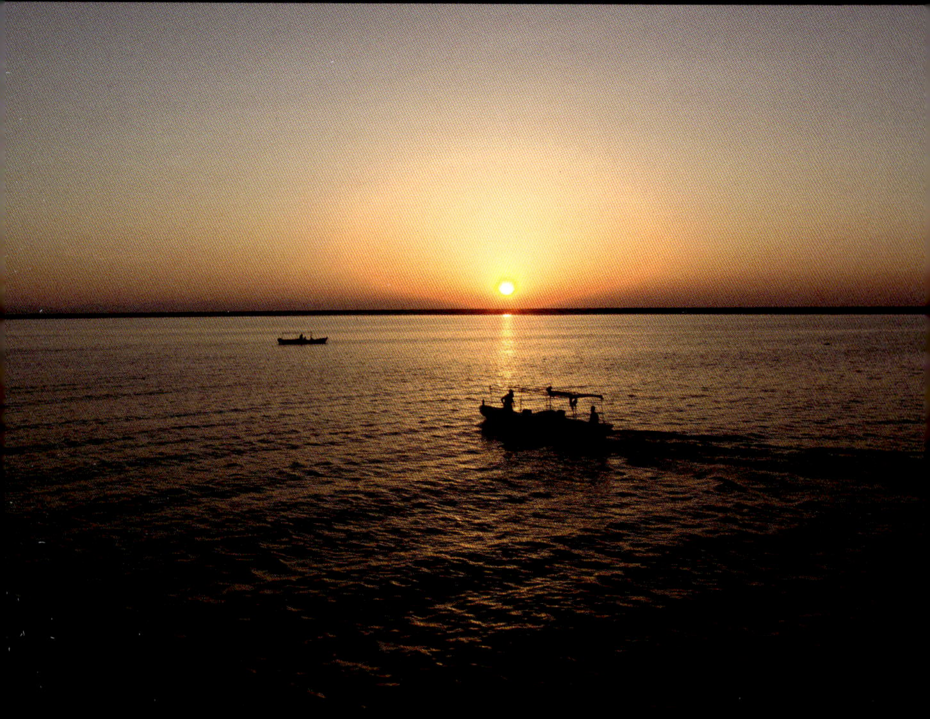

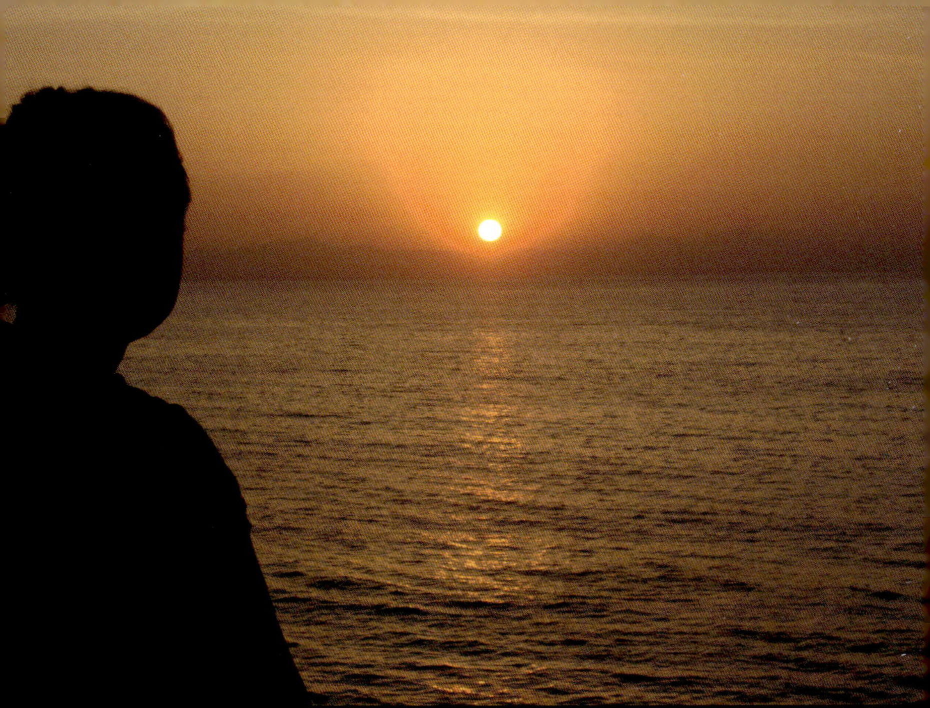

Oben: Vom Tauchboot sieht man zu allen Seiten immer das Meer (siehe 86. Grund).
Unten: Aussicht von dem einsamen Leuchtturm Sanganeb im Sudan (siehe 55. Grund).

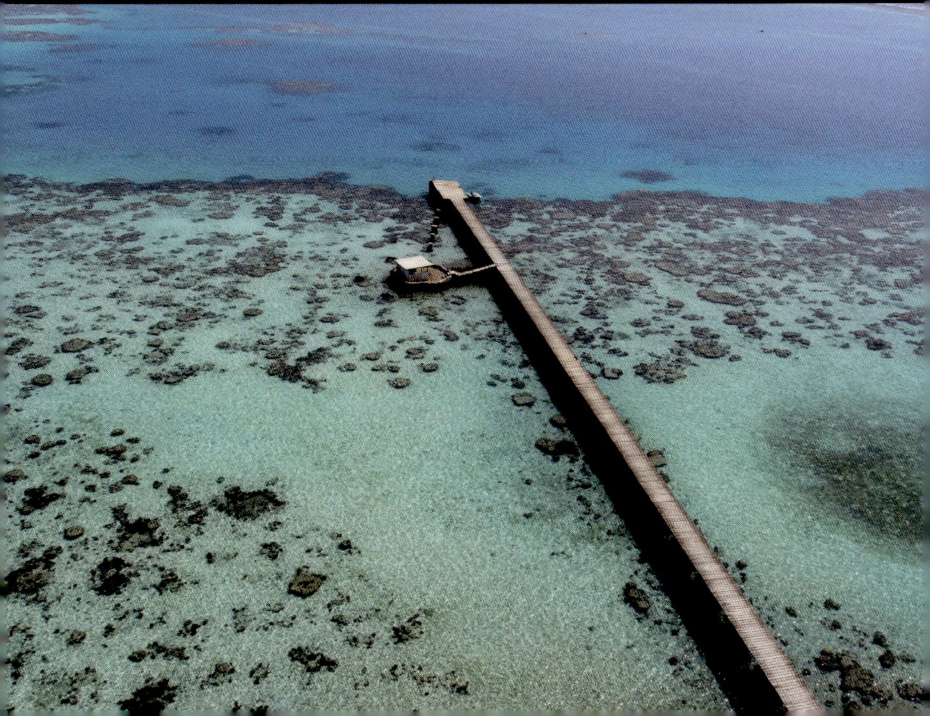

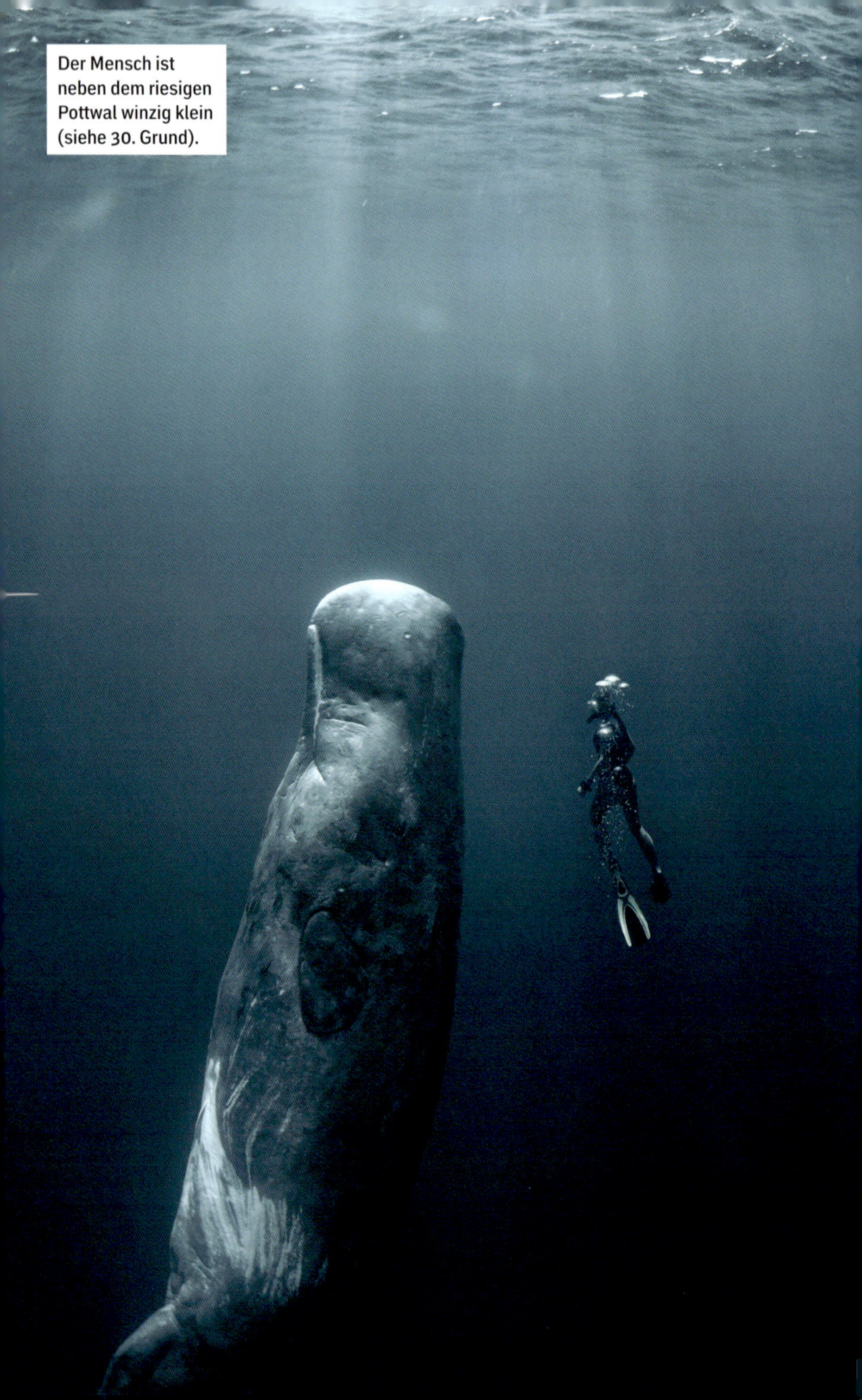

Der Mensch ist neben dem riesigen Pottwal winzig klein (siehe 30. Grund).

fällt, zieht es sich einen schützenden Pyjama an. Er hüllt sich in einen durchsichtigen Schleimkokon, der durch seinen schlechten Geruch Feinde fernhält. Das gibt auch uns Tauchern die Chance, diesen schlafenden Genossen in Ruhe zu bewundern.

Ich bitte euch nur, die bunten Papageifische im Schlaf nicht mit euren Taschenlampen komplett auszuleuchten oder anzublitzen, dass würde euch, wenn ihr schlaft, sicher auch nicht gefallen. Seid so behutsam, wie ihr selber behandelt werden möchtet, verwendet indirektes Licht, um kurz einen schlafenden Papageifisch zu sehen. Wenn ihr ganz ruhig seid, hört ihr ihn vielleicht auch leise schnarchen.

38. GRUND

Weil die Sonne den Tag strukturiert

Tauchen macht unglaublich müde. Während meiner Ausbildung bin ich wortwörtlich am Tisch eingeschlafen. Auf meinem ersten Tauchurlaub konnte ich mich nach dem Abendessen nicht mehr wach halten. Diese schwere, angenehme Müdigkeit, wie sie nur Tauchen bei mir auslöst. Sie erwarte ich jeden Tag im Urlaub wie einen alten Freund, der jeden Abend vorbeischaut. Dieses Bedürfnis nach Schlaf, dass nach mehreren Tauchgängen am Tag geradezu übermächtig wird, ist gerade für gestresste Großstädter und Bürohengste ein Segen.

Noch stärker ist es auf einem Tauchboot, wenn die Sonne untergeht und das Boot sanft in den Wellen schaukelt. Dann hat mich der Sandmann in seinen Fängen. Kein Essen, kein Dekobier, kein Gespräch kann mich davon abhalten, zusammen mit der Abendsonne ebenfalls in den Tiefen meines Kissens unterzugehen und erst am nächsten Morgen wieder aufzustehen. Ich spüre, wie es einfach richtig ist, mich wie im Mittelalter mit Sonnenuntergang hinzulegen. Es ist wie eine natürliche Uhr, verstärkt durch die Müdigkeit nach meinen Tauchgängen. Eine innere Uhr aus längst vergangenen Tagen der Menschheit, die spätestens mit Erfindung der Glühbirne ihre Funktion verloren hat.

Wer sich auf einem Safariboot mitten auf dem Wasser befindet, hat sowieso nicht allzu viel abends vor. Keine Ausflüge, Einkaufstouren oder Animationsprogramm warten auf uns Taucher. Es gibt auch keine Lichtverschmutzung, keine störenden Geräusche wie Autos oder laute Musik. Es herrscht totale Stille und Dunkelheit, lediglich die Sterne und der Mond strahlen vom Firmament. Daher kann man auch genauso gut schlafen gehen und im Einklang mit dem Rhythmus der Sonne den Tag beenden. Am nächsten Morgen geht es pünktlich mit Sonnenaufgang los. Was ist entspannender, als jeden Tag zur frühen Morgenstunde aufzustehen? Sanft geweckt durch einen Tritt gegen die Tür oder eine Glocke an Deck, wird man aus dem Schlaf geholt. Wenn man so wie ich mit Sonnenuntergang in die Koje krabbelt, kommt man auf gute zwölf Stunden Schlaf. Wer bekommt das zu Hause schon?

Man krabbelt also aus dem Bett, geht an Deck. Dort schiebt man sich zusammen mit den anderen verschlafenen Gestalten einen Keks in den Mund, nimmt sich einen Kaffee und sieht sich den Sonnenaufgang an. Auch wenn es kitschig klingt, ich spüre eine besondere Verbundenheit mit der Natur, wenn ich mit der Sonne aufstehe. Über eine enorme Zeitspanne hat die Sonne den Lebensrhythmus der Menschen vorgegeben. An ihr hat sich alles orientiert. Die Zeitspanne, in der wir modernen Menschen auch ohne Sonnenlicht aktiv sein können, ist gemessen an der Zeitgeschichte unseres Planeten kaum messbar, so kurz ist sie. Mich macht es glücklich, mich abends von der Sonne zu verabschieden und sie morgens wieder zu begrüßen. Ich liebe diesen Moment, wenn ich die warmen Strahlen nach einer langen Nacht auf meinem Gesicht spüre. Der Moment, wenn die Sonne über dem Horizont aufgeht, wird einfach nie langweilig. Deshalb lasse ich mir bei Tauchurlauben den Tagesablauf gerne von der Sonne vorgeben.

4. KAPITEL

DIE SOZIALE KOMPONENTE

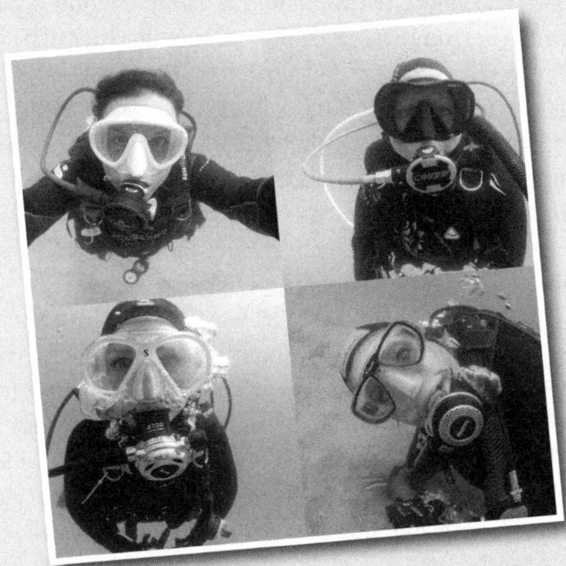

39. GRUND

Weil man mit Fremden eine Kabine teilt

Am allerliebsten fahre ich auf Tauchsafari. Ich begebe mich freiwillig auf ein kleines, schwimmendes Hotel mit bis zu 23 weiteren Verrückten, die sich oft untereinander nicht kennen. Um den teuren Einzelzimmerzuschlag in der Kabine zu vermeiden, buche ich immer eine Doppelkabine und hoffe, dass niemand anderes in dieser kleinen Koje einzieht. Manchmal klappt es, manchmal klappt es nicht. Wenn man sich die Kabine mit jemandem teilen muss, dann teilt man sich wenige Quadratmeter inklusive Bad und WC mit einer wildfremden Person. Nicht mal mit meinem Partner habe ich auf so engem Raum jemals so viel Zeit verbracht wie zum Beispiel mit einer wildfremden Chinesin in Raja Ampat, die ebenso wenig Interesse an einer Konversation mit mir hatte wie ich mit ihr. Woran diese Abneigung genau lag, kann ich nicht genau sagen, da ich sonst ein sehr sozialer Mensch bin und offen auf andere zugehe. In diesem Fall war die Sympathie einfach nicht da, gepaart mit der Enttäuschung, die Kabine nicht für mich alleine zu haben.

Wer sich also alleine auf diese Art von Urlaub einlässt, muss schon wirklich gerne tauchen gehen wollen. Hockt man doch im Zweifelsfall in der schönsten Zeit im Jahr mit einer Person zusammen, mit der man einfach nicht so richtig warm wird. Man kann auch das Pech haben und mit jemandem in einer Kabine zu sein, der unglaublich laut schnarcht, hustet oder laute Albträume hat. Oder sich morgens ausgiebig die Atemwege säubert, Durchfall hat oder seekrank ist. Die ganze Bandbreite der menschlichen Eigenarten kann sich in so einer engen Kabine mit voller Wucht breitmachen und einen in den Wahnsinn treiben. Wenn man sich denn in den Wahnsinn treiben lässt. Denn es gibt doch immer eine Lösung, einen Ausweg. Man kann den Mitreisenden höflich ansprechen und ihn bitten, morgens nicht so lange das Bad zu blockieren, oder selber auf eine der öffentlichen Toiletten oder Duschen an Bord ausweichen, wenn das Gegenüber gar nicht mit sich reden lässt. Auf Palau hatte ich eine junge Dame in der Kabine, die mir auch automatisch als Buddy zugewiesen wurde. Leider kam ich taucherisch so gar nicht mit ihr zurecht, da sie sich gerne alleine aus dem Staub machte und 45 Minuten lang unter Wasser verschwunden blieb. Ich hielt dann Rücksprache mit dem Tauchguide und bat darum, nicht mehr mit ihr tauchen zu müssen. Ich hatte das Gefühl, dass auch sie nicht so unglücklich war, mich loszuwerden. So hatten wir beide etwas davon und verhielten uns in der Kabine freundlich und höflich.

Ich habe gelernt, auch Konflikte auf eine respektvolle Art und Weise ohne Streit zu klären und einen Weg zu finden, die restlichen Tage auf engstem Raum miteinander klarzukommen. Insgesamt habe ich gute Erfahrungen auf meinen Reisen gemacht. 98% aller Mitreisenden, die ich im Laufe der Zeit auf den Booten getroffen habe, waren extrem nett, und zum größten Teil hatte ich das Glück, eine Einzelkabine zu haben. Denn egal wie nett die Leute sind, ehrlich gesagt ist eine Einzelkabine doch angenehm und erholsam, denn man kann einfach machen, was man möchte, und ich muss keine Angst haben, dass ich zu laut schnarche. Doch wenn es sein muss, teile ich mir auch gerne eine Kabine mit einem wildfremden Menschen, denn ich will einfach tauchen und nehme dafür so einiges in Kauf.

40. GRUND

Weil man verschiedene Leute trifft

Taucher bilden einen Querschnitt der Gesellschaft. Ich liebe die Vielfältigkeit der Menschen, die man trifft. So sitzt man abends mit einem Bergarbeiter, einem Chirurgen, einem Müllmann und einer Managerin zusammen und unterhält sich prächtig über das Lieblingshobby. Denn beim Tauchen sind wir alle eigentlich gleich. Wir haben Spaß an unserem Sport, wir wollen die Natur erleben und schöne Tauchgänge machen. Der Alltag, der Beruf, die Herkunft sind nebensächlich. Das Hobby vereint ganz unterschiedliche Menschen und Charaktere. Ich mag diese heterogenen Gruppen, es bringt einen in Kontakt mit Leuten außerhalb der eigenen sozialen Blase. Man lernt voneinander und miteinander, lacht über Witze und Erlebnisse.

Tauchen zeigt mir, dass ich mit anderen Menschen eher mehr gemeinsam habe, als dass mich etwas trennt. Tauchen ist ein Sport, der über alle Altersklassen hinweg ausgeübt wird. Meine Lieblingstauchpartner waren Sausi und Schlupf, mit denen ich auf den Malediven unterwegs war. Ein Ehepaar aus der Schweiz, sie Mitte 60, er über 70. Und beide immer noch verliebt wie am ersten Tag. Jeden Morgen haben sie sich ein Küsschen gegeben, er hat ihr den Kaffee gebracht und mit ihr geflirtet. Mir ist jeden Tag das Herz aufgegangen, wenn ich die beiden gesehen habe. So möchte ich im Alter mit meinem Partner auch leben. Genauso spannend war es für mich, im Sudan mit vier älteren ägyptischen Herren zu tauchen, die schon seit 25 Jahren das Rote Meer betaucht und erschlossen haben. Die Erfahrung dieser Männer hat mich schwer beeindruckt. Mit echten Legenden zu tauchen, ihre Geschichten zu hören, das war faszinierend. Sie nahmen mich mit in das Ägypten, wie es vor 25 Jahren noch war. Unberührte Tauchgebiete, wenig Tourismus, keine Massenhotels und All-inclusive-Urlauber. Es ging den wenigen Touristen um das Tauchen, nicht um die Auswahl am Buffet. Dazu haben sie viele Geschichten aus ihrem Leben erzählt, wie sie mit dem Tauchen begonnen haben, wie sie ihr Hotel aufgebaut haben und wie sie mit dem ehemaligen Präsidenten Mubarak tauchen waren. Ebenfalls hat mich fasziniert, wie ihr Schicksal mit den politischen Wirren des Landes verbunden ist und welche Auswirkungen diese auf sie hatten und bis heute haben. Die starke Zerrissenheit Ägyptens an diesen Menschen zu sehen und was das mit jahrzehntelangen Freundschaften machen kann, das war schon sehr bewegend. Mich hat das wirklich beeindruckt, und ich bin den Herren bis heute freundschaftlich verbunden. Genauso viel Freude macht es mir mit ganz jungen Menschen zu tauchen. 20-Jähre sind nun mal halb so alt wie ich, mir macht es Spaß, einen Einblick in ihre Welt zu bekommen. Sie wiederum erzählen wahrscheinlich, dass sie mit einer Tauch-Oma unterwegs waren. Und so soll es auch sein.

Tauchen hat mich auch auf meinen Reisen mit sehr vielen Menschen aus anderen Ländern und Kulturen zusammengebracht, und auch da habe ich viel gelernt. Ich habe auf der einen Seite gelernt, Respekt vor anderen Kulturen zu haben und mich auf Reisen anzupassen. Viele Taucher sind Abenteurer, weit gereiste, die viel erlebt und gesehen haben. Sie sind offen für Neues, für neue Bekanntschaften und Freundschaften und erzählen offen aus ihrem Leben. Ich liebe es, mich auf solche Gespräche einzulassen, man hört die spannendsten Geschichten und Begebenheiten. Von Reisen in das unberührte Indonesien oder Tauchkreuzfahrten in der Arktis. Von Begegnungen mit Haien und unerbittlichen Grenzbeamten in Afrika, die Kameras beschlagnahmen.

Manchmal sind Geschichten dabei, die etwas unglaubwürdig klingen oder einfach nur abstrus. So erzählte jemand, er sei von Bewaffneten in der Dominikanischen Republik im Auto verfolgt worden. Diese Geschichte passte so gar nicht zu dem Menschen, der vor mir saß, aber was weiß ich schon. Vielleicht war er ein als Normalo getarnter James Bond. Insgesamt sind es aber wirklich interessante und bereichernde Gespräche.

Da Taucher aus allen Schichten der Gesellschaft kommen und man sich im Urlaub mit ganz unterschiedlichen Charakteren auseinandersetzt, bekommt man oft Ansichten mit, die man im eigenen Freundeskreis vielleicht nicht hört. Man hört auch Lebensgeschichten und Schicksale, die ganz unterschiedlich zu der eigenen Lebensgeschichte sind. Man unterhält sich mit Menschen, die sehr viel älter oder auch sehr viel jünger als man selber sind und eine völlig andere Perspektive auf das Leben haben. Das empfinde ich als extrem spannend und bereichernd. Denn im Freundeskreis hat man oft Menschen, die einem selbst relativ ähnlich sind. In Taucherkreisen trifft man auf alle möglichen Menschen, die so bunt und unterschiedlich sind wie unsere Gesellschaft, in der wir leben.

Ich habe aber auch gelernt, mich zu wehren und Respekt einzufordern, wenn ich zum Beispiel das Gefühl hatte, dass Mitreisende oder die Crew auf dem Boot mir einfach zu nahe kommen. Das ist immer ein Lernprozess und auch ein Austesten der eigenen Grenzen. Diese Grenzen muss man verteidigen und sich nichts bieten lassen, was man als unangenehm empfindet. Zum Glück sind die unangenehmen Erlebnisse für mich persönlich die absolute Ausnahme geblieben, der überwiegende Teil meiner Begegnungen mit Menschen auf meinen Tauchreisen war äußerst positiv.

41. GRUND

Weil man Freundschaften fürs Leben schließt

Eine Freundschaft aufzubauen dauert im normalen Leben relativ lange. Bis man sich vertraut, regelmäßig trifft und sich Dinge erzählt, vergeht viel Zeit. Bis man jemanden zu sich nach Hause einlädt, diese Person bei sich übernachten und auf seine Toilette lässt, vergehen oft Jahre, wenn es überhaupt so weit kommt. Ein gemeinsamer Urlaub mit Freunden findet auch sehr selten statt.

Taucher hingegen dröseln Freundschaften von hinten auf. Man kennt sich nicht, teilt sich aber eine Kabine und eine Toilette. Man macht sich nach dem Tauchgang darauf aufmerksam, dass da etwas aus der Nase hängt. Man rülpst voreinander, hört den anderen schnarchen und isst drei Mahlzeiten miteinander am Tag. Dazu erlebt man im Urlaub wunderbare Dinge miteinander. Geht tauchen, macht Landausflüge. Ich habe mit fremden Menschen mehr Zeit im Urlaub verbracht als mit meinen besten Freunden. Dieses Umfeld ist eine Art Freundschaftsbeschleuniger. Durch die Nähe, die Intimität, ist man sich schnell vertraut. Im Tauchurlaub treten Unterschiede in den Hintergrund, die Gemeinsamkeiten hingegen werden verstärkt. Schnell erzählt man sich viele Dinge, die vielleicht enge Freunde nicht wissen. Wenn man ein oder zwei Wochen auf engem Raum gemeinsam verbringt, gibt es wenig, was man zusammen nicht schafft. Ich pflege meine Freundschaften, die ich auf Reisen geschlossen habe, bis heute, und auch wenn man sich nicht so oft sieht, ist die Vertrautheit sofort wieder da, wenn man sich trifft.

Ein gemeinsames Hobby macht es einfacher, ins Gespräch zu kommen und sich auszutauschen. Unter Tauchern ist es besonders praktisch, da man sich im Wasser bedingt durch die Ausrüstung sofort als seinesgleichen erkennt. Einmal erkannt, tastet man sich langsam an das Gegenüber heran, ob man denn auch taucherisch auf einer Wellenlänge ist. Ich finde es immer erfrischend, mich mit Leuten auszutauschen, die so begeistert sind wie ich. Die mit leuchtenden Augen von ihren Reisen, von Begegnungen mit Haien und von lustigen Anekdoten berichten. Man fühlt sich einfach wohl und angekommen. Sofort hat man einen gemeinsamen Anknüpfungspunkt und muss nicht erst mühselig eine Gemeinsamkeit oder ein Gesprächsthema suchen, das beide Seiten interessiert. Das ergibt sich durch die Situation beim Tauchen automatisch. Hat man sich taucherisch mal abgeklopft und abgecheckt, kommt man schnell zu anderen Themen und vertieft sich in Gespräche. Tauchen verbindet auch, wenn man sich woanders als im Tauchurlaub kennenlernt. Als ich einen neuen Job begonnen habe und hörte, dass zwei meiner Kolleginnen ebenfalls Taucherinnen sind, hatte ich gleich einen guten Anknüpfungspunkt mit diesen beiden Damen, und uns verbindet bis heute eine tiefe Freundschaft.

42. GRUND

Weil man viele Menschen kennenlernt

Sitzt man nach dem Tauchgang zusammen, kommt die Sprache bei uns Tauchern eigentlich immer auf ein Thema zurück: Tauchen. Wer war schon wo tauchen, was gibt es dort zu sehen, welche Tauchbasen und Hotels sind empfehlenswert. Natürlich tummeln sich Taucher an den immer gleichen Hotspots in Ägypten, Indonesien oder Costa Rica. Die Tauchlehrer und Guides arbeiten ebenfalls weltweit und wechseln Arbeitgeber und Kontinente. Und so entsteht eine kleine, globale Community, die sich überall auf der Welt wiedertrifft.

So kann es gut sein, dass man in Ägypten auf Leute trifft, mit denen man gemeinsame Bekannte in Thailand hat, die aber nun in Indonesien arbeiten. Oder auf Leute trifft, die mit den eigenen guten Freunden letztes Jahr eine Tauchsafari in Costa Rica gemacht haben und sich nun ebenfalls kennen. Die Tauchercommunity ist sehr klein und weltweit verstreut. Durch meine vielen Reisen und meine offene Art, auf Menschen zuzugehen, kenne ich inzwischen wirklich auf jedem Kontinent Menschen. Da die Leute, die in der Tauchbranche arbeiten, auch sehr mobil sind, bleiben sie zwar selten an einem Fleck, aber dank der sozialen Netzwerke kann man einfach in Kontakt bleiben. Mit vielen Mitreisenden verbindet mich ebenfalls eine Freundschaft oder Bekanntschaft, die über viele Jahre nun schon hält. Ich finde es einfach angenehm, dass ich in Jakarta genauso Leute habe, mit denen ich zu Abend essen kann, wie in Hurghada oder Kuala Lumpur. Ich finde es immer sehr spannend, vor Ort einen Kontakt zu haben und ein wenig von dem lokalen Leben der Menschen mitzubekommen. Nicht nur in meinem Hotel zu hocken und all inclusive am Buffet zu essen. Ich mag es, in Ägypten bei Freunden zu übernachten und mit ihnen gemeinsam etwas zu unternehmen. Mit ihren Familien und Freunden Zeit zu verbringen und ein wenig hinter die Kulissen der Tourismusbranche zu schauen. Das öffnet den Blick und erweitert den Horizont.

Auf den Malediven habe ich ein sehr nettes Paar aus der Schweiz kennengelernt. Nachdem wir die Barriere der gemeinsamen Sprache überwunden hatten, stellten wir fest, dass wir gemeinsame Freunde in Kroatien haben. So versuchen wir Jahr um Jahr, uns auf der Tauchbasis dieser Bekannten in Kroatien zu treffen. Geklappt hat es nie. Nach einigen Jahren war ich auf Tauchsafari vor der Kokos-Insel, die zu Costa Rica gehört. Mit mir zusammen an Bord war ebenjenes Schweizer Pärchen. Auch das ist typisch für die Tauchercommunity. Man muss sich als Taucher gar nicht verabreden, denn irgendwann trifft man sich auf einem Boot oder in einem Hotel irgendwo auf dieser Erde wieder, einfach so. Ohne sich zu verabreden. Da man einfach an denselben Tauchspots unterwegs ist, läuft man sich in den entlegensten Winkeln der Erde über den Weg. Spontan, ohne Planung. Man trifft sich in einem Hotel in Costa Rica, auf einem Safariboot oder in einem Restaurant in Hurghada.

Fügt man Menschen, die man beim Tauchen kennenlernt, zu seiner Freundesliste auf Facebook hinzu, stellt man schnell fest, dass man viele gemeinsame Freunde aus der Taucherwelt hat, an denselben Orten tauchen war. Ich finde das immer ganz spannend, so ergeben sich wieder neue Gespräche und Tratsch und Klatsch über gemeinsame Bekannte. Es ist immer wieder faszinierend, wie klein die Welt ist und wie oft man sich in der Vergangenheit schon fast getroffen hätte und wo man sich knapp verpasst hat. Je mehr man reist und taucht, desto mehr Menschen lernt man kennen und schließt neue Freundschaften auf der ganzen Welt.

43. GRUND

Weil man sich den heißen Tauchlehrer angeln kann

Tauchlehrer haben einen ähnlichen Ruf wie Ski- oder Surflehrer. Immer braun gebrannte Sonnyboys, lässig, kompetent und liebenswert. Echte Freigeister, die aus dem Hamsterrad unseres Alltages ausgestiegen sind und den Traum leben, den wohl jeder Taucher irgendwann mal träumt: das Hobby unter Palmen zum Beruf zu machen. Hilfreich für einen Flirt ist, dass man vor und nach dem Tauchgang relativ knapp bekleidet ist und so schon recht gut sieht, was der Guide sonst noch zu bieten hat. Dazu kommt, dass beim Tauchen oft Körperkontakt notwendig ist. Ein Check der Ausrüstung, Probleme unter Wasser mit dem Tauchcomputer oder dem Jacket.

Gründe gibt es viele, um sich näherzukommen, und viele nutzen auch einfach die Gelegenheit. Entspannte Touristinnen, die einem Abenteuer nicht abgeneigt sind, gibt es doch genug. Tauchlehrer und Guides, die monatelang auf ihren einsamen Inseln auf den Malediven hocken oder in der ägyptischen Wüste ebenfalls. Und so ergeben sich viele heiße Flirts und Affären, die immerhin einen ganzen Urlaub lang dauern. Dass ich hier eher über männliche Tauchlehrer schreibe, hat den Grund, dass ich selber eine Frau bin. Wie das weibliche Guides und Tauchlehrerinnen handhaben, weiß ich nicht. Ich habe selber erfahren, dass man als alleinreisende Taucherin doch oft auch mal angeflirtet und angebaggert wird. Ob männliche Taucher ebenfalls von weiblichen Guides angegraben werden, weiß ich nicht.

Öfter als man denkt sind echte Gefühle im Spiel. Einigen Guides fliegen die Herzen nur so zu, und so manche Dame sieht sich schon an der Seite ihres Tauchlehrers unter der Sonne arbeiten und ihm abends Gesellschaft leisen. Besonders spannend wird es, wenn sich das Objekt der Begierde nicht nur einer Dame zuwendet und dadurch wahre Eifersuchtsdramen provoziert. Gebrochene Herzen, betrogene Gefühle und ein schaler Nachgeschmack bleiben den Betroffenen noch lange in Erinnerung und vermiesen den Rückblick auf die Ferien.

Dennoch kommt es immer wieder zu einem echten Happy End. Paare, die sich im Urlaub kennenlernen und deren Liebe gegen alle Widrigkeiten, kulturellen Unterschiede und weit auseinanderliegende Lebensmittelpunkte zueinanderfinden. So kenne ich einige binationale Paare, die glücklich zusammenleben. Frauen, die für ihre Männer in die ägyptische Wüste gezogen sind, und maledivische Guides, die ihre Trauminseln gegen das kalte Österreich eintauschen und dort ihre Kinder großziehen. Auch so kann ein Flirt mit dem hübschen Tauchlehrer oder der Tauchlehrerin ausgehen. Manchmal bleibt es aber auch nur bei einer heißen Sommerliebe.

44. GRUND

Weil man schnell Anschluss finden kann oder auch nicht

Tauchen ist eine der Sportarten, die man immer zusammen mit einem zweiten Taucher ausüben sollte. Es gibt momentan zwar eine ganze Bewegung hin zu Solo-Tauchen, aber ich bin da ganz altmodisch und tauche immer mit einem Buddy. Wer nun so wie ich einen Lebensgefährten hat, der diesem Hobby nicht frönt, muss sich anderweitig umsehen.

Man findet im lokalen Tauchclub, im Tauchshop oder in der Tauchschule relativ einfach Anschluss, indem man fragt, ob jemand am Wochenende in einem der heimischen Seen tauchen geht. In der Regel bekommt man gleich eine Einladung, mitzugehen. Im Urlaub ist es ähnlich. Man geht einfach zur Tauchbasis im Hotel und lässt sich einem Buddy oder einer Gruppe zuteilen, und schon sitzt man nach dem Tauchgang abends bei einem Dekobierchen zusammen und lässt den Tauchtag Revue passieren. Ich habe so viele Freundschaften geschlossen und viele wirklich nette Menschen getroffen, mit denen ich im Urlaub einfach eine gute Zeit hatte. Auch wenn man sich gerade erst kennengelernt hat. Gleichzeitig habe ich hier in meiner Wahlheimat Österreich so viele nette Menschen beim Tauchen kennengelernt, die ich heute zu meinen engsten Freunden zähle. Diese Sport verbindet die Menschen, denn man erlebt viel zusammen, und das vertieft Freundschaften.

Wer alleine sein möchte oder keine neuen Freunde sucht, kann beim Tauchen aber auch ganz wunderbar für sich sein. Nicht jeder ist gezwungen, sich den geselligen Buddys anzuschließen. Man kann auch ganz entspannt seine Tauchgänge in der Gruppe machen und sich nach dem Tauchgang in ein Buch vertiefen oder die Kopfhörer tief in die Ohren stecken. Dadurch, dass der Tauchsport im Urlaub tagsüber einfach beschäftigt, finde ich es oft abends sehr angenehm, einfach mal meine Ruhe zu haben und mit niemandem reden zu müssen. Ich kann meinen Gedanken nachhängen, zwischen den Tauchgängen schlafen und einfach nur das tun, was ich möchte. Manchmal möchte ich einfach nur tauchen, danach meine Fotos bearbeiten, meine Blogartikel schreiben, aber dennoch tagsüber aktiv sein.

Da Tauchen das ideale Hobby ist, um alleine zu verreisen, kann ich daher einfach das machen, was ich möchte. Ich kann es mir als alleinreisende Taucherin aussuchen, ob ich Anschluss haben möchte oder nicht, das finde ich sehr angenehm. Da Taucher aber so gesellig und offen sind, bleibt man in Wahrheit nie wirklich alleine, außer man wehrt sich mit Händen und Füßen gegen die Kontaktaufnahme durch andere Taucher.

45. GRUND

Weil man endlich mit Händen und Füßen sprechen darf

Manche Menschen benutzen an Land ihre Hände, um etwas zu erzählen. Ununterbrochen bewegen sie ihre Hände und unterstreichen jedes Wort durch energische Gesten. Manchmal scheint es, als würden ihre Hände die Geschichte erzählen, und die Worte seien nur Untermalung dieser ausgeklügelten Handbewegungen. Diese Menschen sprechen unter Wasser mit derselben Leidenschaft wie an Land und brauchen keine Worte, denn in der Verwendung ihrer Hände zur Kommunikation sind sie ja geübt.

Davon können wir anderen, die hauptsächlich mit dem Mund reden, uns eine Scheibe abschneiden. Denn unter Wasser dürfen auch wir es mit unseren Händen und Füßen krachen lassen, um mit dem Tauchbuddy zu kommunizieren. Besonders, wenn es um etwas geht, was der andere nicht sofort sieht, kommt es zu amüsanten Szenen. So versucht man, jemandem einen bestimmten Fisch zu zeigen, der sich irgendwo versteckt hat. Nun kann man diesen Fisch weder beschreiben noch sagen, wo er ist. So verrenkt man sich, versucht den Fisch pantomimisch darzustellen und hofft, dass der andere ganz oft »Scharade« gespielt hat.

Man kann dann letzten Endes nur dahin deuten, wo man das Tier zum letzten Mal gesehen hat, und hoffen, das der andere auch etwas sieht. Oft bekommt man dann als Antwort das Sonderzeichen »zuckende Schulter«. Heißt so viel wie: Ich sehe nichts, lass mich in Ruhe. Manchmal werden auch die Arme nach oben gerissen, wie nach einem Fußballspiel. Dann hat man das gesehen, was der andere verzweifelt gezeigt hat. Auch diese Freude muss man pantomimisch darstellen. Wenn das Grinsen dem Tauchpartner so fett ins Gesicht genagelt ist, dass man die Mundwinkel links und rechts vom Atemregler Richtung Ohren wandern sieht. Dann hat man etwas ganz

Besonderes zusammen entdeckt. Taucher müssen also mit Gesten und ohne Worte kommunizieren. Sich ohne Worte zu verstehen ist ein großes Kompliment. Man verwendet es für Menschen, die einem so nahe stehen und mit denen man so gut kann, dass man nie lange erklären muss, wie man sich fühlt oder worum es geht. Man wirft sich einen Blick zu und versteht den anderen sofort. Je nachdem, was man für einen Draht zu seinem Tauchpartner hat, kann es sein, dass man sich völlig ohne Worte perfekt versteht. Mit vollem Einsatz der Körpersprache, Gestik, Mimik und Handzeichen können manchmal komplette Konversationen unter Wasser geführt werden. Mit manchen Tauchern reicht aber auch nur ein einziger Blick oder eine Geste, und der andere weiß sofort, was gemeint ist. Ich finde das viel intensiver, als mit jemandem ewig etwas auszudiskutieren oder zu erklären.

Manche Spaßvögel schaffen es, selbst unter Wasser nur mithilfe ihrer Hände und Mimik ganze Witze zu erzählen. Oder so gute Handbewegungen zu machen, dass die gesamte Gruppe unter Wasser in ihre Atemregler kichert. Dazu braucht es ein ausdrucksvolles Gesicht, das auch durch die Maske und unter dem Atemregler hindurch den Humor transportiert. Ein Gespür für Situationskomik und ein großes Repertoire an gut verständlichen Unterwassergesten hilft ungemein. Denn Humor oder Witz ohne Worte zu transportieren und dem Gegenüber verständlich zu machen, das ist für mich die Königsdisziplin des Humors.

Unter Wasser muss auch beim Gegenüber genügend Verständnis für die Gesten da sein. Denn es kommt oft genug vor, dass man sich unter Wasser einfach nicht versteht, wenn einer die Zeichen des anderen nicht kapiert. Unter Wasser darf man also mit dem ganzen Körper kommunizieren. Es ist eine herrliche Abwechslung zu dem endlosen Palaver an Land und lässt uns Taucher unter Wasser kreativ werden, unsere Hände auch intensiv zum Sprechen einsetzen und zwingt uns, ohne Worte zu kommunizieren.

46. GRUND

Weil manche Leute richtig nervig sind

Taucher sind auch nur Menschen. Mit manchen kann man gut, andere möchte man nach zehn Minuten von Bord des Tauchbootes werfen. Es gibt einige Typen von Tauchern, die man eigentlich überall auf der Welt trifft.

Da gibt es den Typ Tauchlehrer, der besonders laut, lustig und penetrant ist. Zu jedem Ausrüstungsteil seiner Mittaucher hat er seine Meinung. Er weiß ständig alles besser, gibt ungefragt Tipps und übernimmt ebenso ungefragt unter Wasser die Führung wildfremder Taucher. Gerne prüft er ungefragt und spontan den Luftstand seiner Mittaucher ab, gibt das Kommando zum Umdrehen und zum Auftauchen. Wehe dem, der sich nicht daran hält. Den erwartet an der Oberfläche ein Donnerwetter. Natürlich hat er auch zu jedem Tauchgebiet eine feste Meinung, nur was er gesehen hat, ist gut. Alles andere kann man vergessen. Gerne ist er mit viel Ausrüstung behängt und kann daher auch alles besser.

Die Ängstlichen sind ebenfalls ein schwieriger Fall. Denn grundsätzlich ist Angst nichts Schlechtes, und jeder sollte unbedingt immer nur innerhalb der eigenen Wohlfühlgrenzen tauchen, alles andere ist Irrsinn. Viele von uns hatten am Anfang unserer Tauchkarriere Angst vor Tiefe, Strömung oder Dunkelheit, das ist völlig legitim. Auch wenn man später diese Ängste nicht ablegt, ist es genauso in Ordnung, Niemand sollte beim Tauchen irgendetwas machen, was er oder sie nicht möchte. Schwierig wird es dann, wenn die nicht kommunizierten Ängste plötzlich eine ganze Gruppe beeinflussen. Im Sudan hatte ich einige Taucher dabei, die geradezu Angst vor Blauwasser hatten. Es waren sehr erfahrene, ältere Taucher, die ebenfalls recht viel Geld für diese Reise gezahlt haben. Vor jedem Tauchgang gab es morgens die Diskussion, ob man ins Blauwasser geht oder nicht. Dass jemand etwas nicht machen möchte, ist normalerweise kein Problem. In diesem Fall war es allerdings für die Gruppe etwas schwierig. Denn wir übrigen Gäste haben genau dafür viel Geld bezahlt: Um im Blauwasser die Hammerhaie zu suchen. Wenn nun ein großer Teil der Gruppe am Riff tauchen will, ist das organisatorisch ein Problem und menschlich anstrengend. Solche Taucher sollten sich vorher über die Tauchgebiete informieren und sich vielleicht eine gemütlichere Route aussuchen.

Wenn man aber dennoch die Grundentspanntheit der Taucher beibehält und auch den nervigen Zeitgenossen geduldig zuhört, ergeben sich durchaus lustige Momente. So hatte ich mal das zweifelhafte Glück, mit jemandem zu tauchen, der mir den gesamten Tauchgang zwanghaft Anweisungen gab. Selbst die Richtung gab er vor, dabei ging es offensichtlich immer am Riff entlang. Er fragte ständig nach meinem Luftverbrauch, posierte für die schlechtesten Fotos, die ich jemals gemacht habe, und belehrte mich, wenn ich ein wenig zurückblieb, um zu fotografieren. Und das alles ohne Worte, wohlgemerkt. An Land erzählte er uns seine gesamte Lebensgeschichte, die eher tragisch als nervig war. Daher ließ ich Milde walten und lachte über seine absurden Auftritte.

Daraus habe ich gelernt, dass ich es schaffen kann, mich über solche Leute nicht mehr aufzuregen und einfach das Weite zu suchen, wenn es zu viel wird. Ab und an ist auch mal eine klare Ansage nötig, damit das Gegenüber einen in Ruhe lässt, wenn es doch zu viel wird. Aber man darf nie beleidigend werden oder laut. Wie man mit solchen Menschen auf engem Raum und über einen relativ langen Zeitraum hinweg umgeht, hilft mir auch im Alltag mit nervigen Menschen umzugehen.

47. GRUND

Weil man auch am Wochenende mit Freunden und Familie was unternimmt

Ich bin früher nicht so gerne am Wochenende rausgefahren. Ich hatte kein wirkliches Hobby, wusste nicht, was ich an einem See oder in den Bergen tun sollte. Stundenlang in der Sonne liegen wurde irgendwann auch langweilig. Tauchen gab mir die Möglichkeit, am Wochenende viel zu erleben und kleine Abenteuer vor der Haustür mit meinen Freunden zu erleben. Wir Mädels sind im Freundeskreis extrem aktiv, eine von uns plant im Frühjahr und Sommer immer schon das nächste Wochenende an einem Bergsee, in Kroatien oder Slowenien.

Tagsüber mache ich mit meinen Lieblingsbuddys zwei entspannte Tauchgänge, treffe dazwischen meine Familie oder übernehme das Kind, damit der Mann auch etwas unternehmen kann. Abends geht es zum Essen zusammen raus. Ich genieße es extrem, so viel Zeit mit meinen Freunden an den Wochenenden zu verbringen. Viele Freunde sieht man in unserer hektischen Zeit nur noch ab und zu, bei einem Abendessen oder einem Kaffee. Ich habe das Glück, ganze Wochenenden mit ganz lieben Menschen verbringen zu können.

In manchen Familien tauchen alle Mitglieder zusammen und teilen damit ein Hobby. Zusammen mit den Kindern machen diese Familien dann einmal im Jahr einen schönen gemeinsamen Tauchurlaub am Roten Meer oder auf den Malediven und erleben zusammen die wunderbare Unterwasserwelt. Es gibt aber auch Familien wie meine. Mein Lebensgefährte taucht nicht, das Kind ist noch viel zu klein. Dennoch kann man auch so gemeinsam etwas erleben, wenn der Partner das unterstützt. Im ersten Ägyptenurlaub nach der Schwangerschaft war mein Sohn fünf Monate alt, ich habe ihn noch gestillt. Morgens habe ich ihn gefüttert, dann hat er sich mit meinem Partner noch mal hingelegt, und ich habe den ersten Tauchgang um

7:00 gemacht. Nach dem Tauchen habe ich die beiden Männer im Restaurant zum Frühstück getroffen, selber etwas gegessen und das Kind gestillt. Danach ist der Mann schnorcheln gegangen. So haben wir es den ganzen Tag über gemacht, und es hat durch die tolle Unterstützung meines Lebensgefährten auch sehr gut funktioniert. Aus anderen Teilen Ägyptens sind Freunde dazugestoßen, wir haben alle zusammen eine großartige Zeit verbracht.

Auch auf diversen Kurzurlauben nach der Schwangerschaft und Tauchgängen im See haben wir uns so organisiert. Der Mann hat auf das Kind aufgepasst, ich habe vor und nach dem Tauchgang gestillt. Ab und an sind auch meine Freundinnen zum Aufpassen eingesprungen, nochmals einen herzlichen Dank an dieser Stelle für euren Support. Denn Freunde, die eine Unterkunft nach der Kindertauglichkeit aussuchen, sind einfach unersetzbar und für eine frischgebackene Mutter, die tauchen möchte, unabdingbar. In diesem Zusammenspiel lauter liebevoller Menschen und der Familie konnte ich auch ein frisch geborenes Baby mitnehmen zum Tauchen. So kann man Familie und Freunde zusammenbringen, gemeinsam etwas erleben, und dennoch muss niemand auf das eigene Hobby verzichten.

48. GRUND

Weil nichts peinlich ist

Tauchen hat großen Einfluss auf viele Körperfunktionen. So hängt einem oft der Schnodder nach dem Auftauchen aus der Nase. Man springt vor seinen Mittauchern noch mal ins Wasser, um ganz ungeniert und unter Beobachtung ins Wasser zu pullern. Denn was raus muss, muss raus. Man zieht sich vor wildfremden Menschen um und gewährt eventuell Einblicke auf den nicht ganz perfekten Körper. Diese Dinge, die man an Land eher schamhaft versteckt, darf man als Taucher komplett frei ausleben.

Es geht jedem Taucher so, jeder war schon mal in so einer Situation, dass ein Riesenpopel sich quer über das Gesicht verteilt hat. Es ist nicht schlimm, es ist nichts peinlich. Wegwischen, weitermachen. Blase entleeren, wieder an Bord gehen. Alles ist natürlich, nichts ist unangenehm. Tauchen holt ein Stück weit die Natürlichkeit zurück, man kann sich hinter nichts verstecken, und das ist gut so. Es gibt Dinge, die müssen einfach raus.

Eines dieser Dinge ist der Rülpser nach einem Tauchgang. Denn nach dem Auftauchen wollen auch einige Gase, die bisher im Körper waren, gerne an die frische Luft. Verstärkt wird dieser Effekt durch das Trinken von kohlensäurehaltigen Getränken oder das Essen von blähenden Speisen. Jeder Mensch, der schon mal von quer sitzenden Gasen heimgesucht wurde, kennt die riesige Erleichterung, wenn sie sich lösen. Aber nur wenige sprechen über dieses Tabu. Im Alltag quält man sich lange, bis man einen stillen Ort findet, um dem Problem Abhilfe zu schaffen. Beim Tauchen kann man alles sofort rauslassen. Da kann es auch sein, dass die Luft durch einen anderen Weg als durch den Mund entweicht. All das ist, im Gegensatz zum Büro oder im Restaurant, beim Tauchen sozial akzeptiert. Denn es geht jedem von uns so. Jeder möchte Dinge loswerden, die sich während des Tauchganges im Körper nicht so gut anfühlen. Für diese Gase gilt: Reisende soll man nicht aufhalten. Man muss es rauslassen und dazu stehen. Niemand wird schräg angeschaut, außer die Geruchsbelästigung nimmt groteske Züge an, dann sollte der betroffene Taucher sein Problem mit einigem Abstand zu anderen Menschen lösen.

49. GRUND

Weil man Anglergarn und Seemannslatain erzählen kann

Zwar gibt es dafür, was Taucher erzählen, keine Fachbegriffe wie Seemannsgarn oder Anglerlatein. Dafür sind die Geschichten der Taucher eine Mischung aus beiden. Je länger ein Tauchgang zurückliegt, desto spektakulärer wird er in der Erinnerung des Tauchers. Selbiges gilt für Tauchurlaube, sie werden dramatischer oder schöner, je länger sie zurückliegen. Gerne teilen wir diese Erlebnisse mit anderen Tauchern und neuen Freunden, die wir gerade beim Tauchen kennengelernt haben.

Da wird stundenlang von den Malediven, Indonesien oder Ägypten erzählt, und jeder versucht, den Vorredner zu übertrumpfen. Entweder war der Walhai noch größer oder die Wellen höher oder die Luft am Ende des Tauchganges knapper. Die Hechte in den Seen wachsen von 15 Zentimetern Länge auf 120 Zentimeter an und werden zu wahren Raubfischen, die Taucher in die Tiefe der Seen ziehen wollen. Wenn euch jemand erzählt, er wäre mit 30 Hechten getaucht, so waren es wahrscheinlich drei, und der Tauchgang liegt 30 Jahre zurück. Es ist nicht so, dass Taucher von Haus aus lügen, sich besser darstellen wollen oder ihre Abenteuer aufregender schildern möchten, als sie waren. Denn Tauchen ist so spektakulär, dass man nichts erfinden muss. Jeder stinknormale Tauchgang ist so aufregend, schön und beeindruckend, dass keine Erzählung dem gerecht werden kann, was man als Taucher sieht und fühlt. Fotos und Bilder können nie darstellen, wie es wirklich war. Dort unten zu sein und diese Welt mit eigenen Augen sehen, das ist die einzige Möglichkeit zu erfahren, wie faszinierend der Tauchsport ist. Warum also Anglergarn erfinden? Weil wir Menschen dazu neigen, positive Erlebnisse in unserer Vergangenheit zu glorifizieren und zu verklären. Wenn nun Begebenheiten schon in der Realität, als wir sie erlebt haben, uns komplett verzaubert zurücklassen, dann werden sie, je weiter sie zurückliegen, noch aufregender, schöner und spektakulärer.

Außerdem sieht unter Wasser alles größer aus, da kann man schon mal denken, dass der Mantarochen eine Spannweite von mindestens zehn Metern hatte, auch wenn es nur zwei waren. Vielleicht liegt es auch daran, dass wir uns als Menschen unter Wasser so klein und demütig fühlen, dass wir alles als größer und bunter und aufregender empfinden, als es war. So werden also die Geschichten, die weitergegeben werden, immer spektakulärer, die betauchten Tiefen immer tiefer und die Fische immer größer. Und auch wenn jeder Taucher in der Runde weiß, dass es sich um Seemannslatein handelt, so hört man doch zu und nickt begeistert mit dem Kopf. Denn das gehört sich so.

50. GRUND

Weil man ein Logbuch schreiben kann

Die sogenannten Logbücher sind der Existenznachweis eines Tauchers. Frei nach dem Motto »Zeig mir dein Logbuch, und ich sage dir, wer du bist«. Zu Beginn eines Taucherlebens ist das Logbuch die einzige Daseinsberechtigung des unerfahrenen Anfängers. Denn viele Tauchbasen, Safariboote und auch Ausbildungsverbände verlangen das Logbuch und eine bestimmte Anzahl an geloggten Tauchgängen für Tauchreisen und verschiedene weiterführende Kurse. Wichtig ist es, dass die Tauchgänge von einem weiteren Taucher bestätigt werden, denn sonst kann ja jeder selber sein Logbuch ausfüllen und dort Hunderte von Tauchgängen eintragen. Wobei man natürlich auch ohne einen Blick in ein Logbuch erkennt, ob jemand eher fünf oder 500 Tauchgänge hat. Aber was wäre das Leben ohne Bürokratie, auch im Tauchsport ein notwendiges Übel.

Daher kann man nach jedem Tauchgang ein seltsames Ritual beobachten. Fast schon aufdringlich schleichen gerade frischgebackene Taucher von einem zum anderen, um so viele Unterschriften in ihre aufgeklappten Logbücher zu bekommen, wie es nur irgendwie geht. Was aussieht, als würde ein Groupie Autogramme von allen 127 Mitgliedern der Kelly Family einholen, ist nichts anders als die einzige wirksame Maßnahme, sich als Jungtaucher zu legitimieren. Ich fühle mich immer in die Grundschulzeit zurückgeworfen, als ich mit meinem Freundschaftsbuch die Runden in meiner Klasse drehte und hoffte, so viele Einträge wie möglich zu sammeln. Denn auch darum geht es beim Logbuch. Wir Menschen sind Jäger und Sammler. Als Taucher können wir diesen Urtrieb ausleben. Wir jagen unsere Mittaucher, stellen sie in einer ruhigen Ecke und nötigen sie zu einer Unterschrift. Ganz egal, ob dieser Taucher wirklich mit uns getaucht ist oder nur einer von 25 Buddys beim Rudeltauchen in Hurghada war und man diesen Menschen vielleicht nie wieder sehen wird.

Nach dem Übergang vom Anfänger zum erfahrenen Taucher ist meine Liebe zu meinem Logbuch allerdings abrupt erkaltet. Das Hauptproblem für mich war immer schon, dass ich ein sehr fauler und freier Mensch bin, ich hasse Zwänge. Dieser Zwang, alles, was ich sehe und mit wem ich getaucht bin, in ein Buch einzutragen, war mir von Anfang an zuwider. Aber ich fügte mich, wollte ich doch einfach ein guter Taucher werden und viel erleben, und da gehört ein Logbuch nun mal dazu. Andere lieben ihr Logbuch und schreiben es als eine Art Tagebuch; mit prosaisch anmutenden Texten und witzigen Anekdoten gespickt, ergibt sich eine tolle Rückschau der absolvierten Tauchgänge und Urlaube. Ein gut geführtes Logbuch ist auch ein kleines Lexikon der betauchten Plätze, das man immer wieder hervorholen kann, wenn es um die Frage geht, wo der nächste Tauchgang stattfinden soll. Es ist auch schön zu sehen, mit welchen Freunden man wo getaucht ist und was man dabei gesehen hat.

51. GRUND

Weil man nicht unhöflich sein muss

Wie oft wünscht man sich im Alltag einfach nur Stille und Ruhe? Unter Wasser bekommen geplagte und gestresste Menschen genau diesen Wunsch erfüllt. Der nervige Mittaucher, der gerade auf dem Boot noch von all seinen megatollen und einzigartigen Tauchreisen erzählt, muss unter Wasser genauso den Mund halten wie alle anderen auch. Tauchen bietet die Gelegenheit, Zeit mit nervigen Mitmenschen zu verbringen, ohne sie vor den Kopf zu stoßen. Denn unter Wasser können sie niemandem mit ihren Geschichten auf den Keks gehen. Wer sich schon ungewollt beim Anziehen die Lebensgeschichten fremder Menschen anhören musste, so wie ich, der weiß die folgenden Tauchgänge besonders zu schätzen.

Mir hat mal ein besonders prachtvolles Exemplar Taucher seine gesamte Lebensgeschichte inklusive Scheidung und beruflichem Werdegang ungefragt beim Umziehen erzählt. Er wollte auch gar nicht damit aufhören. Geht man Hobbys an Land nach, ist es nicht so einfach, den nervigen Gesellen zu entkommen. Wären wir wandern gegangen, hätte er mich stundenlang verbal malträtiert. Zu meinem großen Glück ging es dann schnell unter Wasser. Niemand kann mir unter Wasser eine Frikadelle ans Ohr labern. Natürlich gibt es Taucher, die es schaffen, ihren Mitmenschen auch unter Wasser nonverbal auf die Nerven zu gehen. Zum Beispiel durch penetrantes Abfragen des Luftverbrauches, durch hektisches Flossenschlagen oder Vordrängeln beim Fotografieren. Aber immerhin tun sie all dies ohne einen Mucks von sich zu geben.

Würden diese Menschen ihr Handeln unter Wasser auch noch kommentieren, könnte es in meiner näheren Umgebung doch zu vermehrten ungeklärten Unfällen kommen. So aber muss man nicht mal unhöflich oder unfreundlich werden, um nervige Mitmenschen zum Schweigen zu bringen. Man muss auch keine Straftat begehen.

Man muss lediglich die Ohren vor dem Tauchgang auf Durchzug schalten und dann möglichst lange unter Wasser bleiben.

Zwischen den Tauchgängen kann man sich entweder andere Gesprächspartner suchen, sich ausgiebig mit der eigenen Ausrüstung beschäftigen, laut Musik mit Kopfhörern hören, lesen oder so tun, als würde man schlafen. So kann man ungewollten Gesprächen charmant aus dem Weg gehen, ohne brutal ehrlich und unhöflich zu sein. Natürlich gibt es einzelne penetrante Mitmenschen, die trotz Kopfhörer einfach weitersprechen, da hilft dann nur noch die Kapitulation oder eine ehrliche Ansage, dass man lieber seine Ruhe hätte, als sich zu unterhalten.

52. GRUND

Weil man sich an bestimmte Verhaltensregeln halten sollte

Endlich ist der lang ersehnte Urlaub da. Man kommt nach einer langen Flugreise am Ziel an und wünscht sich nichts mehr als Erholung und Entspannung. Man betritt das Safariboot, das einen an abgelegene Tauchreviere bringen soll, abseits von Lärm und Zivilisation. Man freut sich auf romantische Sonnenuntergänge, entspanne Abende an Deck unter dem Sternenhimmel, einfach einen entspannten Urlaub. Noch während man davon träumt, hört man Schreie von Deck. Lautes Gegröle und noch lautere Musik.

Eine Gruppe von Tauchern aus dem europäischen Umland, genauer gesagt von einer Insel, hat es sich an Deck bereits bequem gemacht, den Alkohol ausgepackt und das Handy auf laut gestellt. Blechern scheppern englische Gassenhauer über das ansonsten ruhige Deck. Es ist zum Heulen, ich möchte gleich wieder umdrehen. Dennoch mache ich gute Miene zum bösen Spiel, man will sich ja nicht in den ersten Sekunden mit betrunkenen, stiernackigen Mittauchern anlegen. Auch wenn es diesen völlig egal ist, ob sie andere stören oder nicht.

Was kann man in so einer Situation tun? Auf meine Bitte hin am Abend, die Musik etwas leiser zu machen, wurde extra lauter aufgedreht. Ich sprach dann mit dem Guide, der es sich nicht mit den Stammgästen verscherzen wollte. Irgendwann kam ich mit dem Leiter der Gruppe ins Gespräch und sagte ihm, dass sich alle anderen Gäste belästigt fühlten, aber keiner sich traue, etwas zu sagen. Danach wurde es etwas ruhiger, auch wenn die Stimmung zwischen den Tauchgästen sehr unterkühlt war. Die Frage ist, wie man sich in so einer Situation verhalten soll. Stillschweigend hinnehmen, dass andere Taucher gerne mehr Party möchten, und die gute Stimmung erhalten oder sich vehement beschweren und schlechte Stimmung in Kauf nehmen? Wobei die Stimmung bei mir sowieso schon schlecht war, da war es mir egal, ob ich in der Gruppe Freundschaften schließen würde oder nicht.

Es gibt aber auch Kleinigkeiten, die gerade auf einem Safariboot schnell die Stimmung kippen lassen. Auf vielen Booten ist der Ablauf recht straff organisiert, es darf sich vor einem Tauchgang immer nur die Gruppe am Tauchdeck aufhalten, die als nächste ins Wasser geht. So hat jeder Taucher mehr Platz, sich umzuziehen, und es ist einfach nicht so ein Gewusel, das ablenkt, wenn man sich eigentlich auf die eigene Ausrüstung konzentrieren möchte. Auf jedem Schiff gibt es nun solche Experten, die sich immer gleich mit der ersten Gruppe fertig machen, auch wenn sie erst als Letzte tauchen gehen. Die es einfach nicht verstehen können oder wollen. Bei besonders hartnäckigen Genossen kapitulieren sogar die Guides, und man lässt sie gewähren. Anscheinend haben solche Taucher Angst, nicht rechtzeitig fertig zu werden, daher müssen sie sich so früh wie möglich umziehen.

Eine Garantie, es sich mit anderen Tauchern zu verscherzen, ist, sich beim Fotografieren immer vorzudrängeln, den anderen das Motiv dadurch zu verscheuchen oder auch so viel Sand aufzuwirbeln, dass niemand anderes mehr fotografieren kann. Diesen Tauchern kann man das tausend Mal sagen, entweder merken sie es nicht oder es ist ihnen egal, sie denken nur an ihr eigenes Motiv und ihr eigenes Foto. Auf diese Art und Weise kann man zwar viele schöne Bilder machen, bleibt aber auch während des Tauchurlaubes recht einsam. Generell gilt also, wer sich auf so engem Raum wie einem Safariboot egoistisch und rücksichtslos verhält, fällt sofort negativ damit auf und wird auch von den Mittauchern die Quittung erhalten. Manchem ist es egal, der will mit dem Rest der Truppe nichts zu tun haben. Andere merken es vielleicht einfach nicht, sind zum ersten Mal auf einer Safari und wissen es nicht besser. Redet man freundlich mit ihnen, passen sie ihr Verhalten oft an.

Was mich wirklich aus der Haut fahren lässt, sind Taucher, die ihre Zigarettenkippen über Bord schnippen, Tiere und Korallen angrabbeln und sich einfach nicht an Regeln halten. Ich bin auch nicht gerne nach 60 Minuten wieder an der Oberfläche, aber alle an Bord warten lassen, bis es zum nächsten Tauchplatz geht, weil ich noch länger tauchen möchte, ist einfach asozial. Ich mag es auch nicht, wenn Taucher auf Tauchsafaris ständig ihre Dekozeiten voll ausreizen. Ein Dekounfall kann immer passieren, man kann es aber auch ein Stück weit provozieren. In so einem Fall setzt man den Urlaub der gesamten Gruppe aufs Spiel, denn wenn ein Taucher an Land muss, müssen in der Regel alle mit zurück.

Ich habe auch Taucher getroffen, die bewusst über ihre taucherische Erfahrung gelogen haben, um auf eine bestimmte Tour mitzukommen. Selbst wenn 50 geloggte Tauchgänge Voraussetzung sind, fahren diese Taucher auch mit 20 oder weniger Tauchgängen mit. An Bord merken sie dann, dass sie einfach nicht mithalten können, immer als Erste keine Luft mehr haben, nicht so tief tauchen wollen wie andere und einfach nicht ordentlich tarieren können und deshalb immer wieder Korallen kaputt machen. Sie stören die gesamte Gruppe, beanspruchen mehr Aufmerksamkeit der Guides und verhindern manchmal sogar bestimmte Tauchgänge, da sie anspruchsvolle Plätze nicht betauchen können. Solche Taucher sollten einfach von Land aus ganz entspannt Tauchgänge in strömungsfreien Gewässern machen. So werden sie sicherer und selbstbewusster und können dann auch später anspruchsvollere Tauchgänge machen. Ich habe selber mal ganz klein angefangen und habe lange gewartet, bis ich mich auf eine Tauchsafari gewagt habe. Und selbst da habe ich gemerkt, dass ich noch viel zu lernen habe. Zwar hatte ich unglaublich nette Buddys, die sich um mich gekümmert haben, aber sich um mich zu kümmern ist nicht ihre Aufgabe gewesen. Sie wollten einfach nur tauchen. Daher ist für mich eine wichtige Verhaltensregel, immer nur die Tauchreisen zu machen, die ich anhand meiner Ausbildung und Erfahrung gut machen kann.

Sonst gilt eigentlich das, was auch an Land gilt: nicht egoistisch sein, Rücksicht nehmen, freundlich sein aber sich auch mal durchsetzen, wenn jemand sich danebenbenimmt. Im Zweifel immer das Gespräch mit dem Tauchguide oder dem Basisleiter suchen und bei der Lösung eines Konfliktes mit Mittauchern Hilfe suchen. Dann klappt es auch mit den anderen Tauchern in der Gruppe. Denn eigentlich sind wir Taucher ja extrem entspannt und umgänglich.

53. GRUND

Weil man andere Menschen mit Fotos langweilen kann

Die Tatsache, dass man unter Wasser also fotografieren kann, elektrisiert viele Anfänger unter den Tauchern. Der Drang, Erlebnisse fotografisch festzuhalten, ist in Zeiten von Instagram und Facebook doch enorm gestiegen. Dank der digitalen Fotografie ist dies auch sehr viel mehr Menschen möglich als früher, als Filme noch kostenpflichtig entwickelt werden mussten. So gibt es unterwassertaugliche Geräte bereits für schmales Geld. Die Zeiten, wo jeder Fotograf ein Vermögen für eine wasserdichte Ausrüstung ausgeben musste, sind endgültig vorbei. Die Mühen der Erstellung von Dias sowie der Anschaffung eines Projektors und einer Leinwand sind auch passé. Kleine Actioncameras oder digitale Fotoapparate in kleinen Kompakten Gehäusen kann man ab 30 Euro beziehungsweise 60 Euro bekommen. Ähnlich zur Entwicklung der digitalen Fotografie an Land, die durch die Smartphones jedem Menschen jederzeit die Möglichkeit gibt zu fotografieren, so stiegt in den letzten Jahren auch die Anzahl der Unterwasserfotografen extrem schnell an.

Jeder kann sich ein kleines Gerät an das Jacket hängen und einfach abdrücken. Man sieht Anfänger, die zwar nicht tarieren können, aber ihre GoPro so fest umklammern, als würde ihr Leben davon abhängen. Es ist auch so, dass nicht alle Unterwasserfotografen mit den Grundlagen der Fotografie bekannt sind. Dadurch entstehen tausende, wenn nicht Millionen von schlechten Fotos. Unter- oder überbelichtet, unscharf, ohne Farben, Kontraste oder erkennbare Motive. Hauptsache, es wird einfach drauflosgeknipst. Dank der neuen Speichermedien können so auf einer Speicherkarte Tausende von schlechten Fotos für die Nachwelt festgehalten werden. Unsere Eltern haben früher Familie und Freunde mit stundenlangen Diashows vom letzten Urlaub gequält, wobei sich die Eingeladenen sehenden Auges in diese fragwürdigen Vorführungen begeben haben. Sie wussten, was sie erwartet. Der begeisterte Taucher von heute zückt völlig unerwartet und ungefragt sein Smartphone, wenn er hört, dass man auch Taucher ist. Und zeigt ein schlechtes Foto nach dem anderen. Und da wie erwähnt Speicherplatz in Massen vorhanden ist, gibt es jedes schlechte Foto oft in drei- oder vierfacher Ausführung, aus verschiedenen Winkeln. Dazu verschwommene, verwackelte Videos, die bei mir außer Übelkeit nichts auslösen.

Es ist nichts zu erkennen, zu sehen oder zu bewundern. Bis auf ein graues, verwackeltes Etwas, was ein Riff sein könnte. So geht das minutenlang, während der Filmer erzählt, was auf dem Video zu sehen ist. Die Begeisterung dieser Taucher zu brechen, indem man ihnen sagt, dass ihre Fotos miserabel sind, das bringe ich oft einfach nicht über mein Herz.

Aber auch gute Fotografen verbreiten bei mir nicht immer Begeisterungsstürme. Denn auf Tauchsafaris oder abends auf der Basis, wenn man so ins Plaudern kommt, wer wo getaucht ist, lassen auch sie sich von ihrer Begeisterung übermannen. Ein einziger Satz von mir wie :»Nach Galapagos möchte ich auch mal« ist für sie ein klarer Befehl, ihr Laptop oder iPad zu holen und für die nächsten drei Stunden ihre 2.500 Fotos von ihrer Galapagos-Safari aus dem Jahre 2012 zu zeigen. Auch die guten Fotografen bewahren gerne drei oder vier Varianten ihrer Fotos auf und zeigen alle ungefragt her. Dazu wird jedes Bild mit wortreichen Erklärungen zum Motiv, des Tauchgebietes und anderen Details der Reise ausgeschmückt. Es gibt kein Entrinnen aus dieser mobilen Diashow, die unabhängig vom Wohnhaus des Fotografen stattfinden kann. Ein Hoch auf die die Digitalisierung der Fotografie.

Als besonders absurd empfinde ich es, wenn ich zum Beispiel in Raja Ampat unterwegs bin, das eines der schönsten Flecken Erde für mich ist, sowohl an Land wie auch unter Wasser. Statt zwischen den Tauchgängen die Natur zu genießen und sich zu entspannen, quält man aber andere Menschen mit den eigenen Erinnerungen von anderen Tauchreisen. Das mag jetzt hart klingen, aber ich bin auf Reisen, um meine eigenen Erinnerungen zu schaffen, meine Erlebnisse zu dokumentieren und meinen Traum in dem Moment zu leben. Ich möchte nicht stundenlang den Erinnerungen anderer Menschen lauschen und zusehen, auch wenn die Foto gut und die Filme perfekt geschnitten sind.

Daher meine Bitte. Fragt nicht, ob jemand eure Fotos sehen will, oder zeigt sie ungefragt. Wartet, bis man euch fragt, ob man eure Fotos sehen darf. Wenn ihr 15 Tauchgänge und eine GoPro habt, dann schaut euch erst eure Fotos und dann die Bilder von erfahrenen Unterwasserfotografen an und überlegt euch, ob gerade jetzt der richtige Moment für eine kleine Diashow ist. Oder ob ihr noch ein wenig an euch arbeitet und bessere Fotos macht. Aber auch dann – siehe oben. Auch wenn alle Fotografen nur ihre Leidenschaft teilen möchten und es nicht böse meinen, wir alle haben eigene Fotos und eigene Erinnerungen und Interessen. Vielleicht möchten wir einfach keine fremden Fotos sehen. Und wenn doch, dann fragen wir einfach danach.

5. KAPITEL

DIE WELT BEREISEN

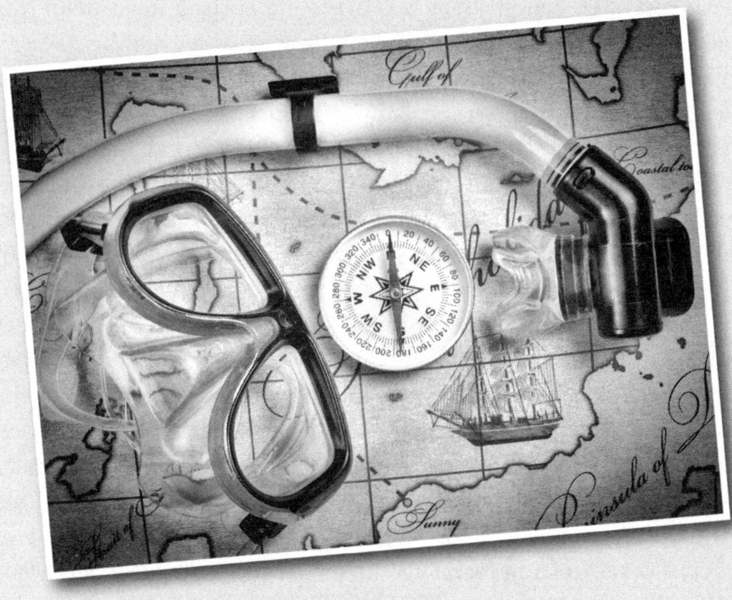

54. GRUND

Weil man das ganze Jahr über Reisen planen kann

Wer taucht, möchte so oft es nur geht wegfahren, und einen Urlaub ohne Tauchen zu verbringen ist möglich, aber sinnlos. Nun ist es praktischerweise so, dass viele Länder in Europa, aber auch gerade in Asien oder der Karibik wunderschöne Tauchgebiete haben und sich so unendlich viele Reisen planen lassen.

Dank eines unerschöpflichen Netzwerkes an Tauchern kann man sich von allen Seiten Tipps holen, wo die nächste Reise denn hingegen soll. Man blättert durch Tauchzeitschriften, sondiert wo die Freunde so hinfahren und wo man mitkönnte. Dazwischen trudeln aus dem Bekanntenkreis Einladungen ein, auf eine Tauchreise mitzufahren. Man recherchiert Hotels, Tauchbasen und Tauchgebiete. Man sitzt im Reisebüro, telefoniert mit Veranstaltern und rechnet sich ein Budget aus. Dann kommt der große Moment, in dem man die Buchung festmacht und sich wieder auf den nächsten Urlaub freuen kann. Um die Zeit zu überbrücken, kann man sich überlegen, wo es denn danach hingehen soll. Es schadet nie, gut vorbereitet zu sein. Ich habe schon während einer aktuellen Reise den nächsten Tauchurlaub gebucht, kein Witz. Kaum ist man von der Reise zurück und wieder im Alltag drin, kommen die Sehnsucht und das Fernweh zurück. Dagegen gibt es nur ein Mittel: gleich wieder den nächsten Urlaub buchen. Oder aber man hat schon etwas gebucht und kann von der Vorfreude zehren.

Dazwischen kann man auch in den nächsten See springen, wenn die Sehnsucht nach einem Tauchgang zu groß wird, und mit den Freunden über den nächsten Tauchurlaub plaudern. Oder man fährt auf einen Kurzurlaub, verbringt einfach ein langes Wochenende am See oder, wenn man geografisch günstig gelegen wohnt, am Meer. Man hat überhaupt bei Tauchern schnell das Gefühl, dass sie nur dafür leben, um auf Urlaub zu fahren und zu tauchen. Sitzt man in einer Runde mit Tauchern zusammen, kommt unweigerlich die Frage auf, wo es denn bei wem als Nächstes hingeht. Jeder wirft die Namen exotischer Länder in den Raum: Philippinen, Malediven oder Oman werden so selbstverständlich genannt, als würde man Oma in Wanne-Eickel besuchen. Noch faszinierender ist, dass es in jeder Runde Menschen gibt, die bereits in all diesen Ländern waren und davon berichten. Das kommt daher, dass wir Taucher eben das ganze Jahr mit Reisen oder deren Planung beschäftigt sind.

Tauchen ist der perfekte Anlass, um neben den genannten Fernreisen im Frühling und Sommer viele schöne Kurztrips in Europa zu machen. Je nachdem, wo ihr lebt, bieten sich unzählige Möglichkeiten, dem Lieblingshobby nachzugehen, Natur zu erleben aber auch ein wenig Kultur mitzubekommen. Ich selber lebe in Wien, da fällt es im Frühjahr wirklich schwer, sich zu entscheiden, wo es hingehen soll. Es locken glasklare Bergseen mit einer intakten Flora und Fauna. Man sucht Hechte, Krebse oder Welse. Zwischen den Tauchgängen liegt man am See in der Sonne, plaudert mit den Mittauchern und knüpft neue Kontakte. Abends schlendert man durch idyllische Dörfer und lässt sich lokale Schmankerln in urigen Gasthäusern schmecken.

Aber auch Kroatien ist in Reichweite für ein langes Wochenende. Die Perle der Adria bietet unter Wasser genug, um tolle Tauchgänge zu machen. Steilwände, Seepferdchen und kleine bunte Schnecken begeistern Taucher aus ganz Europa. Abends bummelt man durch die zauberhaften Altstädte am Meer, geht essen und genießt den Sonnenuntergang. Es gibt genug Ziele für jedes Wochenende, und alleine die Planung macht einfach Freude. Diese kleinen Auszeiten mit Freunden und Familie sind wahre Kurzurlaube, die der Seele guttun. Diese Kurztrips sind im Frühjahr und Sommer mein Lebenselixier, sie geben mir Energie. Meine Tauchreisen laden dann meine Akkus komplett auf. Mit diesen Kurztrips lässt sich die Zeit bis zum nächsten langen Tauchurlaub gut überbrücken.

55. GRUND

Weil man in den Sudan reisen kann

Die meisten Menschen assoziieren mit dem Sudan eher Bürgerkrieg als Urlaub. Im Südsudan, von 2005 bis 2011eine autonome Region innerhalb des Sudans, heute ein eigener Staat, ist die politische Lage alles andere als stabil, die Lage für die Menschen vor Ort katastrophal. Der Sudan erholt sich momentan nach dem langen Bürgerkrieg nur langsam, zum Zeitpunkt, als ich dieses Buch geschrieben habe, kam es auch im Sudan zu einem politischen Umbruch, bei Demonstrationen gab es Verletzte und Tote. Dennoch zieht es bereits jetzt die ersten Touristen in die Gegend um Khartoum, den Blauen Nil und die Pyramiden von Meroe.

Vor der sudanesischen Küste kreuzen Tauchboote unbehelligt durch die kristallklaren Gewässer, von Jahr zu Jahr steigt die Anzahl der Tauchboote, die dort unterwegs sind. Wer Sudan und Boot hört, bekommt oft zunächst einen Schreck. Viele verwechseln den Sudan mit Somalia und denken sofort an Geiselnahmen durch Piraten. Generell scheint die Angst vor Piratenangriffen in den letzten Jahren gestiegen, da so viele Vorfälle in den Medien erwähnt wurden. Je weiter man in den Süden kommt, desto gefährlicher scheint es zu werden.

Als eine Freunden nach Dschibuti fuhr, dachte auch ich kurz an die Überfälle auf Handelsschiffe und Segeljachten. Die Angriffe, die vor Afrika stattfanden, fanden aber tatsächlich hauptsächlich vor Somalia statt. Gerade vor der Küste Dschibutis sorgen französische und amerikanische Flotten für Sicherheit. Auch vor Somalia ist die Piraterie seit 2011 extrem zurückgegangen. Diese Ängste vor Piraten löst daher weniger die aktuelle Situation als die Vergangenheit aus, in den Jahren von 2000 bis 2011 gab es die meisten Angriffe. Seit 2017 kommt es angeblich wieder vermehrt zu Attacken auf Schiffe, verlässliche Zahlen gibt es aber keine.

Im Roten Meer allerdings sind Piraten fast nicht gesichtet worden, zumindest habe ich keine Berichte über gekaperte Schiffe finden können. Dennoch, die vielen Berichte in den Medien sind auch an mir nicht spurlos vorübergegangen. So lagen wir vor der Küste des Sudan an einem Riff. In der untergehenden Sonne näherte sich mit Vollgas ein Boot und drehte bei. Man merkte den Mitreisenden ihre Unruhe geradezu an. Keiner wollte es gleich aussprechen, aber viele dachten es, und letztendlich machte ich einen flapsigen Kommentar über Piraten. Alle lachten, alle stimmen mir zu. Es könnten auch Piraten sein. Es war dann doch nur die Küstenwache, die sich auf einen Tee zu unserem Kapitän setzte und danach wieder in Richtung der staubigen Küste auf ihrem Boot entschwand.

Taucher fahren schon lange in den Sudan, bereits 2009 hörte ich von diesem wundersamen, unberührten Tauchgebiet im Süden von Ägypten. Ich konnte mir kaum vorstellen, dort tauchen zu gehen. Als ich dann im Jahre 2013 endlich auf eine Tauchsafari dorthin fuhr, verhandelte mein damaliger Vorgesetzter bereits mit einem Zoo in Österreich, um mich im Notfall gegen zwei Kamele einzutauschen, sollte ich entführt werden. Denn der Ruf des Landes ist weiterhin nicht besonders gut, und viele Menschen haben einfach Angst, dass es ein gefährliches Land sei. Meine Mutter legte mitten im Gespräch auf und wollte nichts mehr von meinen Plänen hören. Meine Einwände, dass jeden Monat das Safariboot voll besetzt mit Tauchern in diese Region fährt und noch nie etwas passiert sei, ließ sie nicht gelten. Daher ist an dieser Stelle ein guter Zeitpunkt, um zu beichten: »Hallo Mama, ich war nach der ersten Tour noch mal im Sudan und habe es dir bis heute nicht erzählt.« Lange Zeit gab es fast nur Tauchsafaris vor Ägypten, die zwei Wochen dauern und in Port Ghaleb in Südägypten starten. In den letzten Jahren gibt es vermehrt Anbieter, die auf ihre einwöchigen Touren direkt von Port Sudan aus aufbrechen. Die Stadt ist per Flugzeug relativ gut zu erreichen.

Der Sudan ist für mich mein absolutes Highlight. Die Riffe sind unberührt, oft ist man das einzige Boot an einem Tauchplatz. Man sieht die Überreste der Unterwasserstation von Cousteau und beobachtet majestätische Schulen von Hammerhaien, die ihre Runden im Blauwasser ziehen. Bunte Riffe, voll bewachsen mit Korallen und Anemonen. Riesige Tischkorallen, Gorgonien und schwarze Korallen finden sich hier noch in großen Mengen. Die staubige sudanesische Küste ist tagsüber kaum zu erkennen. Durch fehlende Hotels und Bebauung ist auch abends kein Licht zu erkennen, man hat das Gefühl, komplett abgeschottet vom Rest der Welt zu sein. Zwei Wochen lang befindet man sich in seiner kleinen Taucherblase mit 20 anderen Zeitgenossen und der Crew. Alleine dafür lohnt es sich, den Tauchschein zu machen und sich komplett in die Unterwasserwelt und die unberührte Natur fallen zu lassen. Leider ist der Tauchtourismus, wie jeder Tourismus, ein zweischneidiges Schwert. Noch ist der Sudan unberührt und die Natur intakt, es kommen aber beständig mehr Taucher, die Nachfrage steigt und das Angebot damit auch. Mehr und mehr Boote sind im Sudan aktiv und fahren Taucher zu den abgelegenen Tauchplätzen. Viele bieten auch kurze Ausflüge an Land in Port Sudan an, und es ist zu erwarten, dass auch mehr Touristen und Taucher das Land selber erkunden wollen. Vorausgesetzt, die politische Lage stabilisiert sich langfristig. Ich hoffe, dass der Sudan, sobald der Tourismus und damit der Tauchtourismus entwickelt wird, viele der Fehler, die Ägypten an den Regionen am Roten Meer gemacht hat, vermeidet. Der Massentourismus ist aus meiner Sicht weder für die Wirtschaft noch für die Natur eines Landes von Vorteil. Denn ich wünsche ich mir, dass die Unterwasserwelt im Sudan so intakt und unberührt bleibt, wie sie jetzt noch ist.

56. GRUND

Weil man 36 Stunden mit dem Boot fahren darf

Es gibt absolute Sehnsuchtsziele, die fast jeder Taucher auf seiner Liste hat. Cocos Island, das zu Costa Rica gehört, ist eines davon. Sie liegt auf halbem Weg zwischen dem südamerikanischen Festland und einem anderen magischen Ort, den Galapagosinseln. Der einzige Weg für Taucher, diese Insel zu erreichen, ist mit einem Tauchboot. Diese fahren in Costa Rica oder auch in Panama los. Von Costa Rica dauert die Überfahrt gute 36 Stunden, gegen die Welle. Das bedeutet, dass man sich 36 Stunden lang auf einem mehr oder weniger schwankenden Boot aufhält und eigentlich außer essen, schlafen und lesen nichts machen kann.

Eine herrliche Zeit der Muße. Internet gibt es keines, wer sich Filme heruntergeladen hat, kann sich diese ansehen, und die Crew zeigt ebenfalls Filme im Aufenthaltsraum. Angst vor wenig Platz, ständiger Bootsbewegung, viel Wasser und dem unendlichen Horizont darf man nicht haben. Es gibt die gesamte Fahrt über kein Land zu sehen, keine Inseln, zumindest habe ich in den wenigen Momenten, die ich aufrecht stand, nichts entdecken können. Über dem Schiff spannt sich der unendliche Himmel, mal blau und strahlend, mal grau und bedrohlich. Ich stellte mir vor, wie es unseren Urahnen ging, die sich vor Hunderten von Jahren aufmachten, um die Welt zu erobern und monatelang nichts anders sahen als Wasser. Ohne unser Wissen, wo das Ziel der Reise ist. Ohne Navigationsinstrumente, GPS, Satellitentelefone, Kühlschränke und moderne Medikamente an Bord. Ohne Toiletten, Duschen und andere Annehmlichkeiten. Wir wussten immerhin, wann diese Überfahrt vorbei sein würde und dass wir, sollten wir einen Notfall haben, kommunizieren können. Dennoch ist man bei so einer langen Fahrt komplett von der Umwelt abgeschnitten, der eigene Kosmos schrumpft auf dieses Boot, die Mitreisenden und die Crew. Ich habe diese Fahrt genossen.

An Deck gibt es den ewigen Ozean zu bewundern, der aber eigentlich auch nicht so viel Abwechslung bietet, obwohl diese Aussicht die schönste der Welt ist und die Wasseroberfläche immer anders aussieht als in der Sekunde davor. 36 Stunden lang kann ich mir das Wasser aber nicht ansehen. Ich konnte stattdessen endlich hemmungslos schlafen, ohne die Sorge zu haben, einen Tauchgang zu verpassen. Ich lag also quasi bewegungslos in meiner Kabine, lediglich meine Begleitung schaute ab und an, ob ich denn noch atmete. Zum Essen schleppte ich mich in den Speiseraum, danach ging es zurück ins Bett. So habe ich von 36 Stunden gute 29 geschlafen. Ich verlor jegliches Gefühl für Zeit und Raum, merkte aber irgendwann, dass plötzlich die Schiffsbewegungen aufgehört hatten. Vorsichtig öffnete ich meine Augen und sah mich in der Kabine um. Der Boden bewegte sich tatsächlich nicht mehr. Auch wenn das Boot vor Anker und nicht auf festem Land lag, im Vergleich zur Überfahrt gegen die Welle hatte ich dass Gefühl, dass wir plötzlich auf Beton liegen. Keine Wasserbewegung war zu spüren. Meine Augen genossen das Fehlen der Bewegung, endlich konnte ich mich wieder umsehen, ohne Angst zu haben, dass mir schlecht wird. So ganz traute ich der Sache noch nicht, daher streckte ich vorsichtig einen Fuß aus dem Bett, um sicher zu sein, dass ich nicht träume oder mein Bewusstsein mir einen Streich spielt.

Tatsächlich, der Boden bewegte sich noch immer nicht. Ich sprang aus dem Etagenbett, zog mich an, wusch mir den Schlaf der letzten Stunden aus dem Gesicht und lief an Deck. Dort wurde ich mit einem sensationellen Sonnenaufgang über der Kokos-Insel begrüßt. Ahmed konnte es kaum glauben, mich wieder auf zwei Beinen stehend zu sehen, hatte er sich doch an den liegenden Anblick meines Körpers schon so gewöhnt und die Stille in der Kabine genossen. Auch in die Mitreisenden kehrte langsam das Leben zurück. Eine liebe Bekannte, die fast die gesamte Überfahrt über seekrank auf einem der Sofas im Gemeinschaftsbereich lag wie eine festgetackerte Puppe, machte wieder aufrecht ihre erste Schritte, und die Farbe kehrte zurück in ihr Gesicht. Aus allen Kabinen kamen Menschen gelaufen, als hätten sie sich die letzten Stunden vor einem schlimmen Sturm versteckt. Sie alle hielten ihre Gesichter in die Sonne und genossen das erste Frühstück auf quasi festem Boden.

Denn auch wenn wir alle diese Bootsfahrt gut überstanden und vielleicht streckenweise sogar genossen hatten, waren wir ja zum Tauchen an Bord und nicht zum Bootfahren. So machten wir uns für den ersten Tauchgang im Paradies der Haie vor Cocos Island fertig und konnten es kaum erwarten, endlich abzutauchen und die Hammerhaie zu sehen. Zwar stand vor diesem Tauchgang eine weitere kurze Bootsfahrt mit einem kleinen Speedboot an, aber was sind schon 15 Minuten gegen 36 Stunden.

Wir lagen die nächsten 8 Tage vor Cocos Island, und dann ging es die 36 Stunden natürlich auch wieder zurück, allerdings mit der Welle. Daher war die Rückfahrt deutlich ruhiger, angenehmer und entspannter als die Hinfahrt. Ich war auf der Rückfahrt zwar auch voller Wehmut, dass ein toller Urlaub zu Ende war, aber insgeheim habe ich mich dann doch gefreut, nach zehn Tagen auf dem Boot wieder festen Boden unter den Füßen zu spüren. Die Freude währte aber nur kurz, schon nach wenigen Stunden wollte ich eigentlich gleich wieder losfahren und wieder tauchen gehen. Denn zu einem aufregenden Tauchplatz mit dem Boot zu fahren ist trotz aller gelegentlichen Strapazen ein Privileg und ein großes Abenteuer. Ich bin einfach dankbar, dass ich so lange mit dem Boot fahren durfte.

57. GRUND

Weil man einsame Orte entdeckt

Tauchen hat mich an abgelegene Orte gebracht, die ich ansonsten nie besucht hätte. Ich bin generell ein geselliger Mensch und bin gerne mit anderen Menschen zusammen. Was mich aber fertigmacht, ist der Massentourismus in der heutigen Zeit. Auch wenn es ein wenig verlogen ist, als jemand, der gerne reist, über andere zu lästern, die auch gerne reisen. Nur habe ich einfach keine Freude am Tauchgang, wenn man mit 20 Booten am Riff liegt und sich unter Wasser Menschenmassen tummeln.

Daher suche ich sooft ich kann Orte auf, an denen nicht so viele Tauchboote unterwegs sind. Das können Nationalparks sein, die die Anzahl der Taucher beschränken, sowie die Kokos-Insel. Oder Tauchgebiete, die recht exklusiv sind und wo nicht so viele Boote unterwegs sind, wie der Sudan oder Raja Ampat. Zwar muss ich dafür lange sparen, aber wenn das Geld reicht, ist jeder Euro gut investiert. Neben den atemberaubend schönen Tauchgängen sind die schönsten Momente für mich die, in denen ich an Land auf ein einsames Fleckchen Erde komme. Nie wäre ich, hätte ich nicht mit dem Tauchen begonnen, auf einem Boot die sudanesischen Küste entlanggefahren, hätte die lange Bootsfahrt auf die Kokos-Insel auf mich genommen oder hätte auf einem Boot vor der Küste der Molukken zu Abend gegessen. Im Sudan habe ich den Sanganeb-Leuchtturm erklommen. Was für ein Gefühl, von dort oben nur Wasser und das eigene Boot zu sehen. Keine Menschenseele, außer uns und dem Leuchtturmwärter. Ein Moment des wahren Luxus, wenn man auf Reisen mal keine anderen Menschen und keine Anzeichen der sogenannten Zivilisation sieht.

Wenn ich Urlaub am Strand mache, bin ich abends eine von vielen, die auf der Terrasse am Meer sitzt, zu Abend isst und sich dann durch die Stadt schiebt oder an die Bar auf einen Drink geht. Auf Tauchsafaris, auf denen man auf Booten abgelegene Orte ansteuert, ist man an manchen Orten dieser Welt fast alleine. Es gibt da draußen nur das Meer, vielleicht eine Insel und abends Millionen von Sternen. Keine Lichtverschmutzung trübt die Sicht auf die Sternzeichen und die Milchstraße. Kein Lärm aus einem Hafen, an dem man sonst anlegt, stört die Abendruhe. Keine Musik, kein Straßenlärm, keine Autos. Keine Musik aus der Hotelbar oder Animation, die den Schlaf stört. Man ist an manchen Riffen komplett von der Außenwelt abgeschnitten. Man hat keinen Handyempfang, kein Fernsehen und kein Netflix. Wer will, redet mit den anderen Tauchern. Wer nicht will, setzt sich alleine an Deck und schaut sich die Sterne an.

Die Landgänge, sofern es welche gibt, führen oft an ebenso einsame Orte. Vor der sudanesischen Küste haben wir auf eine kleine Insel übergesetzt. Ich bin bis zur Spitze vorgelaufen, dort war ich ganz alleine. Außer mir war einfach niemand dort. Vor mir nur das Meer, die untergehende Sonne und einige kreischende Möwen, die mir Gesellschaft leisteten. Ich habe mir den Wind ins Gesicht pusten lassen und es einfach nur genossen, für einen Moment ganz alleine zu sein.

Auf Cocos Island durften wir einen Landausflug machen. Mit zwei Mittauchern bin ich losmarschiert und habe die Berge der verwunschenen Insel erklommen. Oben angekommen, fühlten wir uns wie die Hauptdarsteller in einem echten *Jurassic Park*-Film. Wäre ein Dinosaurier aufgetaucht, hätte es mich kaum verwundert. Wir waren ganz alleine, als seien wir die einzigen Menschen auf diesem Planeten. Wir sahen nur Natur, grüne Wälder, Berge und unter uns das wilde, schäumende Meer. In unserer überfüllten Welt ist diese Einsamkeit für mich auf Reisen wahrer Luxus.

58. GRUND

Weil man auf Reisen magische Momente erlebt

Ich habe so viele magische Momente auf meinen Tauchreisen erlebt, dass ich sie kaum alle zusammenfassen kann. Die Magie findet sich in ganz verschiedenen Bereichen und in vielen Momenten Der Moment, wenn man von zu Hause losfährt, am Flughafen ankommt und realisiert, dass die lange geplante Traumreise nun endlich losgeht. Dieser Augenblick, in dem man sich im Flugzeugsitz niederlässt und sich diese Sekunden wie ein Versprechen auf ein großes Abenteuer anfühlen. Wenn es endlich in dem großen Vogel nach oben geht und man die Wolken von oben sieht, die wie Wattebäuschchen verstreut unter dem Flugzeug liegen. Wenn man die Welt nur noch ganz klein unter sich sieht, wenn Häuser wie Playmobilteile wirken, die ein Kind wahllos in die Landschaft geworfen hat.

An einem fremden Ort anzukommen, hat für mich ebenfalls immer etwas Zauberhaftes. Es beginnt mit dem Ausstieg aus dem Flugzeug, die Gesichter der Menschen, die Passbeamten, das Gewusel an einem fremden Ort. Dann gefolgt von dem Klima und den Gerüchen draußen vor dem Flughafen, dem Verkehr, den Gebäuden, der Vegetation. Das alles sauge ich geradezu auf, wenn ich irgendwo ankomme, und bin jedes Mal begeistert und immer noch erstaunt wie ein Kind ob der unglaublichen Vielfalt unserer Erde. Ich genieße diese Momente in vollen Zügen, lasse mich mitreißen und tauche in diese fremden Welten ein wie in das Wasser der Ozeane.

Ein weiterer magischer Moment ist es, wenn ich auf dem Safariboot oder der Tauchbasis ankomme und erfahre, was mich in den nächsten Tagen erwartet. Ich liebe diese Augenblicke, die mir einen Ausblick auf die Abenteuer der nächsten Tage geben. Es ist immer der Beginn von magischen Tauchgängen, die alle noch vor mir liegen wie ein noch nicht beschriebenes Blatt Papier. Das nur darauf wartet, von mir beschrieben zu werden, mit meinen ganz persönlichen Erlebnissen unter Wasser. Es ist dieser magische Moment, wenn man den Hafen auf dem Safariboot verlässt und den Wind im Gesicht spürt. Oder der Nachttauchgang, wenn man die Lampe ausmacht und nur noch den Mondschein durch die Wasseroberfläche sieht. Noch mehr Magie kommt auf, wenn das Mondlicht sich im schwebenden Plankton reflektiert und diese Partikel zu leuchtendem Sternenstaub macht. Es kann Magie in einer Begegnung mit einem majestätischen Manta oder einem riesigen Tigerhai liegen. Oder sich Auge in Auge mit der Schildkröte wiederzufinden und ihre unendliche Weisheit zu spüren. All das ist Magie pur.

Die Magie liegt aber nicht nur in den Fernreisen. Das Reiseglück und die zauberhaften Momente finde ich auch zu Hause, am Wochenende oder im Alltag vor meiner Haustür. Wer sich auf einen Wochenendtrip zu den heimischen Seen einlässt, kann sich von der heimischen Unterwasserwelt verzaubern lassen. Wenn man im See durch versunkene Märchenwälder taucht, wo man vorher nur die Oberfläche eines beliebigen Sees wahrgenommen hat. Wenn sich diese geheime Welt uns Tauchern plötzlich offenbart, wie ein lang gehütetes Geheimnis, das wir nun endlich entdeckt haben. Es kann ein Moment voller Magie sein, wenn man plötzlich merkt, dass man mit wildfremden Tauchern extrem viel gemeinsam hat und soeben einen Freund fürs Leben gefunden hat. Magisch sind die Sonnenuntergänge über dem Meer, der Mondschein auf dem Wasser und die Sonnenaufgänge über einem Bergsee. Magisch ist der Moment, in dem man abtaucht und auftaucht.

Man muss nur in jedem Moment genau hinschauen und auch in sich hineinspüren. Dieses unbeschreibliche Glück, das ich in den großen und kleinen Dingen finde, die mir auf meinen Reisen und Tauchgängen begegnen. Großartige Momente mit guten Freunden oder mit freundlichen Fremden, die zu Freunden werden. Die Natur, das Adrenalin, die Ruhe und das Glück. All das ist Magie pur.

59. GRUND

Weil man das Paradies findet

Auch wenn viele Orte, die ich besucht habe, geradezu paradiesisch sind, sind nicht alle zu meinem persönlichen Paradies geworden. Denn nicht alles ist immer und überall perfekt. Was für jeden Menschen das sprichwörtliche Paradies auf Erden ausmacht, muss sowieso jeder für sich selbst herausfinden. Ich habe aber viele Orte entdeckt, die sich so gut anfühlen, dass ich immer wieder dort hinmöchte. Es sind Orte, die mich einfach glücklich machen, die magisch sind und die mich immer und immer wieder verzaubern.

So ein Ort ist für mich das Rote Meer. In einem kleinen Ort namens Marsa Shagra habe ich mein persönliches kleines Paradies gefunden. Warum? Das liegt an einer Vielzahl von Gründen. Ich mag das dortige kleine Hotel, da ich kein Freund großer Hotelanlagen bin. Es sind die faszinierenden Tauchplätze direkt vor der Tür, am Hausriff. Ich kann dort ohne großen Aufwand viele Tauchgänge am Tag eigenständig planen. Es ist die himmlische Ruhe, ohne Animation oder Zwangsbespaßung. Die Lage, abgeschieden von den großen Touristenorten am Roten Meer. Die Einsamkeit und Ruhe. Es sind aber vor allem die Menschen die dort arbeiten, die den Gästen auf Augenhöhe begegnen und ein Miteinander herstellen. Die sich um kleine Kinder kümmern und immer zu einem Spaß aufgelegt sind. Sobald ich dort ankomme, fühle ich mich zu Hause und gut aufgehoben. Ich liebe es, abends am Strand zu sitzen und die Ruhe zu genießen und mich auf den nächsten Tauchgang zu freuen. Auch wenn die Tauchplätze in Indonesien oder Südamerika vielleicht noch spektakulärer sind und die Unterwasserwelt noch bunter und aufregender, ich liebe das Rote Meer einfach, und mit Shagra habe ich für mich ein kleines Paradies an diesem Lieblingsort entdeckt. Generell ist Ägypten eines meiner Lieblingsreiseländer. Ich durfte dort so viele nette Menschen treffen, mit denen ich bis heute befreundet bin und auch Zeit in Kairo und Hurghada verbringe. Für mich als Taucherin ist Ägypten einfach das perfekte Reiseland, da es auch an Land viel zu entdecken gibt.

Paradiesisch war für mich auch der Sudan, die Einsamkeit an den Riffen und der Sonnenuntergang über dem Roten Meer. Kleine einsame Inseln, die wie vergessene Sandkuchen im Roten Meer liegen. Wracks und Grabsteine sind stumme Zeugen von der traurigen Geschichte dieses Fleckchens Erde, das dennoch eine unglaubliche Ruhe und Zuversicht aufkommen lässt, dass das Leben ein Kreislauf ist und wir es genießen müssen, und zwar jeden Tag in vollen Zügen.

Ein weiteres Paradies liegt direkt vor meiner Haustür. Ein kleines, verwunschenes Gewässerchen, ein alter Seitenarm der majestätischen Donau. Kaum zehn Meter tief, dafür am Rand im Sommer stark mit Seerosen bewachsen. Dazwischen tummeln sich Tausende von kleinen Fischen, der ein oder andere Karpfen wird auch gesichtet. Am Rand wachsen dichte Bäume und Sträucher. Ich bin dort regelmäßig schnorcheln und vergesse beim Anblick der Seerosen unter Wasser komplett, dass ich eigentlich fast mitten in einer Großstadt bin. Ohne mein Hobby Tauchen wäre ich vielleicht nie auf die Idee gekommen, hier schnorcheln zu gehen. So aber habe ich mein kleines Paradies direkt vor meiner Haustür gefunden.

60. GRUND

Weil man Experte im rationalen Packen wird

Der moderne Flugreisende und Taucher kennt die Gewichtsbeschränkungen für Reisegepäck von zig Airlines im Schlaf. Bei manchen Fluggesellschaften darf ein Gepäckstück 20 Kilo wiegen, andere wie Egyptian Airlines bieten großzügige 32 Kilo pro Koffer, und jeder darf zwei Koffer mitnehmen. Andere Airlines bieten an, Sportgepäck gegen eine Gebühr zusätzlich zu transportieren. Pro Koffer bewegen sich diese in der Regel je nach Airline ab 70 Euro. Viele Billigairlines nehmen eine saftige Gebühr für jedes zusätzliche Gepäckstück und überschüssige Kilo. Daher heißt es, beim Packen der Tauchausrüstung kreativ zu werden, um die Gewichtsgrenzen auch mit Ausrüstung einzuhalten.

Meine Taucherausrüstung für einen Urlaub in warmen Gewässern wiegt rund 16–18 Kilo, es bleiben, je nach Bestimmung der Airline, also rund 6–4 Kilo für Kleidung, Schuhe und sonstiges Zubehör. Dazu reize ich die Grenzen des Handgepäckes aus, wie ich nur kann. Natürlich könnte ich mir das Tauchgepäck als extra

Sportgepäck einfach dazukaufen, was ich als Tauchanfängerin auch gemacht habe. Aber nicht nur, dass dieses Vergnügen extra kostet, einmal ist auch nur ein Koffer angekommen. Das hat mich schwer geärgert und war echt sinnlos. Seitdem gebe ich immer nur einen Koffer auf und mache mit dem Geld lieber etwas anderes. Gespart wird aber tatsächlich an der Kleidung, nicht an der Ausrüstung. Lieber wasche ich jeden Tag meine T-Shirts per Hand, als dass ich zu wenig Ausrüstung mithabe, auf meine Ersatzmaske verzichte oder ein Objektiv für die Kamera weniger mitnehme. Mit den Jahren lernt man auch, was man an Kleidung tatsächlich braucht, ich brauche auf jeden Fall keine 20 Kilo an Kleidung. Für eine Tauchsafari in tropischen Gefilden reichen zwei Paar Shorts, fünf T-Shirts und ein wenig Unterwäsche. Dazu noch eine lange Hose, eine dünne Jacke und vielleicht ein Kleidchen, das man zwischen den Tauchgängen schnell überziehen kann. Ich habe auch immer gerne ein großes Tuch mit; gerade wenn ich mich in muslimischen Ländern aufhalte, kann ich mich damit sowohl vor der Sonne schützen, als auch meine Beine verdecken, wenn ich an Land Ausflüge mache.

Sollte das Check-in-Gepäck vollgepackt sein, gibt es auch andere Möglichkeiten, noch zusätzlich etwas mitzunehmen. Als Frau hat man immer noch eine große Handtasche, in der sich Tauchcomputer, Haargummis, eine kleine Plastiktüte mit Deo, Zahnpasta und einer Notfall-Wimperntusche verstauen lassen. Die Wimperntusche braucht man aber sowieso eigentlich nicht, viel wichtiger sind Dinge, die man in manchen Ländern einfach nicht bekommt. So musste ich auf die harte Tour lernen, dass es in vielen Gegenden in Indonesien einfach keine Tampons gibt. Ich muss hier nicht im Detail ausführen, warum ein Tauchurlaub ohne Tampons zu bestimmten Zeiten im Monat wirklich unmöglich ist. Zwar gibt es Alternativen, so kann man Binden in vielen Geschäften in Indonesien kaufen. Aber diese eigenen sich nur für den Gebrauch an Land. Seit ich einmal am Ende des Urlaubes keine Tampons mehr hatte und am Flughafen in Singapur panisch zur Apotheke gerannt bin, packe ich statt Wimperntusche lieber die Großpackung eines bekannten Herstellers für Damenhygieneartikel ein.

Mit den Jahren bin ich auch immer mehr dahintergekommen, dass ich mit wenigen gut ausgewählten Basicteilen, meinen wichtigsten Ausrüstungsteilen und wenig Kleidung einfach insgesamt angenehmer reise als mit riesigen Koffern. Auch was meine Tauchausrüstung angeht, habe ich lernen müssen, nicht alles in den Koffer zu werfen, was ich besitze. Dennoch habe ich lieber einen Anzug zu viel mit als drei unnütze Paar Schuhe.

61. GRUND

Weil man sinnlose Sachen einpackt

Wir Frauen müssen uns ja nachsagen lassen, dass wir immer zu viele Sachen einpacken. Zu Beginn meiner Taucherkarriere war das auch bei mir noch so. Ich habe zig verschiedene Outfits für eine Tauchsafari eingepackt und dann doch jeden Tag das Gleiche angezogen. Ich habe meinen Fön mitgenommen und versucht, mit meinem Haarglätter gegen die andauernde Luftfeuchtigkeit auf einem Safariboot und damit gegen meine gelockten Haare anzukämpfen. So ähnlich muss sich Don Quijote bei seinem Kampf gegen die Windmühlen auch gefühlt haben. Denn kaum zog ich den Glätter aus der Steckdose, ringelten sich meine Locken wieder um meine Stirn. Sinnlos. Ich flog mit drei Paar Flip-Flops um die halbe Welt, um dann auf dem Tauchboot zwei Wochen lang gar keine Schuhe zu tragen. Ich packte schicke Kleidchen, Sandalen mit Absätzen, Parfum und Rundbürsten ein. Diese Dinge haben die Welt mit mir gesehen, ich habe sie in meiner Kabine und im Hotel stets ausgepackt, damit sie ein wenig frische Luft bekommen, und sie nicht mehr verwendet.

Mit den Jahren habe ich dazugelernt und lasse den Fön zu Hause, ich reise nur noch mit einem Paar Flip-Flops und ohne Haarglätter.

Die einzige sinnlose Sache, die ich bis heute immer einpacke und dann entweder im Koffer lasse oder dekorativ in mein Badezimmer lege, ist mein Make-up. Ja, genau. Make-up auf einer Tauchreise. Weil man sich zwischen den Tauchgängen ja schminken muss und abends zum Captain's Dinner ein neues Gesicht aufmalen muss. Wenn ich beginne, meine Sachen einzupacken, lasse ich die Kosmetik immer weg. Ich bleibe ruhig, packe nur Dinge ein, die ich wirklich brauche, und weiß genau, dass ich die Finger vom Make-up lassen muss. Ich nehme mir vor, den Langstreckenflug ungeschminkt anzutreten, und fange dann doch irgendwann an, mir die Augen zu schminken, etwas Make-up aufzutragen und ein wenig Rouge auf die blassen Wangen zu geben. Eine komplett nutzlose Handlung, denn nach zwölf Stunden Flug sieht man so und so nicht besonders frisch aus. Das Make-up überlebt den Flug nicht, und es interessiert auch niemanden, ob man Lidschatten trägt oder nicht. Ebenjener Lidschatten, der auch gerne auf so langen Reisen in die Lidfalte wandert und sich unter den Augen absetzt, sodass man dann bei Ankunft in den Tropen aussieht wie ein schwitzender Pandabär.

15 Minuten bevor es zum Flughafen geht, fange ich an, hysterisch meine Badezimmer zu durchsuchen, und stopfe ebenjene Wimperntusche, Lidschatten, Rouge und auch ein flüssiges Make-up in eine durchsichtige Plastiktasche. Dazu noch ein Kompaktpuder, denn es ist ja so heiß im Urlaub, mit dem Kompaktpuder kann man auch bei feuchtheißen Klima das Make-up fixieren. Theoretisch. Natürlich brauche ich dann auch etwas zum Abschminken, dann doch noch die Tagescreme und ach, die Nachtcreme kann auch mit. Die Nachtcreme wohnt unbenutzt seit zwei Jahren in meiner Schublade, aber im Urlaub werde ich sie sicher verwenden, denn meine Haut braucht abends nach Sonne, Salzwasser und Klimaanlage Pflege. All das kommt in den berühmten durchsichtigen Plastikbeutel, der an eigentlich allen Flughäfen dieser Erde vorgeschrieben ist.

Nach der Rückkehr aus dem Urlaub wird alles wieder ausgepackt. Unbenutzt, versteht sich. Aber mir würde ohne diese sinnlosen

Utensilien einfach etwas fehlen. Die Sicherheit, dass ich mich aufbrezeln und eincremen könnte, wenn ich denn wollte, scheint mir zu reichen. Auch wenn es absolut sinnlos ist, diese Dinge einzupacken.

62. GRUND

Weil das Handgepäck eine Wundertüte ist

Für das Handgepäck gelten eigentlich ebenso strenge Richtlinien wie für das eingecheckte Gepäck. Ein Gepäckstück mit genau festgelegten Maßen ist in der Kabine in der Regel erlaubt, je nach Airline variieren diese Regeln allerdings stark. Vor Reiseantritt sollte man sich gut erkundigen, was man mit an Bord nehmen darf. Bei manchen Airlines ist nur noch eine kleine Handtasche in der Kabine erlaubt, bei manchen ein kleiner Rollkoffer. Andere Airlines erlauben zu dem Kabinentrolley zusätzlich eine große Handtasche. Heutzutage sind auch die Kontrollen an den Flughäfen strenger, da viele Reisende versuchen, die strikten Gepäckregelungen und extra Gebühren damit zu umgehen, dass sie mit Handgepäck in der Größe von antiken Schrankkoffern reisen und dies den Stewardessen im Flugzeug zum Verstauen kommentarlos vor die Füße fallen lassen.

Auch ich bin nicht frei von dieser Schuld der Trickserei mit dem Handgepäck. So habe ich mein Kabinengepäck immer bis zum Anschlag mit meiner Fotoausrüstung vollgestopft. Das Unterwassergehäuse, Blitze, Batterien, Objektive und Ports. All das verschwindet in meinem kleinen, schwarzen Rollkoffer. Regelmäßig wurde ich auf Sprengstoff untersucht, da die Kabel der Unterwasserblitze äußerst verdächtig aussehen. Statt sechs Kilo habe ich es geschafft, locker das Doppelte in dem kleinen Raumwunder unterzubringen und dieses nonchalant, als würde es nichts wiegen, im Flugzeug in die Gepäckablage über meinem Sitz zu hieven. Zusätzlich habe ich es immer schamlos ausgenutzt, dass ich als Frau noch eine Handtasche mitnehmen darf, zumindest bei einigen Airlines. In Zeiten der XXL-Handtaschen funktionierte ich meine Wochenendreisetasche einfach um und brachte hier noch mehr Ausrüstung unter. Mit gut 16 Kilo Handgepäck trat ich so manche Tauchreise an und schaffte es, nie Übergepäck zu zahlen. Wirklich angenehm war das allerdings nie, denn diese Sachen muss ich ja selber tragen, und mit so viel Gepäck von einem Gate zum anderen zu laufen, ist echt kein Vergnügen.

Neben meiner kleinen Schummelei mit den Kilos gibt es noch einen anderen Grund. Die empfindliche Fotoausrüstung möchte ich ungerne in meinem Koffer verstauen. Wer schon mal gesehen hat, wir ruppig mit den Koffern beim Be- und Entladen der Maschinen umgegangen wird, gibt die teuren Objektive nur noch in das Handgepäck. Wer schon mal einen Koffer nicht wiederbekommen hat, wird auch sicher nicht freiwillig die teure Fotoausrüstung einchecken. Ich habe einfach Angst, dass etwas kaputtgeht und ich im Urlaub nicht fotografieren kann. Daher ist die ständige Angst mein Begleiter, doch noch am Flughafen erwischt zu werden und das Handgepäck einchecken zu müssen.

Heutzutage wird an manchen Flughäfen das Gewicht des Handgepäcks noch vor Betreten des Sicherheitsbereiches geprüft. Die netten Mitarbeiterinnen der Airlines stehen direkt vor dem Durchgang und halten mit geschulten Augen Ausschau nach Passagieren, die schwer am Handgepäck zu tragen scheinen. Diese werden herausgewunken, das Gepäck wird gewogen, und wer zu viel dabeihat, darf das dann einchecken, oft gegen Gebühr. Ich habe mich diesem neuralgischen Kontrollpunkt stets strategisch genähert. Aus der sicheren Distanz habe ich abgewartet, bis Passagiere kontrolliert wurden, und mich dann im Stechschritt, als würde mein Gepäck nichts wiegen, zielgerichtet zur Schleuse aufgemacht. Wichtig ist, die Bordkarte oder das Handy immer in der Hand zu haben, damit man sich so schnell wie möglich in den Sicherheitsbereich retten kann. Denn ist man dort einmal drin, kann man erstmals aufatmen.

Am Gate lauert aber bereits eine weitere Gefahr. So stehen auch dort große Waagen und Abmessungen für das Handgepäck, auch hier kann es sein, dass man auf den letzten Metern noch auffliegt. Bei manchen Airlines muss man dann lediglich das Handgepäck beim Einsteigen in die Maschine abgegeben und bekommt es nach dem Aussteigen sofort zurück, alles, was man für den Flug braucht, sollte man daher herausnehmen. Oft muss man hier keine Gebühr bezahlen, aber eine richtige Auskunft kann nur die jeweilige Airline geben. Natürlich kann man versuchen, sich bis zum Abflug auf der Toilette zu verstecken und im Pulk der einsteigenden Passagiere abzutauchen. Garantie gibt es aber keine, aufatmen kann man erst, wenn man seinen Sitz mit dem Gepäck erreicht und dieses sicher verstaut hat.

Daher ziehe ich es inzwischen vor, mich, soweit ich es schaffe, an die Vorgaben der Airlines zu halten. Allerdings hat sich für mich eine ganz neue Möglichkeit ergeben. Seit ich Mutter bin und mit einem Kleinkind reise, werde ich tatsächlich bevorzugt behandelt und nicht so genau kontrolliert. Denn wer mit Kind reist, hat immer viel Gepäck. Dass in der Wickeltasche vielleicht keine Windeln, sondern ein Unterwassergehäuse für eine Kamera untergebracht ist, sieht man ja auf den ersten Blick zum Glück nicht. Und so kann man sein Handgepäck mit etwas Glück und Geschick geradezu wundersam ausnützen und wie aus einer Wundertüte unzählige Gegenstände herauszaubern. Egal ob man mit oder ohne Kind reist, ein wenig kann man im Kabinengepäck immer extra unterbringen, um beim Check-in-Gepäck nichts extra zu zahlen und diese Sachen garantiert am Urlaubsort zu haben.

63. GRUND

Weil man sich wie ein Verdächtiger fühlt

Viele Tauchgebiete liegen nicht unbedingt an touristischen Hotspots. Wer viel und gerne tauchen geht, kommt um Fernreisen in exotische Länder fast nicht herum. In der ganzen Welt gibt es faszinierende Tauchgebiete, die auf den Planungslisten der Taucher stehen. Ob Malediven, Indonesien, Papua-Neuguinea oder Französisch-Polynesien. Überall wartet eine wunderbare Unterwasserwelt auf uns Taucher, und wir nutzen jede Ferien, um sie zu erkunden. Wer es sich leisten kann und will, fliegt mehrmals im Jahr an solche fernen Orte.

Für uns EU-verwöhnte Menschen schon fast ungewohnt sind die verschiedenen Visabestimmungen pro Land. In manchen Ländern erhält man das Visum bei der Einreise, andere verlangen ein Visum vor der Einreise, zu erhalten bei der Botschaft des Landes im Heimatland. Aber ganz egal wie man in das Land einreisen kann, es gibt einen Stempel und vielleicht sogar bunte, große Aufkleber. Gleichzeitig gibt man den Passbeamten etwas mehr zu tun. Ich genieße es geradezu, ihnen zuzusehen, wie sie sich gefühlt endlos durch die vollen Seiten meines Passes blättern, hier und da den Pass drehen, genauer hinschauen und letztendlich eine freie Seite für ihren eigenen Stempel finden. Manche beginnen sogar ein Gespräch und fragen nach den vielen Stempeln und Reisen, es ergeben sich kurze, aber ganz nette Plaudereien. Ich selber blättere auch gerne immer wieder mal in meinem Pass, sehe mir meine Stempel an und erinnere mich an meine vielen schönen Reisen. Eine freie Seite finden muss ich aber nicht, ich bin ja kein Passbeamter.

Manchmal macht man sich aber einfach nur aufgrund seines Hobbys für die mächtigen USA verdächtig. So wurden noch unter Präsident Obama Änderungen am visumfreien Reisen vorgenommen. Wer innerhalb eines bestimmten Zeitraumes in die Länder Sudan, Iran, Syrien, Libyen, Somalia oder Jemen eingereist ist, kann nicht mehr an dem sogenannten ESTA-Verfahren teilnehmen. ESTA ermöglicht ebendiese visumfreie Einreise in die USA. Stattdessen muss die lokale US-Botschaft für ein Visum aufgesucht werden, was Zeit und Geld kostet. Mich hat es erwischt, ich sollte in die USA reisen und musste in Wien zum US-amerikanischen Konsulat gehen, um ein Visum zu bekommen. Auch wenn die Beamten sehr freundlich waren und mir keine komischen Fragen stellten, fühlte ich mich irgendwie automatisch verdächtigt. Denn schon ein Tauchurlaub reicht aus, um potenziell in terroristische oder sonstige vermeintlich illegale Aktivitäten involviert zu sein.

Die skeptischen Blicke einiger Passbeamten auf meine vielen Visa und die ein oder andere Frage wie »Wieso waren Sie so oft in diesem oder jenem Land?« führen dazu, dass ich mich unwohl fühle, als müsste ich mich für meine Reisen in diese wunderbaren Länder rechtfertigen. Es ist wirklich traurig, dass manche Reisen solche Nachfragen provozieren, die nicht immer freundlich gemeint sind. In manche Regionen kann man auf Grund bestimmter Einreisestempel gar nicht mehr oder nur mit großen Schwierigkeiten einreisen. Mich macht das wütend und traurig, denn ein Land oder eine Region pauschal zu diskriminieren ist nicht in Ordnung. Es zeigt auch in der Praxis, wie Politik den Alltag von Menschen beeinflusst. Für uns Tauchreisende sind solche Beschränkungen ein Luxusproblem. Aber für die Staatsbürger mancher Länder bedeutet das eine krasse Einschränkung ihrer persönlichen Freiheit. Sie können einfach in viele Länder nicht einreisen und ihr Land kaum verlassen.

64. GRUND

Weil man viele Flughäfen sieht

In Asien ist Fliegen sehr üblich und relativ günstig. Die langen Strecken im Land und zwischen den Inseln kann man eigentlich nur per

Flugzeug in einer vernünftigen Zeit zurücklegen. Da Südostasien einfach ein Hotspot ist, sind viele Taucher oft in der Region unterwegs. Ob Indonesien oder Thailand, überall findet man Taucher. Die Anreise geht in der Regel über eine der großen asiatischen Metropolen wie Jakarta oder Bangkok, und dann geht es mit einer lokalen Airline weiter in das Tauchgebiet.

Diese Provinzflughäfen können Überraschungen bereithalten. Besonders beeindruckt hat mich der Flughafen von Kuantan. Diese Stadt liegt an der Ostküste Malaysias, und ich hatte vorher nie von diesem Ort gehört. Von dort trat ich aber die Rückreise von der Insel Tioman an und war völlig baff, einen großen und modernen Flughafen mitten in der malaysischen Provinz vorzufinden. Andere Flughäfen auf Borneo wiederum erfüllten meine Klischees vom abgerockten Miniflughafen mitten im Nichts. Die Flugzeuge erreichte man zu Fuß über das Flugfeld, und man hätte sein eigenes Gepäck in die Maschine laden können. Je mehr man in der Region unterwegs ist, desto mehr sieht man Flughäfen und wird zum erfahrenen Weltreisenden, der sich überall zurechtfindet.

Besonders an kleinen Provinzflughäfen in Afrika oder Asien gehen die Uhren anders als bei uns. Hier fehlen oft die modernen technologischen Geräte, die bei uns stehen. Der Kontakt mit den Beamten vor Ort ist intensiver, man wird eher einer Leibesvisitation unterzogen, oft kommt man dabei sogar ins Gespräch mit den Menschen, es geht irgendwie lockerer zu. Beim Durchsuchen des Gepäckes steht man oft direkt neben den Beamten. Habe ich in Europa das Gefühl, dass ich erstmals grundsätzlich verdächtig bin, habe ich in anderen Ländern oft eher den Eindruck, dass man mir wohlwollende Neugierde entgegenbringt. So wurde ich oft nach meiner Ausrüstung gefragt und habe dann erzählt, wo ich überall schon tauchen war und was es in den Meeren so zu sehen gibt. Schnell ergeben sich dann Gespräche, wo man denn auf der aktuellen Reise überall war, was man vom Land gesehen hat, was man gegessen hat und was man sich noch ansehen sollte. Auch Fragen nach dem eigenen Heimatland, dem Leben dort und der Familie sind normal. Besondere Neugierde erweckte in Ghana mein Nasenspray, ich muss es sogar vorführen und erklären, wie es genau wirkt und ob das vom Arzt verschrieben wird oder ob man das so kaufen kann.

All diese kleinen Erlebnisse an den verschiedenen Flughäfen auf dieser Erde machen die langen Anreisen etwas interessanter und abwechslungsreicher. Was nicht heißt, dass es nicht nervig ist, lange in Sicherheitskontrollen oder Passkontrollen zu stehen, dass Umsteigen an großen Flughäfen echt stressig werden kann und generell Flugreisen manchmal wirklich keinen Spaß machen. Aber es gehört dazu, und ich habe einfach eine gewisse Routine und Ruhe entwickelt, die mir das Reisen erleichtert.

65. GRUND

Weil man anderen Menschen Tipps geben kann

Weil man eben so viel sieht, kann man anderen Tauchern und Reisenden wunderbar viele Tipps geben. Wo findet man am Flughafen von Balikpapan eine Lounge? Wie kann man die Passkontrolle in Istanbul verkürzen? Wo bekommt man ein Visum für Mosambik? Gibt es in Indonesien Tampons zu kaufen? Welche Impfungen braucht man für Malaysia? Alles kann der Taucher von Welt beantworten. Tipps für günstige Flüge, gute Hotels und noch bessere Restaurants. Erfahrungen mit Tauchreiseveranstaltern, Tauchbooten und Tauchlehrern. Erlebnisse mit dem Tauchlehrer vom Attersee und der Tauchbasis am Kreidesee in Hemmor. Eine Beschreibung der Tauchplätze vor Fehmarn und der Wracks vor Malta.

Zu jedem Land, Tauchplatz, zu jeder Stadt und jedem Flughafen dieser Erde hat der weit gereiste Taucher wertvolle Tipps, die er gerne mit allen anderen teilt. Sogenannte Geheimtipps werden großzügig in großen Runden bekannt gegeben Auch Kritik, Tratsch und Klatsch dürfen nicht fehlen, Letzterer ist besonders in der kleinen Taucherwelt sehr beliebt. Noch schöner ist es, wenn man gemeinsame Bekannte hat oder sogenannte Insiderinformationen aus der Tauchbranche zum Besten geben kann. Das rundet dann solche allgemeinen Informationen ab. Gerade als Anfänger hatte ich das geradezu manische Bedürfnis, meine Erlebnisse mit jedem zu teilen. Ich konnte gar nicht genug von meinen zwei Tauchsafaris und 60 Tauchgängen erzählen. Bis es mir dämmerte, dass andere mir so viel voraus hatten, schon viel mehr gesehen und erlebt haben als ich in meiner jungen Taucherkarriere. Seitdem halte ich mich mit Tipps und Ratschlägen eher zurück, denn wer zu viel erzählt, wirkt schnell überheblich und langweilt andere vielleicht nur. Es gehört einfach Fingerspitzengefühl dazu und ein Gespür dafür, was man sagen kann und was nicht. Oft werden solche Tipps leider penetrant und leicht überheblich ungefragt verteilt.

Auch wenn viele Hinweise und Informationen sicherlich gut und richtig sind, wirken manche Taucher schnell arrogant und ziehen den Unmut anderer auf sich. Nicht jeder kann sich teure Urlaube leisten, und Tipps für 5-Sterne-Hotels und Tauchboote ungefragt zu verteilen, wirkt im besten Fall unüberlegt. Oder einfach nur angeberisch. Zum Fremdschämen sind Menschen, die denken, dass nur sie all diese Erfahrungen gemacht haben und von Ägypten, das sie einmal besucht haben, berichten, als seien sie studierte Ägyptologen und Experten in lokaler Kultur und Geografie. Die andern in der Runde, die bereits zig Tauchsafaris im Roten Meer hinter sich gebracht haben, schweigen aus Höflichkeit und denken sich ihren Teil.

Denn egal, wie weit man gereist ist, es kann immer noch jemanden geben, der noch mehr gesehen hat. Der braucht und möchte vielleicht keine Tipps. Oder man möchte einfach seine eigenen Erfahrungen machen und sich nicht belehren lassen, dass die Tauchbasis, die man sich ausgesucht hat, nicht die Beste ist. Dass man über genau die nur Schlechtes gehört hat. Das ist einfach nur abwertend und verdirbt anderen die Vorfreude. Tipps sind dann hilfreich, wenn sie erwünscht sind und mit Fingerspitzengefühl verteilt werden. Wenn man sich freundlich, positiv und ehrlich äußert. Wenn man reflektiert und besonnen erzählt. Dann kann man anderen wirklich gute Informationen geben, die auch gerne gehört werden. Die penetrant Weitgereisten, die alles schon gesehen haben, das Tollste erlebt haben und überhaupt die geilsten Taucher sind – die reisen dann oft alleine. Denn das hält niemand auf Dauer aus.

66. GRUND

Weil man immer nur ans Meer fahren kann

Wer tauchen will, muss ans Wasser. Ob Meer oder See, ist den Vorlieben des Tauchers überlassen. Ich persönlich liebe das Meer. Die unendlichen Weiten der Ozeane, das ewige Spiel der Wellen und der salzige Geschmack, der in der Luft liegt. Der Wind, das Wetter und die zischende Gischt. Die unterschiedlichen Gesichter der Meere. Von rau und grau an der Ostsee bis türkis und spiegelglatt vor den Malediven. Jedes Meer, jeder Ozean ist anders, verzaubert die Menschen auf eine andere Art und Weise. Unter Wasser ist es überall unterschiedlich, und immer wartet etwas Neues auf die Taucher.

Wer also seine Ferien und Reisen nur mit Tauchen verbringen will, hat das große Glück, immer am Meer sein zu können. Jeden Urlaub kann man ohne schlechtes Gewissen am Wasser verbringen, denn man will ja die Unterwasserwelt erkunden. Jeden Morgen wacht man auf und sieht als Erstes den Sonnenaufgang über dem Meer. Den Tag verbringt man auf dem Wasser und unter der Wasseroberfläche. Egal wohin man schaut, man sieht nur Wasser und Meer. Abends sitzt man am Wasser, genießt den Sonnenuntergang, hört dem Rauschen der Wellen zu und spürt den Wind im Gesicht. Nachts sieht man den sich spiegelnden, riesigen Mond am Horizont aufgehen und später Millionen von Sternen über dem Firmament.

Und immer ist man am Meer. Für mich die ideale Vorstellung von einer Reise. Hauptsache Meer, rund um die Uhr, in jedem Urlaub. Das Meer wird auch entgegen der Vorstellung anderer Menschen nie langweilig. Es hat so viel Schattierungen, Wellen, Bewegungen und Eigenschaften. Kein Tag am Meer ist wie der vorherige. Nie ist das Meer gleich. Ich kann stundenlang auf die Wellen gucken, ohne dass mir langweilig wird. Ein statischer Berg ist für mich nicht aufregender als das Meer. Deshalb möchte ich jeden Urlaub am Meer verbringen, mehr brauche ich nämlich nicht. Entschließt man sich für einen Tauchurlaub, entschließt man sich für eine bestimmte Art von Tauchurlaub. Ob von einem Schiff aus oder von einer Basis aus getaucht wird, entscheidet einzig und allein der Taucher selbst.

Wer gerne von Land aus taucht und den Strand genauso liebt wie das Wasser, sucht sich am besten eine schnuckelige Insel irgendwo in Asien oder der Karibik. Der Vorteil im Vergleich zu einem Urlaub auf einem Safarischiff ist, dass man jeden Tag mindestens zwei Mal am Strand sein kann. Morgens stapft man über den frischen, kühlen Sand zur Tauchbasis. Man sieht den Sonnenaufgang, spürt die Sandkörner unter den Füßen, kann sich unter eine Palme setzen und die Atmosphäre in sich aufnehmen. Nach den Tauchgängen kommt man an ebendiesen Strand zurück. Der Sand brennt inzwischen fast schon unter den Füßen, die ersten Sonnenanbeter brechen Richtung Hotel auf. Wassersportler kehren zurück an den Strand und packen ihre Sportgeräte ein. Die Taucher spülen ihre Ausrüstung aus und hängen sie weg. Nach getaner Arbeit setzt man sich erneut an den Strand unter eine Palme und sieht dem Sonnenuntergang zu. Der ganze Strand wird in das warme Licht der untergehenden Sonne getaucht. Der warme Sand glüht in Orange- und Pinktönen. Kurz bevor die Sonne ganz hinter dem Horizont verschwindet, werden die Wolken lila. Dann ist es Zeit, sich entweder noch einen Cocktail zu bestellen oder zum Abendessen zu gehen.

Mich zieht es oft auch in der Nacht noch mal an den Strand. Ich liebe die kühle Brise in der Nacht, den Sternenhimmel und den kalten Sand. Krebse jagen über den nassen Strand und verschwinden panisch in ihren Löchern. Die Wellen kommen und gehen, das Wasser ist dunkel und geheimnisvoll. Es wird fast schon etwas kalt, auch in tropischen Gefilden spürt man deutlich, dass die wärmenden Sonnenstrahlen nicht da sind. Bis zum nächsten Morgen, bis der Sand sich wieder aufheizt und die Wellen immer unablässig noch auf den Strand rollen. Dann beginnt ein neuer Tag mit dem Sonnenaufgang über dem Meer.

67. GRUND

Weil man ein Vermögen für eine einzige Reise ausgeben kann

Exklusive Tauchreisen haben ihren Preis. Wobei das nicht so extrem überraschend ist, denn Tauchen ist grundsätzlich kein besonders günstiger Sport. Denn nicht nur die Ausrüstung schlägt zu Buche, sondern die Reisen selber und die Tauchgänge müssen auch bezahlt werden. Man muss sich nämlich vor Augen halten, dass man den Urlaub an sich mit Flug, Hotel und Verpflegung bezahlen muss. Dazu kommen Tauchgänge vor Ort. Manche Tauchbasen bieten verschiedene Tauchpakete an, die man vorab buchen kann, andere lassen sich jeden Tauchgang separat bezahlen. Die Preisspanne pro Tauchgang variiert stark je nach Tauchgebiet, Hotel und Tauchbasis.

Wer sich auf ein Tauchsafarischiff einbucht, hat fast alle Kosten vorab beglichen, denn der Preis dieser Reisen beinhaltet alle Tauchgänge, die Verpflegung und natürlich die Unterkunft auf dem Tauchboot. Lokal können dennoch Steuern und Gebühren und erwartete Trinkgelder in Höhe von mehreren Hundert Euro dazukommen, die man in bar auf dem Boot begleichen muss. Je exklusiver das Tauchgebiet, desto teurer die Reise. Die Exklusivität wird an der Abgeschiedenheit der Tauchreviere, der Vielfalt unter Wasser und der Unberührtheit der Natur bemessen. Das macht natürlich auch die Anreise teurer und langwieriger. Was auch wiederum bedeutet, dass nicht so viele Taucher dort unterwegs sind wie in besser erreichbaren Destinationen. Selbstverständlich schlägt auch Ausstattung des Hotels oder des Safaribootes deutlich zu Buche. Bei den Safaribooten geht der Trend zu immer luxuriöseren Booten, manche haben sogar ein Spa an Bord, ein Jacuzzi und bieten warme Handtücher nach dem Tauchgang. Dazu kann man Massagen und andere Schönheitsbehandlungen buchen. Ob man das wirklich braucht oder nicht, muss jeder für sich selber entscheiden. Ich war einmal auf einem Boot, auf dem Massagen angeboten wurden. Ich habe das genau einmal in Anspruch genommen. Denn so entspannt wie beim Tauchen bin ich eigentlich nie, daher brauche ich keine Massage.

Richtig teuer wird es dann, wenn nur eine kleine Anzahl an Booten zugelassen ist und damit die Summe der glücklichen Taucher, die diese Wunder Unterwasser sehen dürfen, massiv beschränkt ist. Die Beschränkungen gelten sowohl für die gesamte Anzahl an Booten wie auch die Anzahl der Schiffe, die sich gleichzeitig vor Ort aufhalten dürfen. Liegen in Ägypten teilweise zehn und mehr Schiffe an einem Riff, dürfen sich auf Cocos Island nur drei Boote vor der Insel aufhalten. Diese müssen auch sicherstellen, dass sich nie zwei Gruppen an einem Tauchplatz treffen. Dafür können Tauchreisen nach Cocos oder Galapagos das Fünf- bis Sechsfache einer Tauchsafari in Ägypten kosten.

Für das Geld einer solch exklusiven Reise kann man sich ganz bestimmt viele Konsumgüter leisten. Ein Auto, Schuhe, Kleidung, Schmuck oder schöne Möbel. Aber für mich haben Konsumgüter nicht mehr den Wert, den sie früher hatten. Eine außergewöhnliche Tauchreise hat man für immer tief im Herzen. Ein Sofa wird mich nie so glücklich machen wie eine tolle Reise. Worüber sich diskutieren lässt, ist die Tatsache, dass derart hohe Preise solche Reisen nur für wenige Menschen verfügbar machen. Wer hat schon 6.000 Euro rumliegen und kann diese einfach so jedes Jahr für eine exklusive Reise ausgeben?

Ich sehe es aber dennoch positiv, dass solche Paradiese wie Cocos Island oder Galapagos einfach ihren Preis haben. Es ist unbestritten, dass viele Taucher an einem Fleck die Umwelt belasten, die Unterwasserwelt verändern und Massentourismus einfach schlecht für die Natur ist. Ich bin nun in der glücklichen Lage gewesen, dass ich Geld für solche Reisen ansparen konnte und ein Traumziel wie Cocos Island betauchen durfte. Es gibt aber sicherlich Ziele, die ich mir nicht leisten kann, und das ist für mich auch in Ordnung. Ich muss nicht überall hinkönnen, ich habe keinen Anspruch, überall dort zu tauchen, wo ich es gerne möchte. Lieber verzichte ich, weiß aber, dass die Natur dort noch länger erhalten bleibt, wenn weniger Taucher und Touristen dort hinreisen. Sollte ich doch mal ein Sofa kaufen müssen, überlege ich, ob das alte nicht noch etwas durchhält, und fahre doch lieber tauchen.

68. GRUND

Weil man jedes Wochenende wegfahren kann

Es muss natürlich nicht immer die ganz große, exotische Fernreise sein. Diese sind zwar aufregend und spannend, aber Tauchen bietet die perfekte Ausrede, um auch an kurzen und langen Wochenenden wegzufahren. Bevor ich mit dem Tauchen begonnen habe, war ich schon viel unterwegs, auch an den Wochenenden zog es mich immer raus, und zwar eher in die Natur als auf Städtetrips. Da ich aber bis auf Baden und Sonnen nicht so wahnsinnig viele Hobbys hatte, die sich in der Natur ausüben lassen, war es immer eine schwierige Frage, wohin wir fahren sollen und was wir machen möchten.

Mit meinem Tauchschein änderte sich das schlagartig. Plötzlich entdecke ich unendlich viele Ziele, quasi direkt vor der Haustür. Da ich in Wien lebe, war das Salzkammergut meine erste Neuentdeckung. Vorher kannte ich dieses wunderbare Fleckchen Erde als Paradies für Wanderer und Radfahrer. Als Schwimmerin und Sonnenbaderin gab es für mich nicht unendlich viele Angebote, außer am Bootssteg des Hotels zu lesen, zu chillen und zu warten, dass die Mountainbiker zum Abendessen zurückkommen. Als Taucherin sah die Welt nun plötzlich komplett anders aus. Gerade diese Region mit ihren vielen Seen und Tauchbasen ist ein Paradies für Taucher, an einem langen Wochenende kann man jeden Tag in einem anderen See tauchen und die Unterwasserwelt der eigenen Heimat entdecken. Zwischen den Tauchgängen gibt es vor traumhafter Bergkulisse eine deftige Jause, bevor es wieder in die Tiefe geht.

Für die Österreicher liegt ja auch Kroatien quasi vor der Haustür. Bei wenig Verkehr kann man in fünf, sechs Stunden bereits an der Küsten eintreffen und bei einem leichten Abendessen den Sonnenuntergang genießen. Vor der blutroten Sonne dümpeln Segelboote im Hafen vor sich hin, das Meer plätschert leise vor sich hin, und der Abend schmeckt nach mediterranem Lebensgefühl. Die kroatische Küste bietet unzählige Tauchplätze, entweder vom Festland aus oder auf einer der unzähligen Inseln des Landes. Zwar bieten die Altstädte genug zu sehen, man kann den ganzen Tag Sightseeing machen, bummeln gehen und abends gut essen. Das war aber nie so ganz mein Ding, ich war einfach immer lieber am Wasser, statt mich in der Mittagshitze durch die engen Gassen der Altstädte zu schieben. Ich wollte bei traumhaftem Wetter keine Museen besuchen oder Kirchen besichtigen. Am Strand zu liegen war mir aber auch zu langweilig. Tauchen bietet hier den perfekten Zeitvertreib.

Ideal ist es, dass man Tauchgänge oft vom Boot aus macht und den Tag mit einer frischen Brise auf dem Wasser verbringt. Dazu spart man es sich, zusätzliche Bootsausflüge zu buchen, denn diese sind dann gleich mit dabei. So sieht man zwischen den Tauchgängen auch andere Städte, Inseln oder einfach nur die Küste vom Wasser aus. Es ist also letztendlich völlig egal, ob man an das Meer, an einen Bergsee oder einen anderen See fährt. Überall gibt es etwas Spannendes unter Wasser zu sehen.

An Land kann man sich vom Alltag ebenfalls entspannen und den kurzen Urlaub genießen, ohne lange im Flugzeug zu sitzen. So konnte ich die Wochenenden nutzen, um mich bei meinem Lieblingshobby einfach zu entspannen und Zeit mit Freunden zu verbringen. In den letzten Jahren habe ich durch mein Hobby so viele neue Länder und Orte gesehen, die ich vorher überhaupt nicht auf meiner Reiseliste hatte. Ich war ganz oft in Kroatien, aber auch in Slowenien lässt es sich wunderbar tauchen und abends durch die Altstadt von Piran bummeln. Es gibt auch in Österreich extrem viele wunderschöne Orte an den Bergseen, in denen man ein perfektes langes Wochenende verbringen und tagsüber in einem der schönen Seen abtauchen kann. Auch kurze Wochenenden werden von uns Tauchern genutzt, um wegzufahren und zu tauchen, irgendwo gibt es immer ein Gewässer in Fahrweite, an dem man eine gute Zeit verbringen kann und einfach mal aus dem Alltag rauskommt.

69. GRUND

Weil man auch an Land viel erlebt

Es hört sich zwar nicht danach an, wenn ich von meinen Tauchreisen berichte, aber ich erlebe tatsächlich auch an Land tolle Sachen. Ich sehe natürlich nicht so viel von meinen Reisezielen wie andere Reisende, die zwei Wochen lang mit dem Rucksack durch ein Land reisen. Denn ich habe genauso viel Urlaub wie jeder andere, den ich aber anders nutze als Nichttaucher. Statt zwei Wochen durch Indonesien zu reisen, verbringe ich zehn Tage auf einem Schiff und zwei Tage an Land, der Rest der Zeit geht für die An-und Abreise drauf. In den zehn Tagen auf dem Schiff geht man auch hier und da an Land. So habe ich schon traumhafte Inseln besucht, war in einheimischen Dörfern zu Gast, habe dort gegessen und bin über Märkte geschlendert. Ich hatte die Gelegenheit, indonesische Kleinstädte zu erkunden, Vulkane zu sehen und über die Wipfel des Urwaldes über eine Holzbrücke zu gehen. Ich habe winzige Äffchen und riesige Orang-Utans gesehen, sowie Bäume voller Flughunde bewundern dürfen. In Indonesien habe ich in Jakarta die Spuren der Kolonialisierung gesehen, bin durch Pfahldörfer gegangen und habe mit Freunden einfach Zeit verbracht.

Überhaupt haben es mir die Metropolen in Asien angetan. In Singapur habe ich mir den Luxus gegönnt, im wahrscheinlich berühmtesten Hotel der Welt abzusteigen und dort im höchsten Pool der Welt zu baden. Das Marina Bay Sands hat einen Pool oben auf dem Hotel, die Sicht über den Stadtstaat von dort oben, während man sich im warmen Wasser treiben lässt, ist gigantisch. Fast genauso modern ist Kuala Lumpur. Hier erholte ich mich von einem Unfall, war überrascht, wie extrem modern das Krankenhaus war, und schlenderte durch gigantische Einkaufszentren, die ein Angebot hatten, welches alle Geschäfte in der gesamten Wiener Innenstadt nicht aufzuweisen haben. Was mich an Indonesien und auch Malaysia so fasziniert, ist der extreme Kontrast zwischen unberührter Natur, wenig entwickelten ländlichen Gebieten und damit einhergehender Armut auf der einen und den extrem urbanen und entwickelten Städten auf der anderen Seite. Nach zehn Tagen auf einem Safariboot in einer abgeschiedenen Ecke Indonesiens ist so eine Metropole ein ganz schöner Schock.

In Costa Rica betrat ich zum ersten Mal südamerikanischen Boden und war ebenfalls recht erstaunt. Irgendwie hatte ich mir alles und nichts vorgestellt, aber so gigantische Malls und so teures Essen hatte ich nicht erwartet. Dafür waren die Menschen unglaublich nett, auch wenn ich die Hauptstadt eher unspektakulär fand. Dennoch hatte ich einfach Spaß daran, mich durch die Straßen treiben zu lassen und mich auf die bevorstehende Tauchreise zu freuen. Ein Highlight war der Besuch aktiver Vulkane und das Zip Lining. Bei Letzterem wird man an Drahtseile, die zwischen Bäumen gespannt sind, gehängt und schießt durch den Urwald. Ein Heidenspaß! Im Sudan habe ich ein wenig eine Niederlage erlebt, da ich das Safariboot im Hafen von Port Sudan nicht verlassen durfte. Mir blieb nur der Blick vom Schiff auf die Hafenstadt, gerne hätte ich mehr gesehen.

In Jordanien habe ich meine Zeit genau gleich zwischen Tauchen und Rundreise aufgeteilt. Das erste Abenteuer war vom Flughafen ohne Stadtplan im Mietwagen zum Hotel zu finden. Zum Glück hatte ich mir sofort eine lokale SIM-Karte für mein Handy gekauft, so konnte ich mir mit Google Maps helfen. Auch wenn ich die Straßennamen weder verstehen noch lesen konnte, war es besser, als ganz ohne Karte durch das chaotische Amman zu fahren. Abends musste ich dann wieder zum Flughafen, um meine Mutter abzuholen. Im Dunkeln war die Strecke nicht gerade angenehmer zu fahren. Auf unserer Rundfahrt von Amman zum Roten Meer haben wir alte Schätze und Weltwunder wie Petra sehen dürfen. Wir waren im Toten Meer und haben uns dort an der Wasseroberfläche treiben lassen. Das kulturelle Angebot ist beeindruckend, Schlösser, römische Amphitheater und alte Festungen zeugen von einer bewegten Geschichte. Angst vor Autofahren in etwas chaotischeren Verhältnissen darf man nicht haben, aber alles in allem kommt man in Jordanien ganz gut zurecht.

Noch ordentlicher ging es im Oman zu, dort fährt man so zivilisiert wie bei uns. Zwar bietet das Land weniger Altertümer als Jordanien, dafür eine aus meiner Sicht absolut spektakuläre Natur. Berge, Canyons, Wüste und das wunderbare Meer mit seiner einzigartigen Unterwasserwelt machen das Königreich zum perfekten Reiseziel, das man mit dem Mietwagen ganz entspannt erkunden kann.

Ich genieße es auch, meine Tauchreisen mit Besuchen von Freunden und Bekannten auf der ganzen Welt zu verbinden und mir von ihnen ihre Heimatstädte zeigen zu lassen, ob Jakarta, Kairo oder Vrsar in Kroatien. Überall machen nette Menschen meine Reisen zu einem besonderen Erlebnis. Manchmal bereue ich es fast, dass ich an Land durch meine Taucherei immer so wenig Zeit habe. Aber ich tauche einfach so wahnsinnig gerne und habe doch auch an Land einiges erlebt.

70. GRUND

Weil man einen Road Trip durch Ägypten machen kann

Ägypten habe ich für mich entdeckt, nicht nur weil unter Wasser eines der spektakulärsten Tauchgebiete der Welt auf uns Taucher wartet. Sondern auch, weil ich Land, Leute, Gastfreundschaft und Kultur dieses vielfältigen Landes zu schätzen gelernt habe. Je mehr Zeit ich am Roten Meer und in Kairo verbrachte, desto stärker wurde aber mein Wunsch, das Land abseits der Touristenbusse, All-inclusive-Hotels und Souvenirstände kennenzulernen. Denn leider hat sich Ägypten im Vergleich zu Jordanien schon vor langer Zeit für den billigen Massentourismus entschieden, der fast keinen Raum für Individualtouristen lässt. An der Küste reihen sich von Hurghada bis nach Marsa Alam die großen Hotelbunker aneinander, die man oft gar nicht betreten darf, wenn man einfach so vor dem Tor steht.

Der absolut verrückte und chaotische Straßenverkehr in Kairo macht auch wenig Lust, sich in einen Mietwagen zu setzen, die arabischen Straßennamen und Wegweiser lassen Europäer verzweifeln. Das Land selber macht es Individualreisenden auch politisch nicht gerade einfach. Die schwierige Situation nach der Revolution, den Unruhen auf dem Sinai und diversen Anschlägen führten dazu, dass manche Straßen im Land nur in Bussen oder in Konvois befahren werden dürfen. Sich einfach in Kairo in einen Mietwagen zu setzen und loszufahren ist gar nicht immer möglich, man kann jederzeit an Straßensperren durch die Polizei aufgehalten werden. Der Weg an das Rote Meer ist mit dem Auto außerdem extrem lang und beschwerlich, ich bin einmal mitgefahren und auch ein langes Stück selber gefahren. Das mache ich nie wieder. Es ist bei Kairo viel los, die Straße ist nicht immer in einem guten Zustand, und außerhalb der Städte wird es im Dunkeln eintönig und auch recht gefährlich. Es gibt keine Straßenbeleuchtung, dafür aber Quadfahrer und Fußgänger auf der Straße, die ohne Beleuchtung unterwegs sind.

In den Badeorten am Roten Meer kann man zwar Autos mieten, aber die Frage ist immer, wo will man eigentlich hin? Außerhalb von Hurghada und Marsa Alam gibt es eigentlich nichts zu sehen, und Sharm El Sheik darf man als Tourist auch nicht alleine einfach so verlassen. Dennoch wollte ich während eines längeren Aufenthaltes in Hurghada ein eigenes Auto haben. Das Problem dort waren für mich nämlich irgendwann die Taxifahrer. Ich war ihnen auf Gedeih und Verderb ausgeliefert. Neben mehr oder weniger subtilen verbalen Annäherungsversuchen nervte mich die schwierige Kommunikation, oft wurden extra Runden gedreht, um einige Pfund mehr zu kassieren als ursprünglich verhandelt. Auf die übervollen Minibusse hatte ich ebenfalls wenig Lust. Außerdem wollte ich die Freiheit haben, dort anzuhalten, wo ich es möchte, ohne mit einem Fahrer zu diskutieren oder zu erklären, wo ich hin möchte.

So beschloss ich, mir ein Auto zu mieten. Ich holte den Wagen ab und warf mich todesmutig in den Abendverkehr von Hurghada, wo ich mich prompt verfuhr und in der Altstadt landete. Ein Gewusel aus Autos ohne Licht, schlecht zu erkennenden Menschen und aufrecht stehenden Gullideckeln mitten auf der Straße brachte mich zunächst fahrerisch an meine Grenzen. Ich lernte aber schnell, mich zu entspannen und mich in diesem scheinbar rechtlosen Raum treiben zu lassen. Die Augen immer fest nach vorne gerichtet, denn was hinten passiert, ist in Ägypten nicht die Angelegenheit des Fahrers. Jeder schaut nur nach vorne. Angenehm war, dass ich ein Auto mit Schaltautomatik fuhr, so musste ich mich nicht auch noch mit Kuppeln beschäftigen, eine Sache weniger zu beachten hilft ungemein.

Nach einigen Tagen mit dem Auto in Hurghada wurde ich mutiger. Ich beschloss, einen kleinen Roadtrip zu einem Hotel in der Nähe von Marsa Alam zu machen. Ich packte Tauchkoffer, viele Flaschen Wasser, reichlich Bargeld und ein Blatt Papier mit den wichtigsten Telefonnummern ein. Die Fahrt von Hurghada bis Marsa Alam dauert um die drei Stunden, je nachdem wo man genau hinmöchte. Es geht praktischerweise immer nur geradeaus, das Meer hat man auf dem Weg nach Süden an der linken Schulter, auf dem Rückweg an der rechten Schulter. Vor und nach jedem größeren Ort gibt es Straßensperren der ägyptischen Polizei. Hier wird man kurz beäugt, man muss den Pass zeigen, und es empfiehlt sich, immer den internationalen Führerschein dabeizuhaben. Ich hatte meinen vergessen, allerdings half der Name eines guten Freundes aus Ägypten mir dann aus der Patsche, ich durfte weiterfahren.

Tagsüber gibt es ansonsten auf der Strecke wenig zu beachten und auch wenig zu sehen. Da Benzin immer wieder Mangelware ist, habe ich an jeder Tankstelle immer wieder vollgetankt, damit ich nie auch nur in die Nähe eins leeren Tanks kam. Der ADAC kommt nämlich nicht und holt einen aus der ägyptischen Wüste ab. Ich fuhr vorbei an vollgepackten Touristenbussen und wusste, ich bin flexibel und kann dort anhalten, wo ich möchte. Das habe ich unterwegs auch gemacht. Es gibt doch immer wieder kleine Lodges, wo ich mich an den Strand setzen durfte. Ich kam mit den Menschen ins Gespräch, bekam etwas zu essen und zu trinken und genoss es einfach, diese Freiheit und Flexibilität voll auszunutzen. Ungewohnt war für mich das Fahren nachts in der Wüste in absoluter Dunkelheit. Es war aufgrund fehlender Lichtverschmutzung und fehlender Straßenlaternen dermaßen dunkel, dass ich schon Halluzinationen hatte und glaubte, am Straßenrand Bäume oder hohe Bergwände zu sehen. Dort war aber einfach nichts außer Sand und Dunkelheit.

Abends kam ich in meinem kleinen Hotel an, parkte das Auto und checkte ein. Ich hatte Glück, dass ich so lange bleiben konnte, wie ich wollte, und mich nicht auf eine Dauer festlegen musste. Als ich

Lust auf andere Tauchplätze bekam, fuhr ich einfach noch weiter in den Süden nach Wadi Lahami. Dort ist die Reise für ausländische Autofahrer dann auch zu Ende, denn danach geht es nach Shalatin, Richtung sudanesischer Grenze. Hier kommt man als Individualreisender ohne die richtigen Passierscheine nicht so einfach durch. Nach einigen Tagen in Wadi Lahami fuhr ich zurück und machte halt bei Freunden, die in der Nähe von Marsa Alam eine Tauchbasis in einem Hotel betreiben. Hier durfte ich noch einige Tage verbringen, bevor ich mich wieder auf den Weg nach Hurghada machte. Ich habe meinen kleinen Roadtrip sehr genossen, gerne würde ich irgendwann das komplette Land mit einem Jeep befahren.

6. KAPITEL

BESTENS AUSGERÜSTET

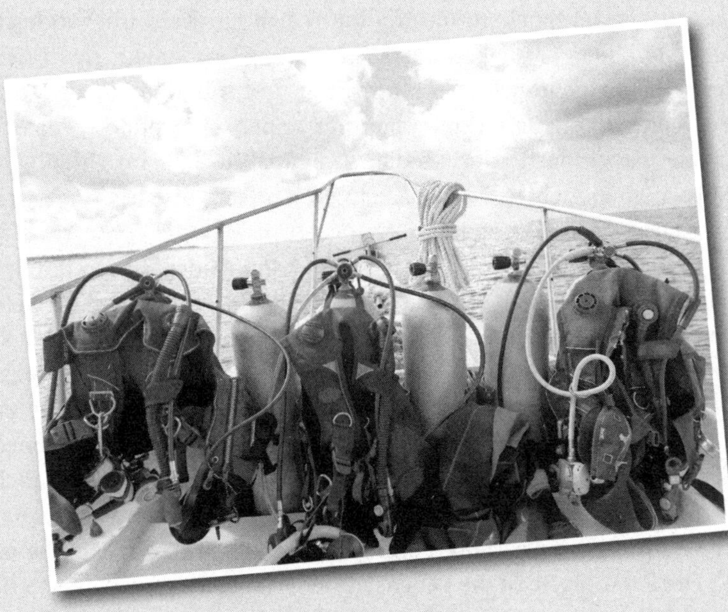

71. GRUND

Weil man viel neue Dinge kaufen kann

Taucher brauchen Ausrüstung. Es kommt einiges zusammen: Geräteflossen, Neoprenfüßlinge, eventuell Schnorchelflossen ohne Füßlinge, Neoprenanzug, Maske, ein Schnorchel, Atemregler, Jacket oder eine andere Tarierhilfe sowie ein Tauchcomputer bilden die Basisausrüstung. Oft werde ich gefragt, ob sich bereits für Anfänger die Anschaffung einer eigenen, kompletten Ausrüstung lohnt. Die Frage lässt sich schwer beantworten, denn es gibt auch Anfänger, die gleich viel tauchen, und da lohnt sich ein Kauf im Vergleich zum ständigen Ausleihen einer Ausrüstung. Außerdem ekeln sich manche vor gebrauchten Atemreglern und fremden Anzügen, in den eigenen Anzug hat man halt nur selber reingepullert. Andere tauchen auch nach Jahren lediglich einmal im Jahr im Urlaub, da muss man es sich einfach ausrechnen und sich überlegen, ob sich eine eigene Ausrüstung lohnt.

Eine eigene, komplette Ausrüstung kann in die Tausende Euro gehen. Wer gebrauchte Ausrüstungsteile kauft, kann einiges an Geld sparen. Es geht bei der Ausrüstung nie darum, so viel Geld auszugeben wie möglich und immer das Neuste, Beste und Tollste zu besitzen. Viel wichtiger ist, dass man eine Ausrüstung hat, die zu einem selber passt. Ein Jacket, das gut sitzt und bequem zu bedienen ist. Das genug Armfreiheit lässt und nicht einengt, aber dennoch nicht schlackert. Der Anzug sollte wie eine zweite Haut sitzen, aber ebenfalls nicht einschnüren und einfach an- und auszuziehen sein.

Der Atemregler ist die Lebensversicherung eines jeden Tauchers, hier sollte nie an der Qualität gespart werden, dazu muss die Form des Mundstückes zum Mund des Tauchers passen. Der Atemregler sollte einfach zu warten sein, und Ersatzteile sollten gut verfügbar sein. All das spielt eine große Rolle und will sorgfältig geprüft sein. Viele neue Taucher lassen sich im Rausch der Emotionen dazu verleiten, in einem Tauchshop alles sofort auf einmal zu kaufen und dann noch oft das Teuerste im ganze Laden mitzunehmen. Ich rate immer dazu, die Basisausrüstung zu kaufen und dann nach und nach zu schauen, was man noch braucht. Grundsätzlich sollte man sich überlegen, ob man nicht doch auch in kaltem Wasser mal abtauchen möchte und gleich ein wenig mehr für einen wärmeren Anzug und einen kaltwassertauglichen Atemregler auf den Tisch legt. Denn ist die Tropenausrüstung erst mal gekauft, kann man damit in den heimischen Seen überhaupt nichts anfangen.

Ein Besuch im Tauchshop ist jedes Mal eine Herausforderung und ein kleines Abenteuer. Es macht einfach Spaß, sich beraten zu lassen, zu fachsimpeln und mit vielen neuen Sachen nach Hause zu kommen. Die Herausforderung besteht darin, nicht jedes Mal ein Vermögen auszugeben, auch wenn jedes neue Ausrüstungsteil wie ein Versprechen auf noch aufregendere Tauchgänge wirkt. Wenn man dann doch nicht widerstehen kann und vollgepackt mit neuen Spielzeugen zu Hause ankommt, kann man dann diese wie Schätze aufreihen, angucken, anfassen und dann irgendwann auch im Wasser ausprobieren.

Wer sich immer schon gefragt hat, was man mit dem Riesenkeller im Haus machen kann, kann nun entspannt aufatmen. Den Keller kann man nämlich komplett und bis oben hin mit Tauchausrüstung vollräumen. Diverse Anzüge, drei Paar Flossen, Atemregler, Tauchkoffer, Fotoausrüstung, Taschenlampen, Jackets, Flaschen, noch ein Tauchkoffer, eine große Plastikbox, um die Ausrüstung im Auto zu verstauen. Werkzeug, um kaputte Tauchausrüstung zu reparieren. In Vorbereitung auf den nächsten Tauchgang braucht man auch etwas Platz, um die gesamte Ausrüstung vorher einmal auszubreiten. So kann man in Ruhe alles durchsehen, ob man nichts vergessen hat.

Sollte etwas fehlen, kann man dieses Teil im Tauchshop seines Vertrauens kaufen. Ein ewig währender Kreislauf, denn es kommen jedes Jahr neue Ausrüstungsteile heraus, die Produkte und Materialien entwickeln sich weiter und machen einfach Lust auf etwas

Neues. Seit ich tauche, geht ein beträchtlicher Teil meines Geldes für ebendiese Ausrüstung drauf, und ich habe daran deutlich mehr Freude als an einem Kleid oder einem Paar Schuhe.

72. GRUND

Weil man die Kamera mitnehmen kann

Wer anfängt zu tauchen, ist vielleicht von tollen Bildern inspiriert worden. Atemberaubende Aufnahmen aus den Meeren dieser Welt machen Lust, die Unterwasserwelt zu erforschen. Taucht man dann endlich selber, möchte man diese Erlebnisse festhalten. Dazu braucht man entweder ein Unterwassergehäuse für eine vorhandene Kamera oder eine neue Kamera. Das Unterwassergehäuse ist in der Regel teurer als die Kamera selbst. Wer eine kleine Digitalkamera besitzt, kann sich überlegen, diese für den Beginn einfach in ein Gehäuse zu stecken und mit dem Fotografieren unter Wasser anzufangen. Denn wer an Land wenig fotografiert und sich nicht so gut auskennt, wird sich mit einer komplexen Spiegelreflex- oder auch einer Systemkamera unter Wasser vielleicht schwertun.

Die Bedingungen zum Fotografieren sind unter Wasser einfach schwieriger als an Land, da weniger Licht vorhanden ist, sich die Fische schnell bewegen und die Automatik der Kameras da oft nicht mithalten können. Gerade Anfänger liegen auch oft nicht ruhig genug im Wasser, und die Bilder verwackeln. Je größer die Kamera ist, desto größer ist auch das Gehäuse, Tarieren will daher gut beherrscht sein, bevor man sich an eine große Kameraausrüstung traut.

Aber zurück zur Digitalkamera. Wer keine hat, kann sich auch eine GoPro zulegen, wobei ich persönlich kein großer Freund von Videoaufnahmen bin. Denn damit man diese seinen Mitmenschen zumuten kann, muss man schneiden und bearbeiten. Das muss man bei Fotos auch, aber Videos sind deutlich aufwendiger in der Bearbeitung als Fotos. Und die Fotoqualität der Bilder einer GoPro sind einfach nie so gut wie die einer Fotokamera. Seit einiger Zeit drängen auch Anbieter auf den Markt, die wasser- und druckdichte Gehäuse für Mobiltelefone anbieten. Ich selber habe das noch nie ausprobiert, aber auch da denke ich, dass ein Handyfoto an Land zwar mit einer älteren oder günstigen Digitalkamera mithalten kann. Aber die Bedingungen unter Wasser sind ganz anders als an Land, und die manuellen Einstellungen bei einer Digitalkamera kann ich immer besser anpassen als die eines Mobiltelefons. Das muss aber jeder für sich selber herausfinden.

Die Freude am Kaufen neuer Fotoausrüstung endet natürlich nicht mit dem Gehäuse. Zusätzlich braucht man einen externen Unterwasserblitz oder auch zwei, eine Blitzschiene mit Griffen und vielleicht eine Lampe. Im Gehäuse darf es noch ein kleines Gerät sein, welches bei Eindringen von Wasser einen Alarmton abspielt. Zunächst muss man sich aber entscheiden, wie man fotografieren möchte. Eine Spiegelreflexkamera, eine Systemkamera oder eine ganz einfache digitale ohne Objektive und Ports. Oder möchte man doch ein Nassobjektiv, das man auf das Gehäuse aufstecken und unter Wasser noch wechseln kann? All das kann man sich sofort oder nach und nach kaufen, wenn man sich für eine Kamera entschieden hat. Bei den Gehäusen kann man sich das Material aussuchen. Schnöder Kunststoff, oder darf es Karbon sein? So kann man alleine für das Gehäuse schon mehrere Tausend Euro ausgeben, ohne dass man auch nur einen Port gekauft hat. Diese schlagen mit einigen Hundert Euro zu Buche, je nach Modell. Die Grenze nach oben hin ist daher relativ weit offen.

Was man dann wirklich ausgeben möchte, muss jeder für sich entscheiden. Nur weil man sehr viel Geld ausgibt, macht man nicht automatisch gute Fotos. Dennoch hat eine hochwertige Kamera oft einfach eine bessere Qualität als eine kleine Knipskiste, aber auch externe Lichtquellen und das Können des Fotografen spielen eine große Rolle bei der Qualität der Bilder. Viele Unterwasserfotografen beschäftigen sich irgendwann auch mit Bildbearbeitung. Da geht es nicht darum, aus einem Walhai fünf oder sich selbst im Neopren schlanker zu machen. Sondern hauptsächlich darum, den Fotos mehr Farbe und Dynamik zu geben. Als erfahrener Fotograf kann man vieles mit den Kameraeinstellungen auffangen. Als verwirrter Mensch, der sich kaum merken kann, welcher Knopf der Auslöser ist, so wie ich, ist ein Weißabgleich am Bildschirm oft die Rettung einer ganzen Bilderserie. Mit einem Klick hat man die tollen Farben, die man unter Wasser gesehen hat. Nicht nur einen traurigen, grauen Clownfisch in einer faden Anemone. Ist das nun Betrug? Nein. Denn ein schlechtes Foto stellt ja auch nicht die Realität unter Wasser dar, sondern nur eine farblose Version. Wenn ich nun etwas nachbearbeite, dann zeige ich die Realität so, wie ich sie gesehen habe. Ich könnte auch mehr mit den Einstellungen der Kamera arbeiten, um bessere Bilder zu machen. Aber ich bin nicht die große Expertin in manueller Fotografie, und mit einem Bearbeitungsprogramm kann man einfach noch mehr rausholen. Deshalb bearbeite ich meine Fotos sehr gerne, bevor ich sie veröffentliche.

So kann ich mich nicht nur unmittelbar vor und nach dem Tauchgang mit meiner Kamera und ihren Bestandteilen beschäftigen, sondern auch abends mit der Bearbeitung der Bilder. Ich selber fotografiere mit einer Kamera von Olympus, ich habe verschiedene Objektive für verschiedene Situationen, da ich Makroaufnahmen genauso mag wie Weitwinkelaufnahmen. So ist meine Fotoausrüstung schnell angewachsen, aber ich nutze diese auch an Land. So ist mein Gewissen nicht ganz so schlecht, wenn ich überlege, was ich an Geld in diese Ausrüstung gesteckt habe.

73. GRUND

Weil man nie genug Ausrüstung hat

Die Basisausrüstung ist quasi nur der Grundstein, das Fundament der Tauchausrüstung. Je länger man aber taucht, desto mehr sieht man, was an anderen Tauchern herunterbaumelt. So mancher Zeitgenosse sieht, nachdem er fertig angezogen ist, wie ein düsterer Christbaum aus einer fernen Zukunft aus. Am Jacket hängen zig verschiedene Ausrüstungsteile, die den Tauchgang sicherer machen sollen. Für jeden möglichen Notfall will man gerüstet sein. Oder der Taucher ist auch Fotograf und will für alle möglichen Begegnung unter Wasser gerüstet sein. An einem Karabiner hängt die Fotokamera, daneben die GoPro und eine weitere Lampe für die Beleuchtung von Videos. Wer kann, hat noch verschiedene Nassobjektive dabei, um von Weitwinkel auf Makrofotografie umzustellen. Oder sogar eine zweite Kamera.

Bei manchen Tauchern ist so viel an Ausrüstung los, dass man munkelt, sogar die ein oder andere Meerjungfrau sei darunter und würde an einem Haken am Jacket baumeln. Um den Hals des gut vorbereiteten Tauchers winden sich Schläuche, um im Notfall schnell einen zweiten Atemregler zur Hand zu haben. Irgendwo am Körper hängen eine zweite Maske, eine Rettungsboje, ein Messer. Blinkende Lichter und diverse Anhänger von Reisen verstärken die Christbaum-Assoziation. Irgendwo baumelt eine kleine weiße Tafel mit einem Stift, um sich unter Wasser schreiben zu können. In den Taschen des Jackets stecken neben Blei auch Handschuhe und eine Haube, falls es weiter unten kalt wird. An einer Flasche kann sich der riesige Akku der noch größeren Taschenlampe befinden, welche die Unterwasserwelt taghell erleuchtet. Unter dem Arm und an anderen Stellen hängen Flasche 2–4 mit Luft sowie eine kleine Notflasche.

Die einzige Grenze der Ausrüstung, die mitgenommen werden kann, ist der verfügbare Körper und damit die Oberfläche des Tauchers. Jeder Taucher muss für sich selbst entscheiden, was er an Ausrüstung benötigt. Das richtet sich auch viel nach den Gebieten, wo getaucht wird. In sehr kalten Gewässern ist ein zweite Flasche sicherlich eine gute Wahl. Gerade dort, wo der Atemregler vereisen kann, ist ein zweites System eine gute Lebensversicherung. Wer in große Tiefen vordringt, sollte wirklich Bescheid wissen über verschiedene Gase, deren Zusammensetzung und immer genügend Back-up dabeihaben. Denn auf 100 Metern Tiefe ist jeder Fehler tödlich. Das Ausmaß der Ausrüstung hängt also auch von den Umständen ab, den Gewässern und den eigenen Vorlieben.

So mancher Sporttaucher verkneift sich ein Lachen, wenn schwer behängte Taucher mit Doppelflasche in den relativ flachen See gehievt werden müssen. Sie können sich kaum bewegen, ich habe schon manche gesehen, die umgefallen sind und alleine im flachen Wasser nicht mehr aufstehen konnten. Wenn man selbst dann mit wenig Ausrüstung und einer 10-Liter-Flasche in die Tiefe geht, prallen zwei Tauchkulturen aufeinander. Viele Taucher nutzen aber natürlich die Seen, um ihre technische Ausrüstung auszuprobieren und neue Konfigurationen zu testen. Es mag lustig aussehen, hat aber durchaus einen sinnvollen Hintergrund. Natürlich gibt es auch TaucherInnen, die ihr Spielzeug einfach lieben. Die gerne vollbehängt runtergehen und für jeden Tauchgang alles auspacken, was sie an Ausrüstung besitzen. Da werden erwachsene Männer und Frauen wieder zu kleinen Kindern, die einfach mit all ihrem Spielzeug auf einmal spielen wollen, und es sei ihnen gegönnt.

Ich selbst bin eher klein und zierlich, ich ziehe es vor, so wenig Ausrüstung wie möglich dabeizuhaben. Für mich ist es bereits eine Herausforderung, eine längere Strecke durch kniehohes Wasser zu waten, wenn ich die Flasche auf dem Rücken und meine Kamera mit zwei Blitzen in der Hand habe. Mit einer Doppelflasche kann ich nur tauchen, wenn mir jemand das schwere Gerät ins Wasser legt und ich mich dann dort fertig anziehe. Alleine mit einer Tauchausrüstung würde ich vielleicht noch ins Wasser kommen, aber nicht mehr

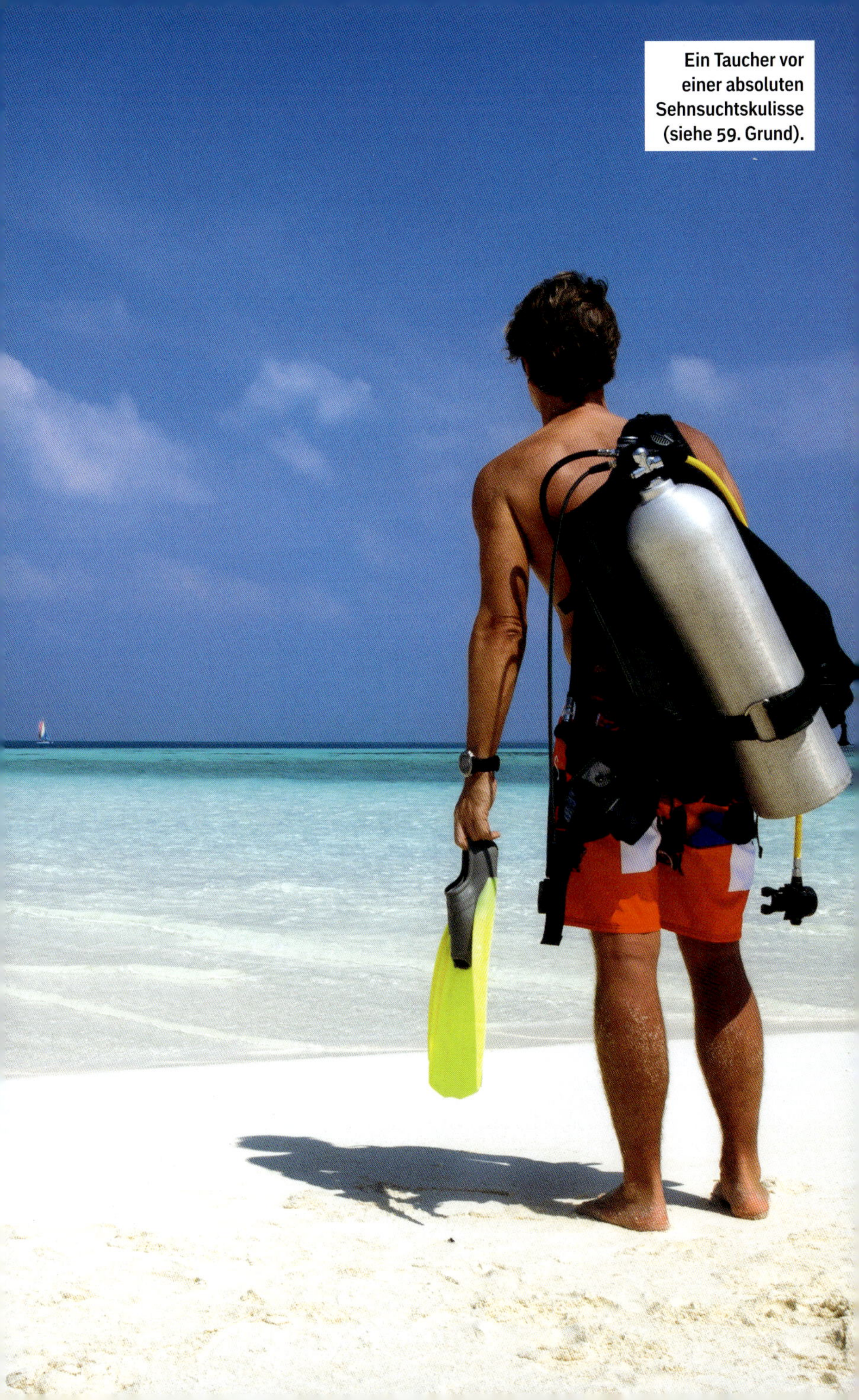

Ein Taucher vor einer absoluten Sehnsuchtskulisse (siehe 59. Grund).

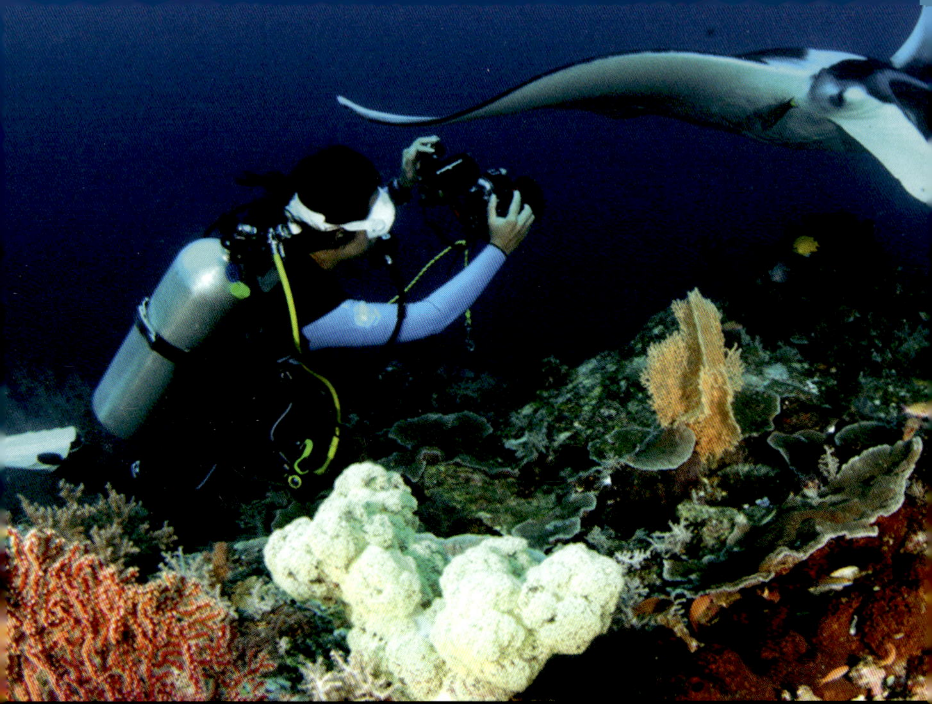

Oben: Das Glück, einen Manta zu sehen und eine halbe Stunde mit ihm verbringen zu dürfen (siehe 35. Grund). **Unten:** Ein Taucher schwebt über einem Riff durch das Wasser (siehe 25. Grund).

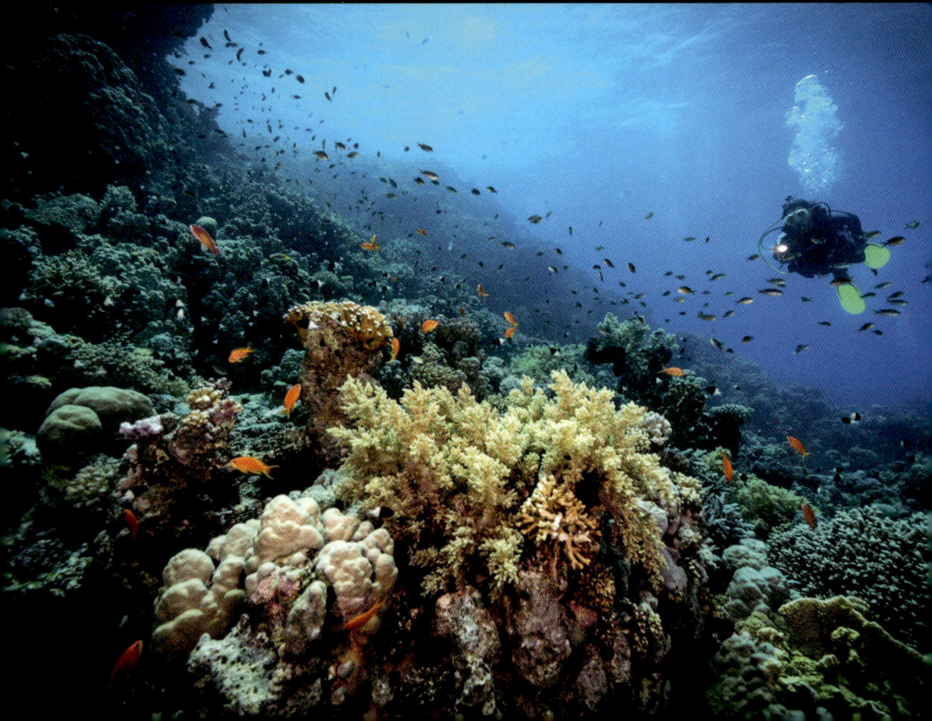

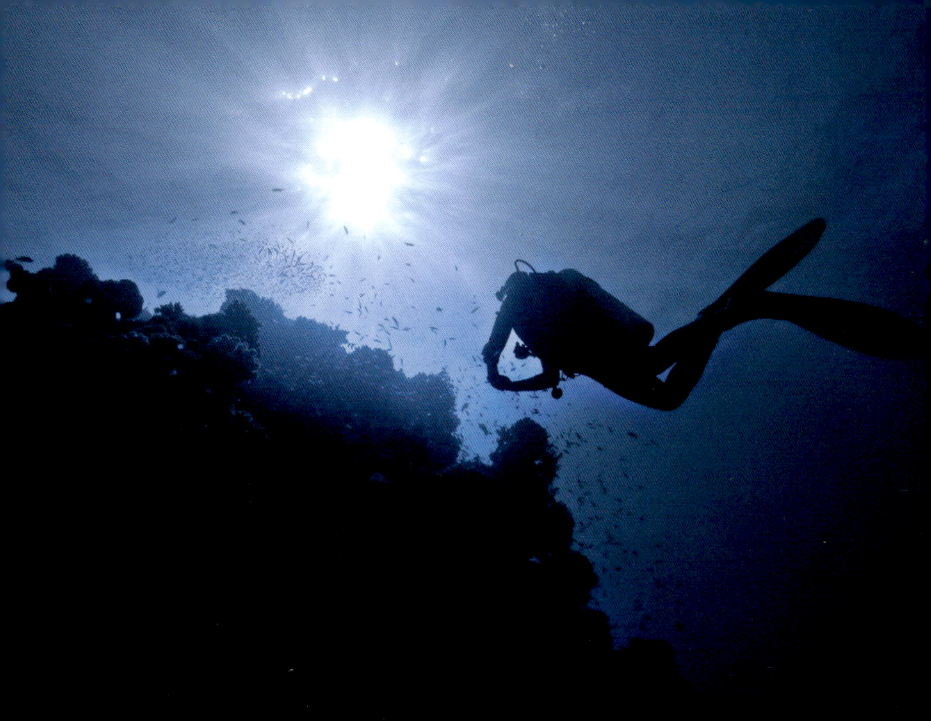

Oben: Die Sonne scheint durch die Wasseroberfläche und sendet ihre Strahlen in die Tiefe (siehe 24. Grund). **Unten:** Eine winzige bunte Nacktschnecke in ihrem prachtvollen Anzug (siehe 22. Grund).

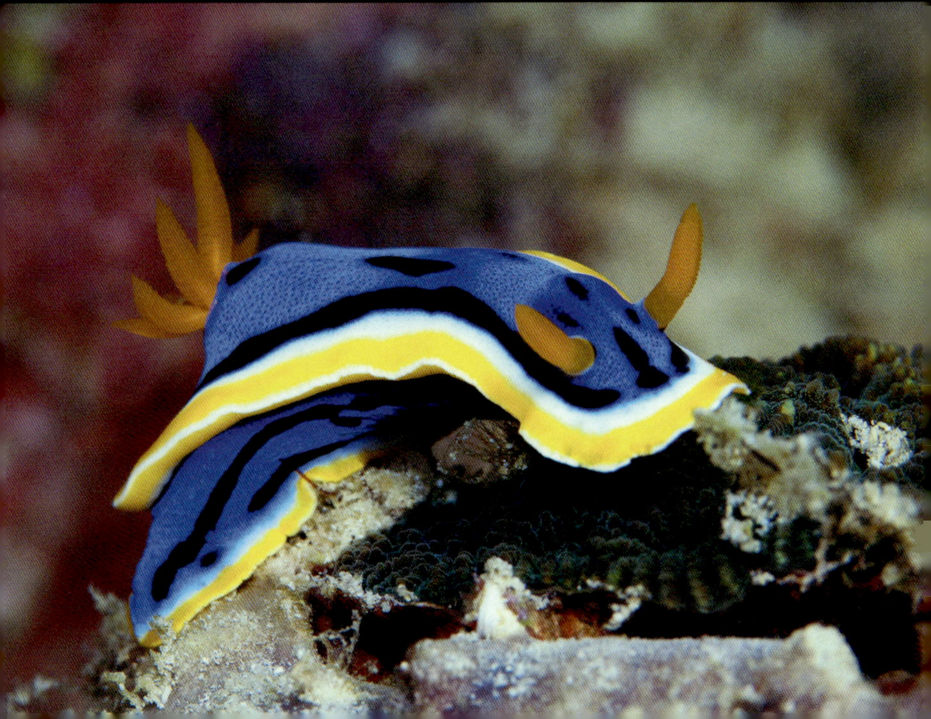

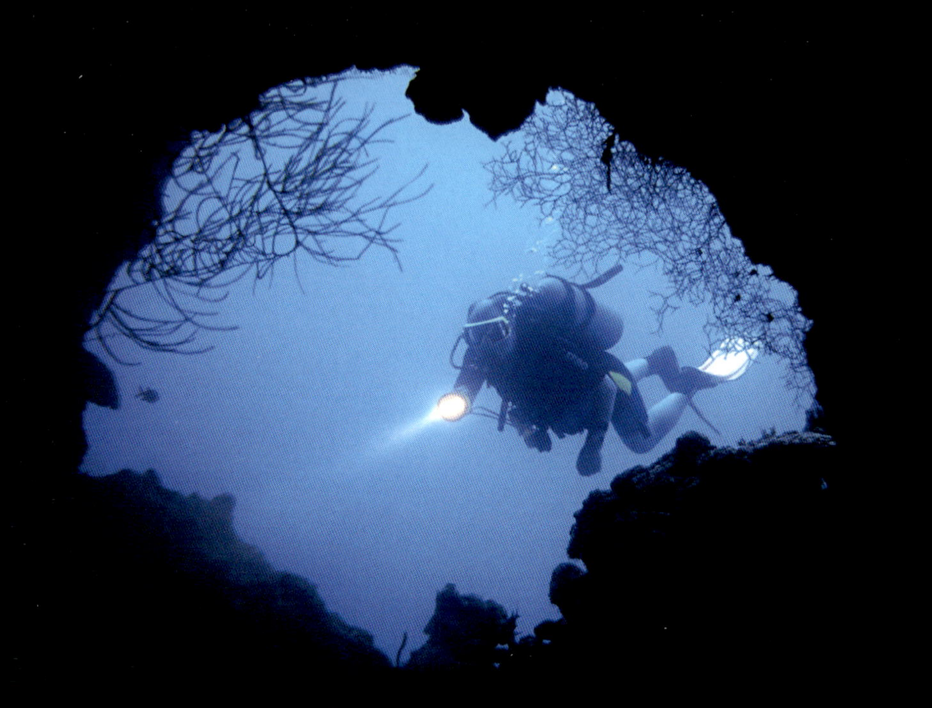

Oben: Wie ein Fenster in eine andere Welt wirkt dieser Durchbruch unter Wasser (siehe 19. Grund).
Unten: Eine Schnorchlerin bewegt sich in einem Schwarm bunter Fische (siehe 18. Grund).

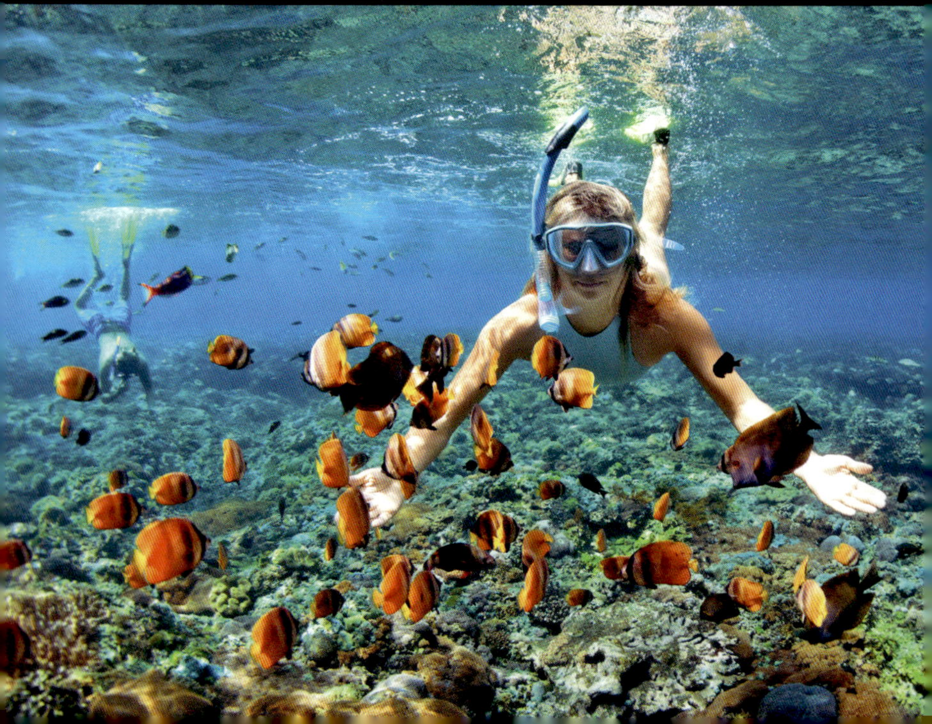

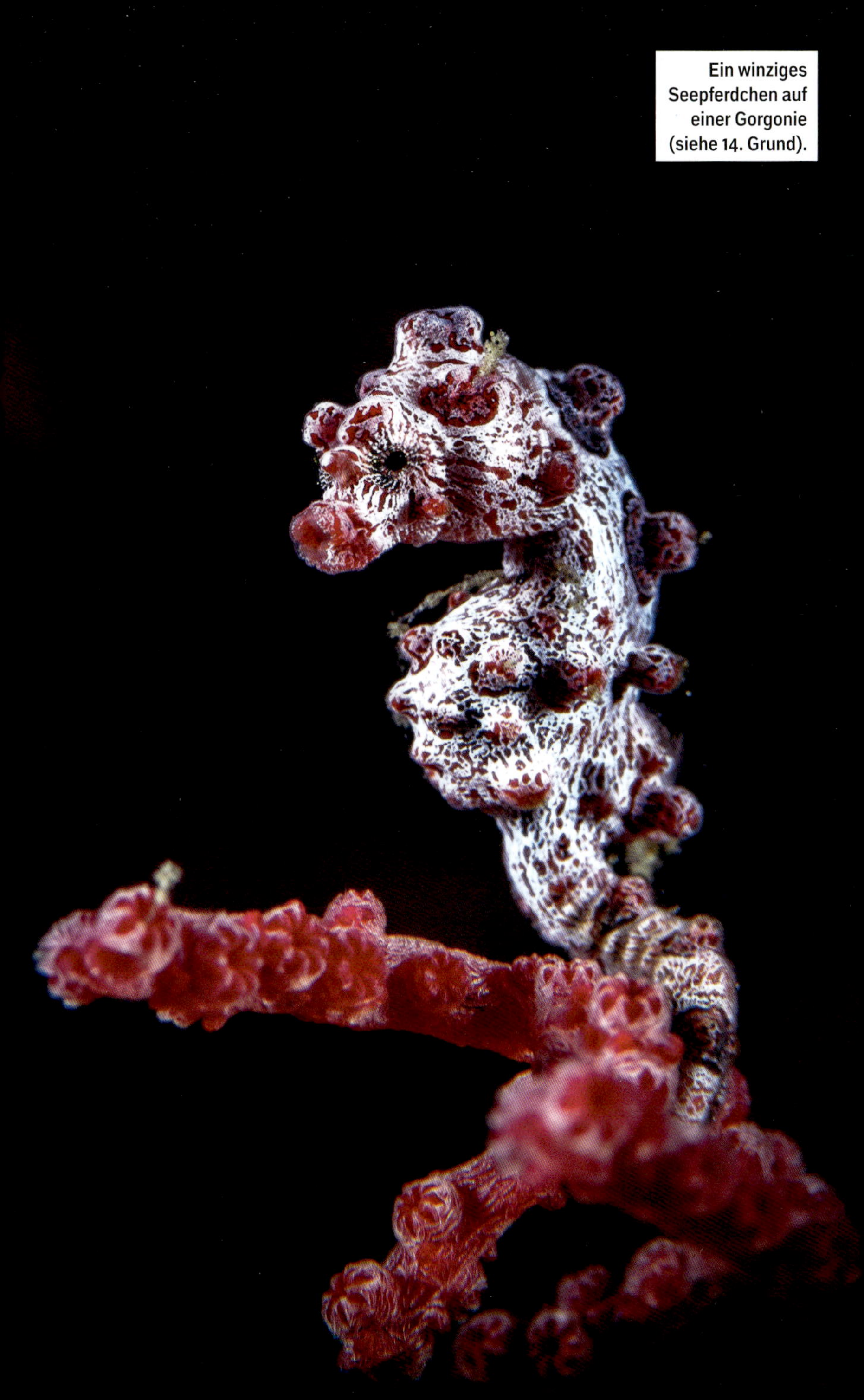

Ein winziges Seepferdchen auf einer Gorgonie (siehe 14. Grund).

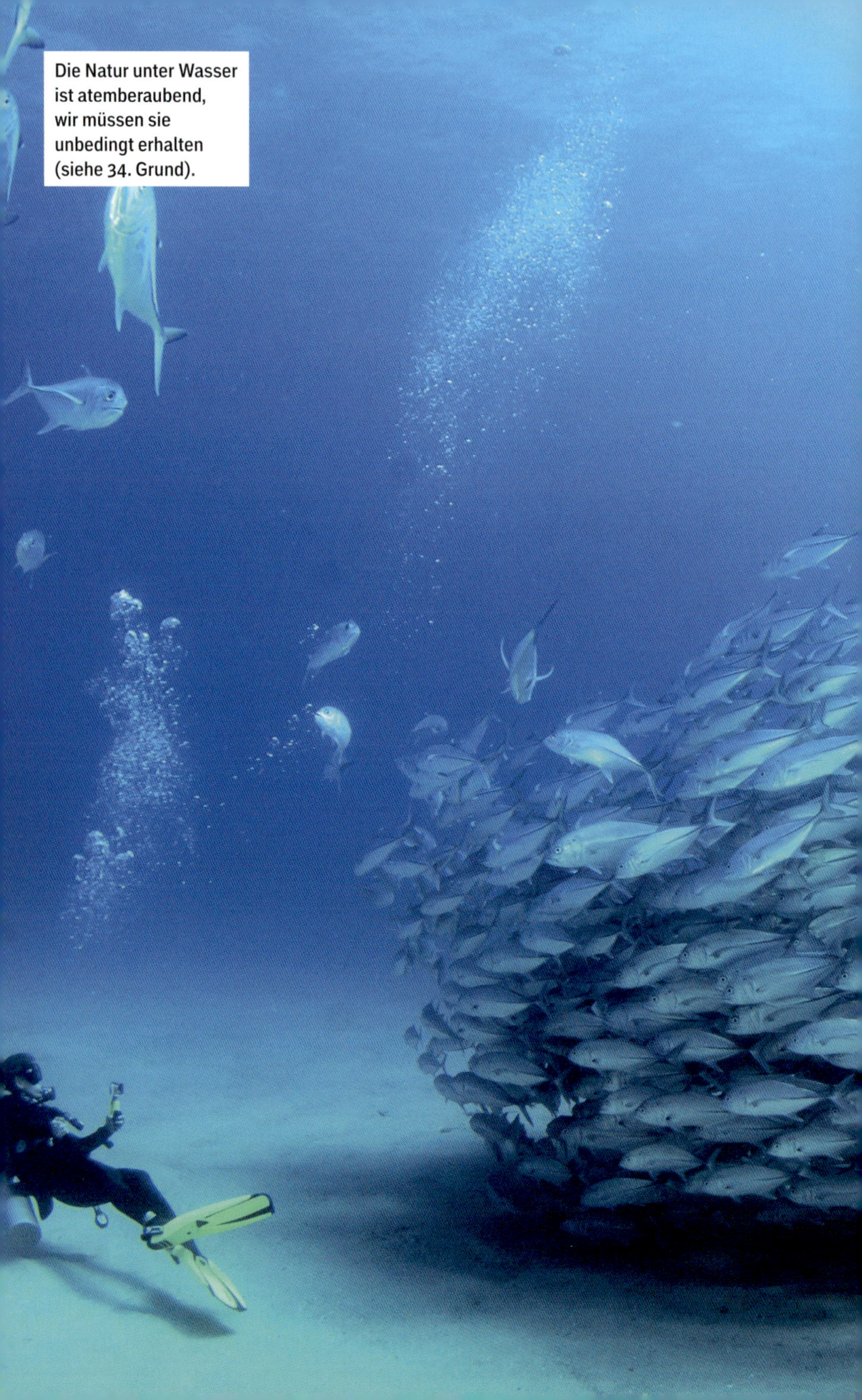

Die Natur unter Wasser ist atemberaubend, wir müssen sie unbedingt erhalten (siehe 34. Grund).

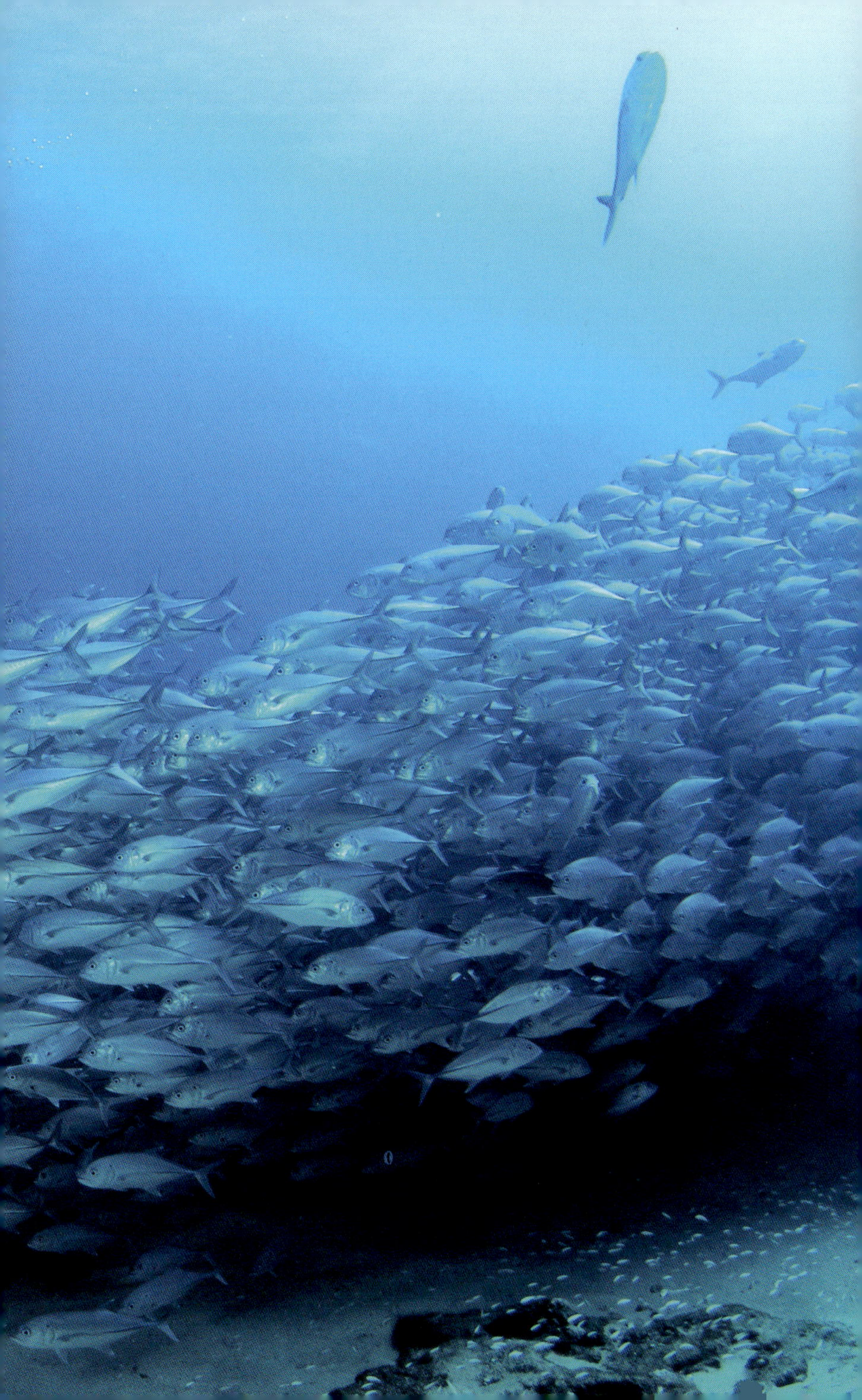

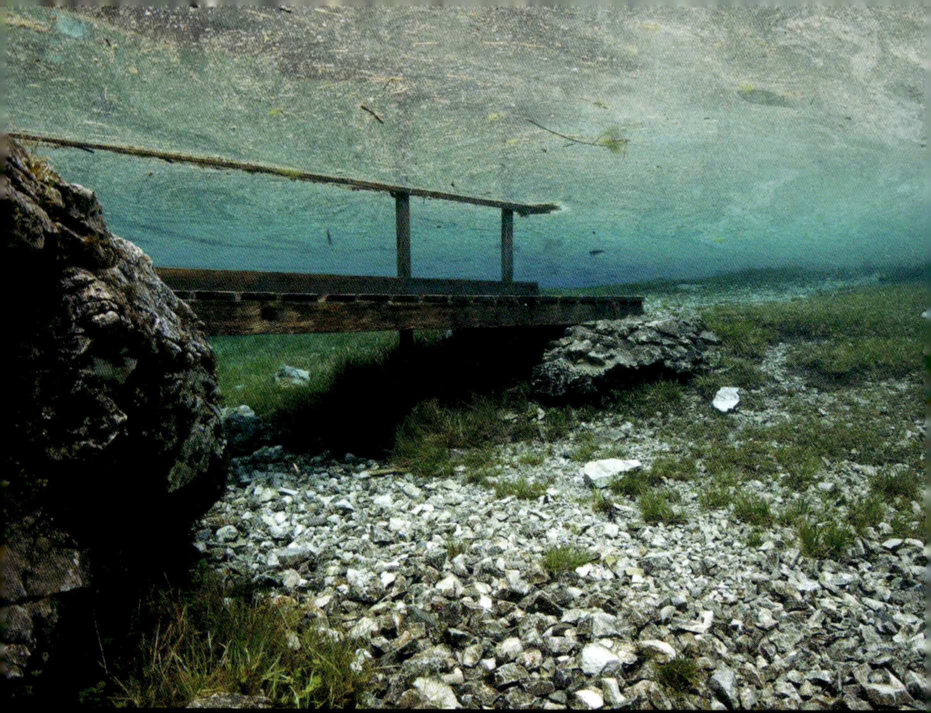

Oben: Eine versunkene Brücke im berühmten Grünen See in Österreich, als man dort noch tauchen durfte (siehe 68. Grund). **Unten:** Begegnung mit dem Räuber der heimischen Seen, einem Hecht (siehe 17. Grund).

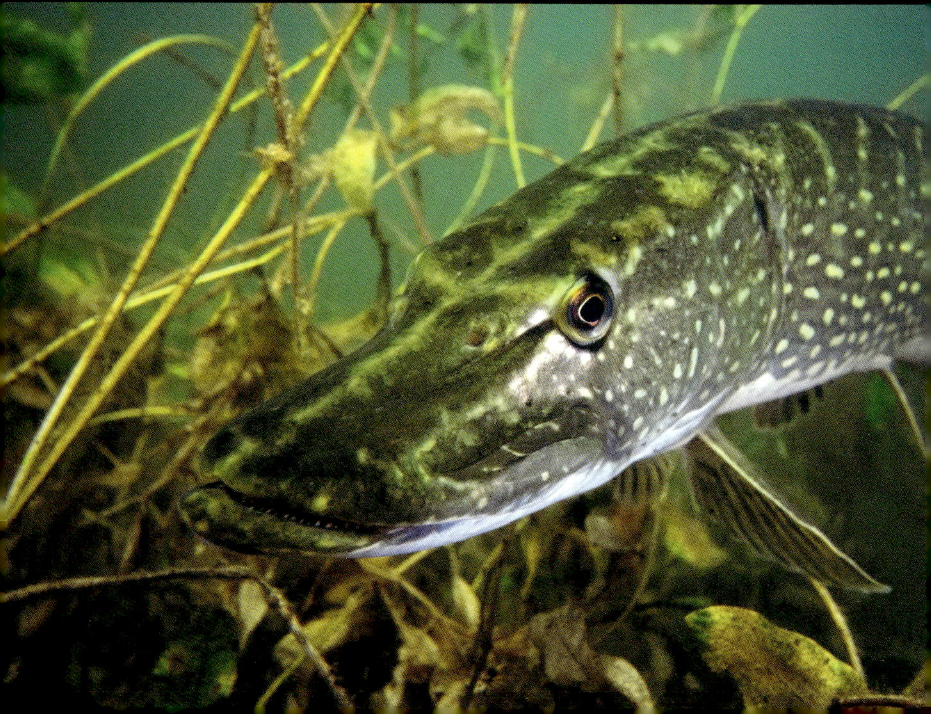

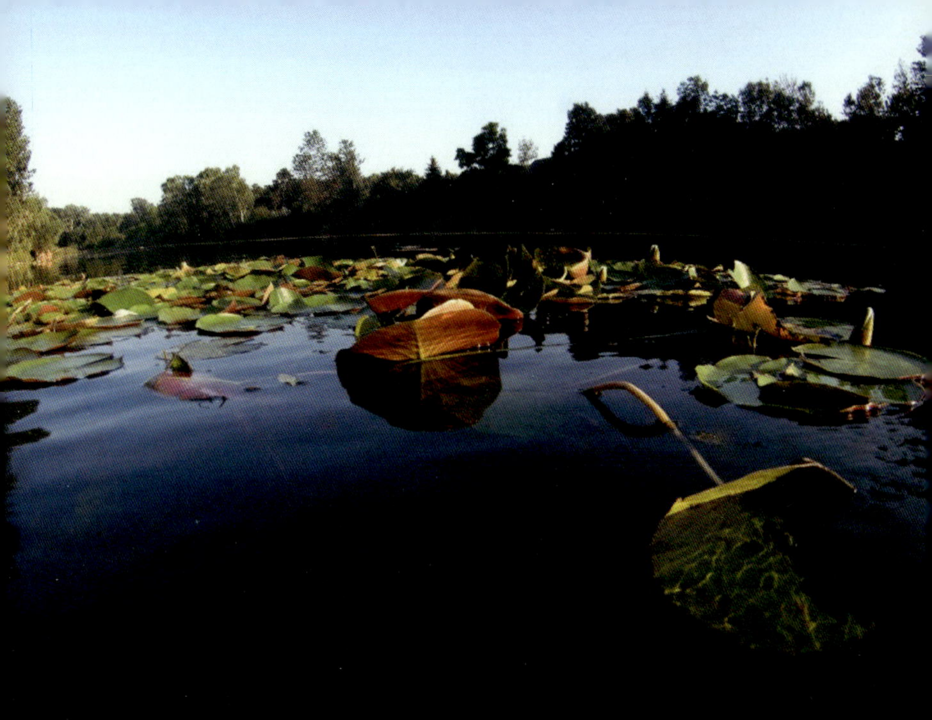

Oben: Seerosen an der Oberfläche eines heimischen Gewässers.
Unten: Begegnung mit einem großem Wels (siehe 54. Grund).

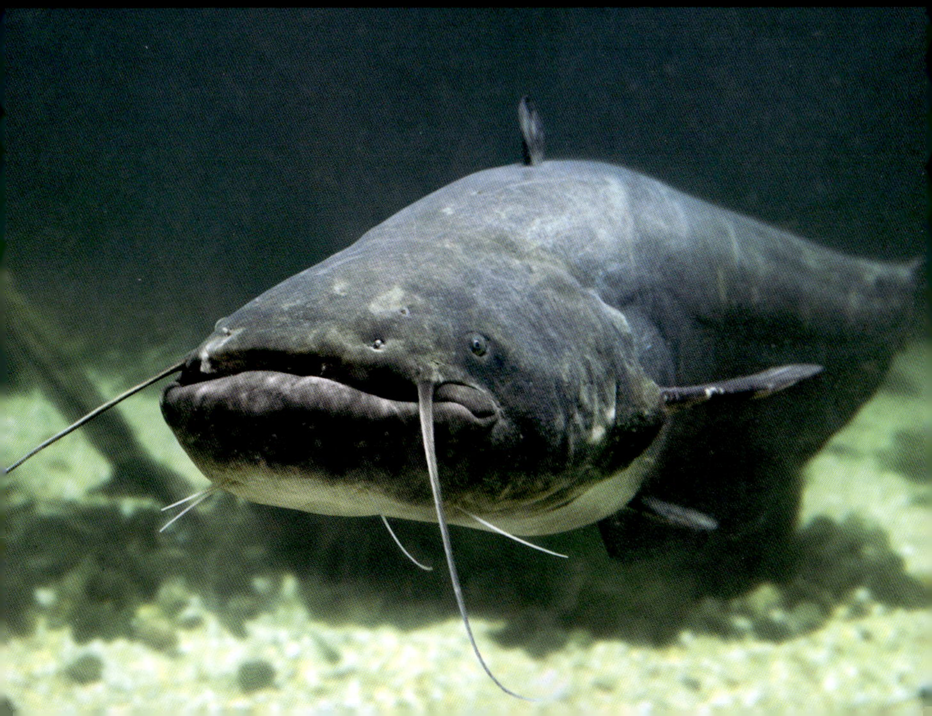

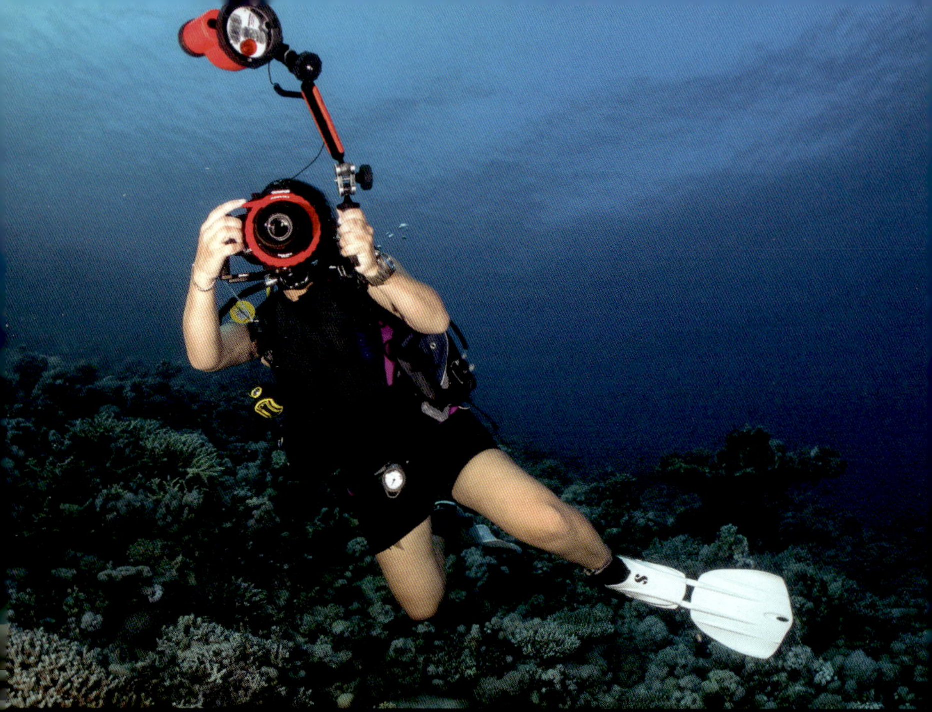

Oben: Auf der Jagd nach dem nächsten perfekten Unterwasserfoto (siehe 73. Grund).
Unten: Auge in Auge mit einer Schildkröte, die unendlich alt und weise zu sein scheint (siehe 58. Grund).

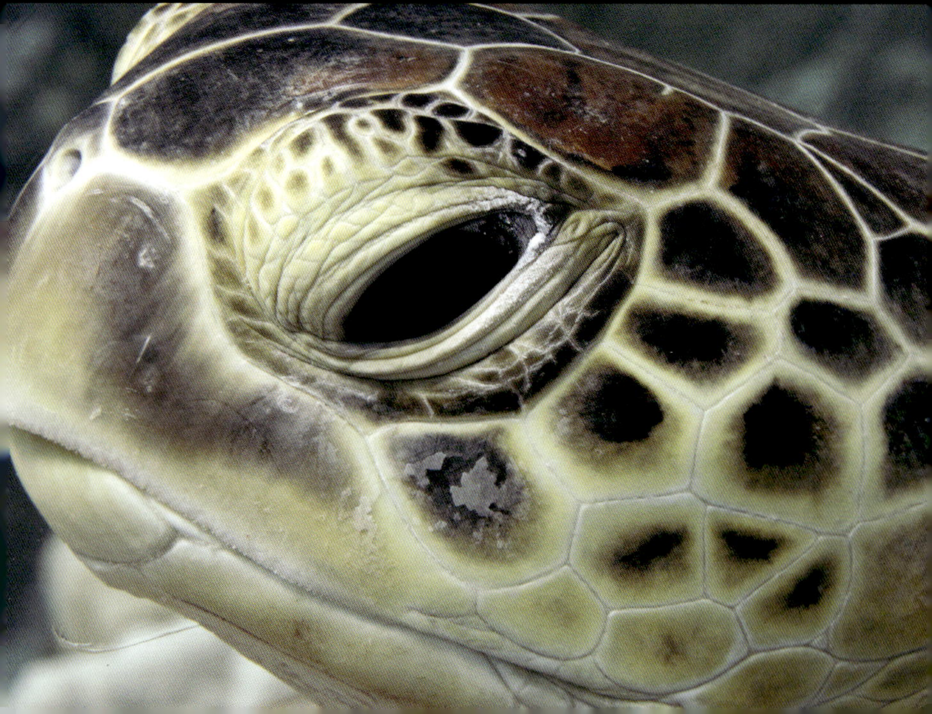

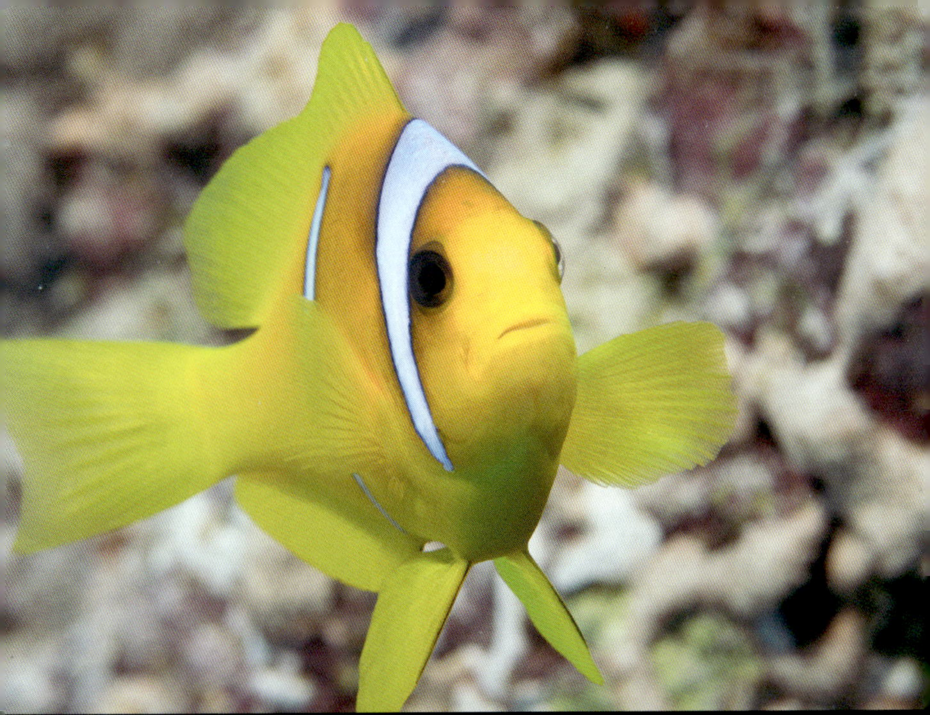

Oben: Frontalaufnahme eines Clownsfisches.
Unten: Zwei Taucher im Buddyteam (siehe 44. Grund).

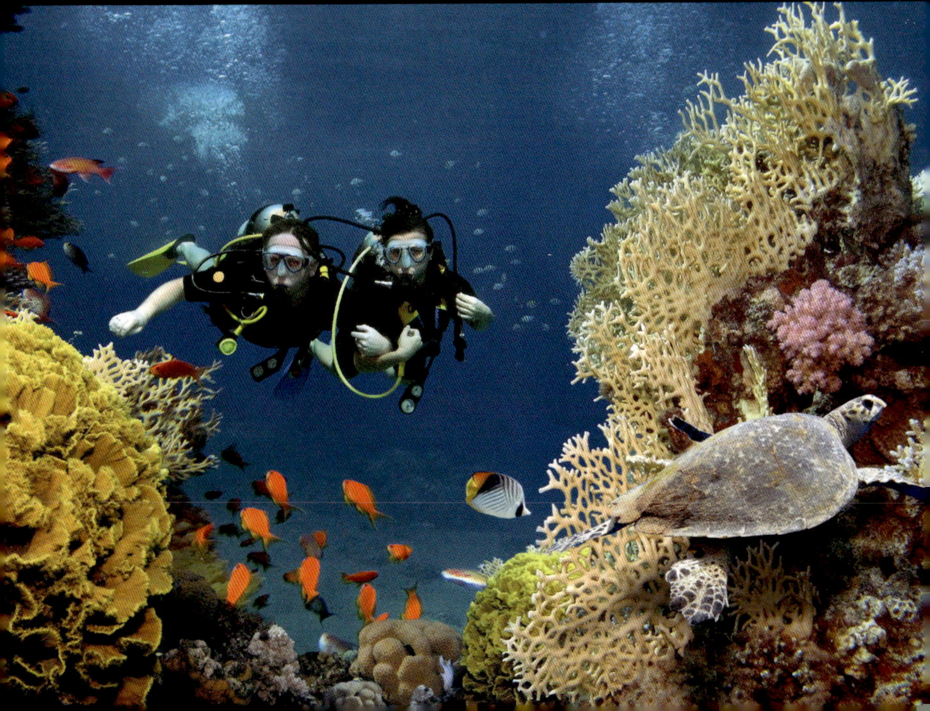

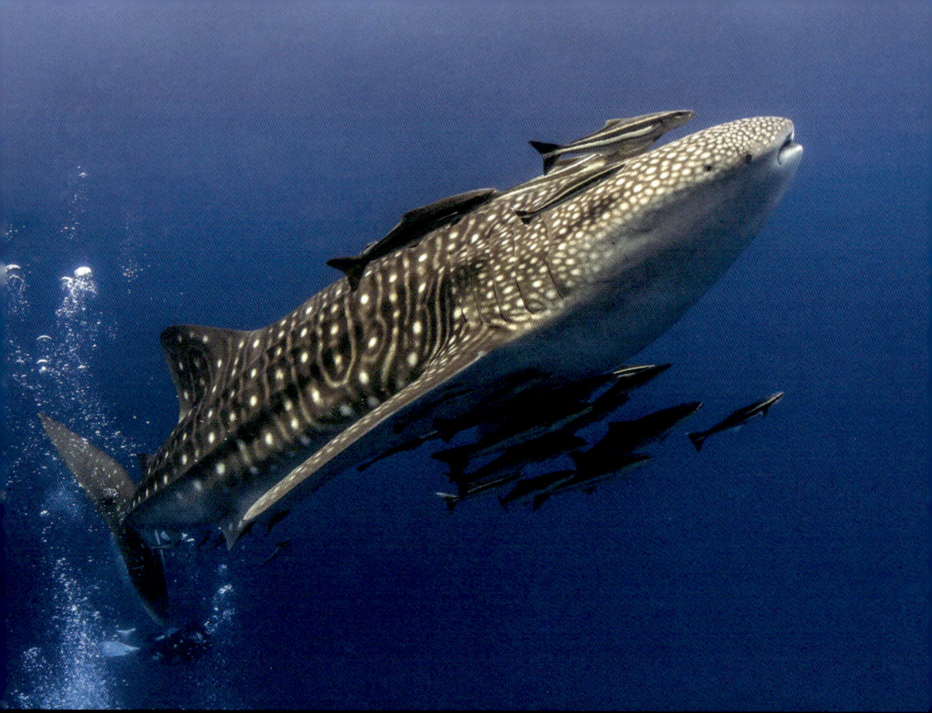

Oben: Der Walhai ist sicherlich einer der Big Five, die man unter Wasser sehen möchte (siehe 36. Grund).
Unten: Zwei Taucher schweben scheinbar schwerelos an einem Riff entlang (siehe 110. Grund).

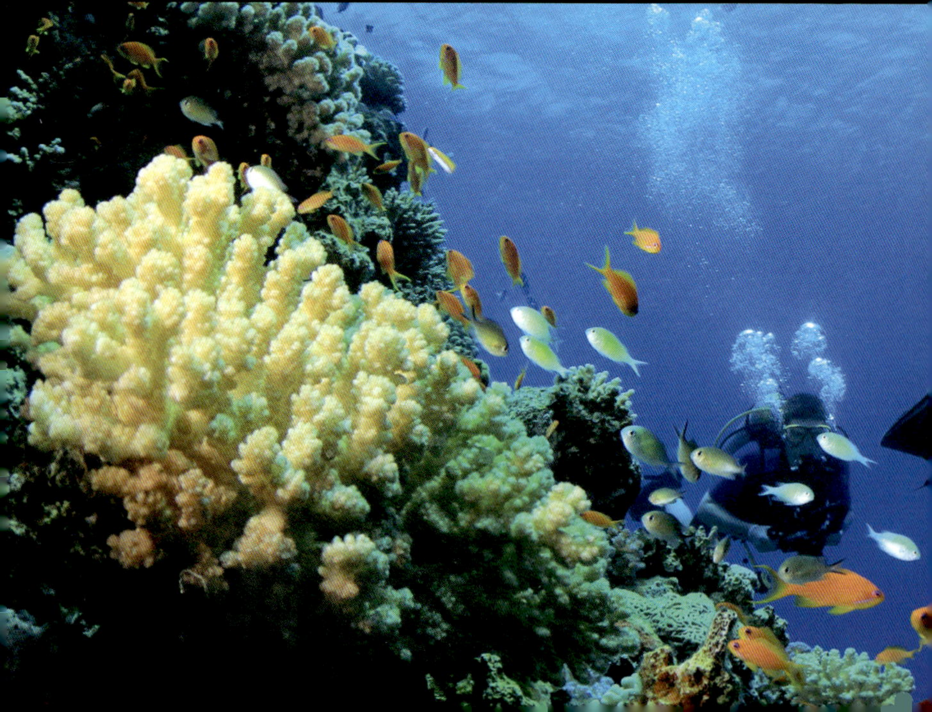

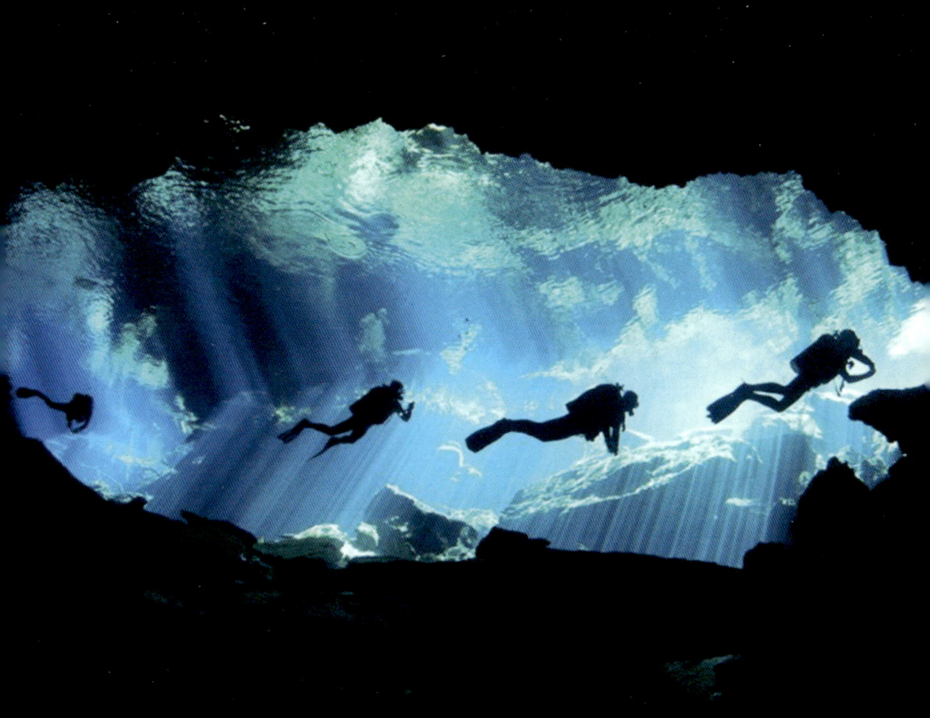

Oben: Unter Wasser finden sich die ungewöhnlichsten Gesteinsformationen und Höhlen (siehe 104. Grund).

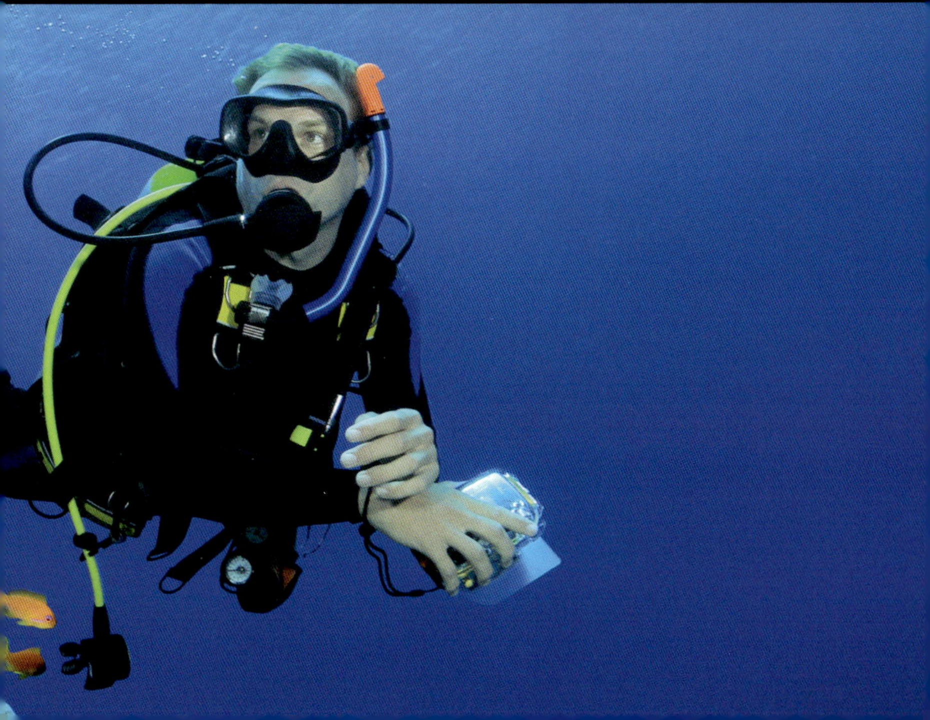

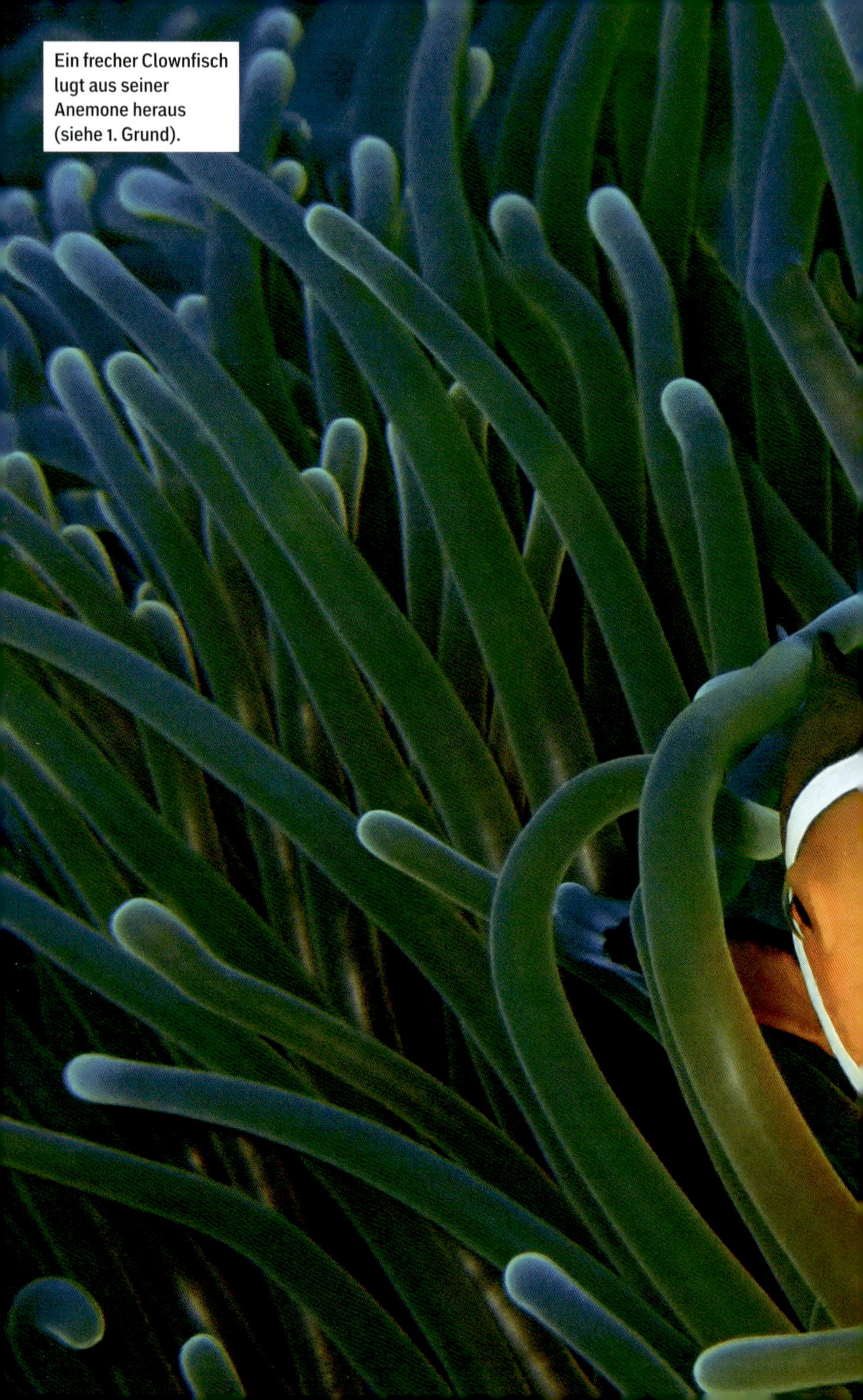

Ein frecher Clownfisch lugt aus seiner Anemone heraus (siehe 1. Grund).

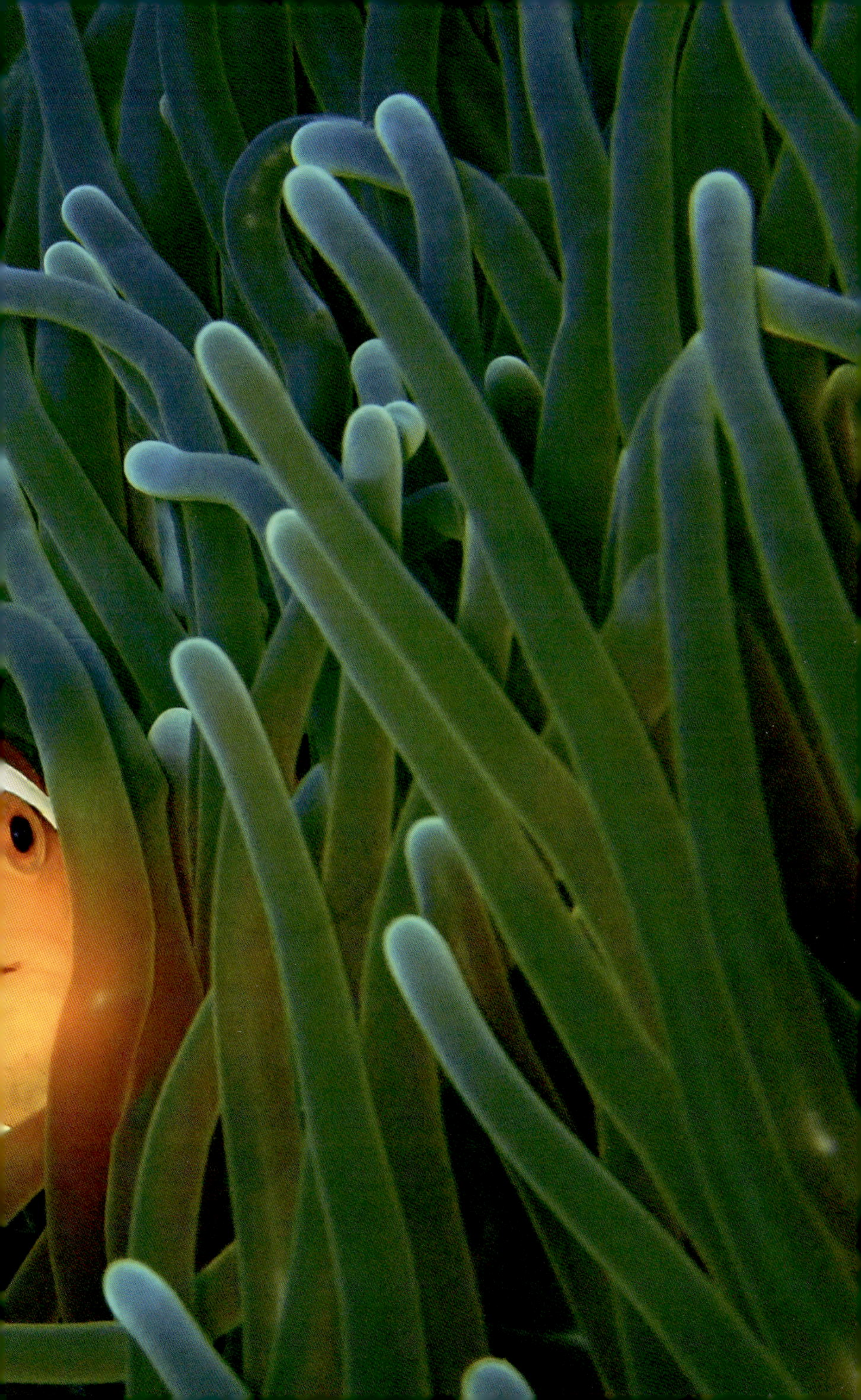

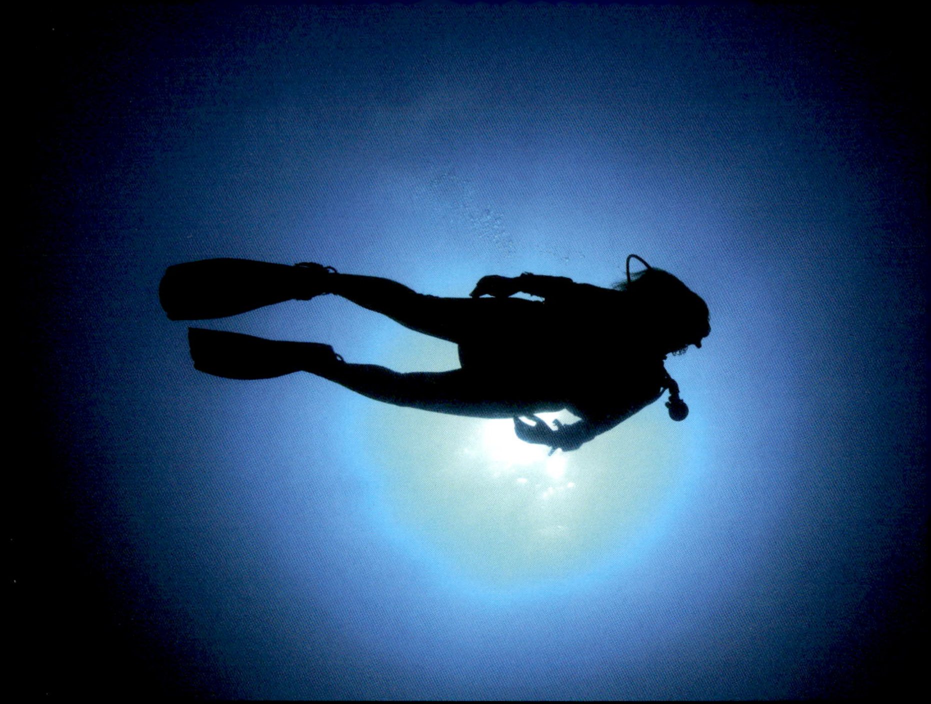

Oben: Eine Taucherin schwebt im Blauwasser (siehe 33. Grund). **Unten:** Begegnungen zwischen Mensch und Schildkröte sind immer ein intensives Erlebnis für Taucher (siehe 13. Grund).

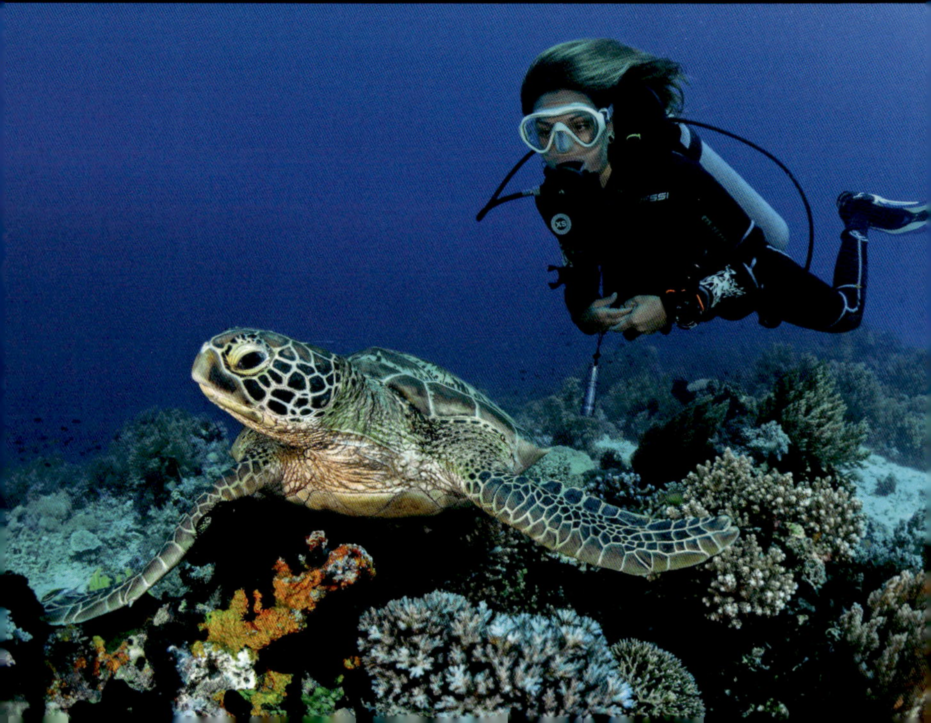

heraus. Selbst im See und im kalten Wasser halte ich mich lieber zurück, was die Tiefe angeht, und tauche mit einer einzigen Flasche, als mit mehr Ausrüstung in größere Tiefen vorzudringen. Wenn ich in warmem Wasser unterwegs bin, versuche ich überhaupt so viel an Material zu sparen, wie es nur geht. So wenig Blei wie möglich, den dünnsten Anzug, den ich tragen kann, um mir selbst den Ein- und Ausstieg zu erleichtern. Dennoch habe ich natürlich auch viel mehr Anzüge zu Hause, als ich eigentlich brauche. Ich habe zwei Atemregler, zwei oder drei Masken, verschiedene Flossen und Füßlinge. Denn auch wenn ich versuche, mit schmalem Gepäck und Ausrüstung zu reisen, ich kann einfach manchmal nicht widerstehen, mir Dinge zuzulegen, die ich nicht unbedingt benötige.

74. GRUND

Weil man sich vor dem Tauchgang mit der Ausrüstung beschäftigen kann

Das Schöne an viel Ausrüstung ist, dass man stundenlang daran herumfummeln kann. Je komplexer die Konfiguration, desto mehr Handlungsbedarf besteht. So sieht man an vielen Seen die technischen Taucher ankommen, die pro Person unzählige Ausrüstungsteile, darunter mindestens zwei Flaschen, zwei unabhängige Atemreglersysteme und ihre riesigen Trockenanzüge, an den See tragen. Alleine diese Prozession dauert lange. Verdammt lange. Viele Wege vom Auto und zurück sind notwendig.

Sie verpacken alles in riesigen Kisten, die sie mit Mühe und Not durch die bereits anwesenden Taucher bugsieren. Stehen die Kisten mal, wird der Inhalt herausgeholt. Anzüge, Flaschen, Unterzieher, Atemregler, Masken, Hubschrauber, Hundewelpen, Schweinekeulen, ganze Kleinstädte und Walhaie kommen zum Vorschein. Gefühlt dauert alleine der Prozess des Auspackens so lange wie ein Tauchgang. Ist alles ausgepackt und aufgereiht, geht es ans Zusammenbauen, was etwas komplexer ist, als nur eine einzige Flasche am simplen Jacket zu befestigen. Je nachdem, ob man mit Stage oder Side Mount taucht, muss befestigt, angepasst und angelegt werden. Da die Ausrüstung mit so viel Flaschen und Blei doch recht schwer ist, kann man das auch nicht alleine machen. Zu zweit oder zu dritt zieht man sich an, zuppelt hier und da noch am Buddy rum. So manch einer zieht sich plötzlich wieder aus, weil er etwas vergessen hat oder noch mal pullern muss. Dann geht es endlich los, wie riesige, schwerfällige Krebse bewegen sich die Taucher auf das Wasser zu und kommen nass geschwitzt dort an. Zwei Flossenschläge, und weg sind sie.

Aber auch für Sporttaucher wie mich gibt es genug, womit man sich beschäftigen kann. Zunächst muss auch ich alles an den See tragen, auspacken, aufreihen und kontrollieren. Dann ziehe ich mich an. Auch wenn die einzelnen Ausrüstungsteile nicht so viele sind, habe ich immer das Gefühl, dass ich etwas vergesse. Ich gehe mental die einzelnen Bestandteile von den Füßen zum Kopf durch: Füßlinge, Flossen, Anzug, Atemregler, Jacket, Blei, Tauchcomputer, Flasche, Maske. Oder wenn ich im Trockentauchanzug tauche, kommt der Unterzieher raus, die Socken, all das will angezogen werden. Handschuhe, Kopfhaube – fertig ist der kleine Taucher.

Der Weg an den See ist für mich ebenfalls beschwerlich, auch wenn ich weniger Ausrüstung habe, sehe ich immer noch aus wie ein vollgepackter, kleiner unbeholfener Frosch, der sich abmüht, den Weg zum Wasser zu finden.

Wer beim Tauchen fotografiert, kann ebenfalls vor dem Tauchgang stundenlang an der Kamera rumfriemeln. Da wird erstmals alles auf einen Tisch gelegt und geschaut, ob man kein Teil vergessen hat. Eventuell kann man sich auch noch ausführlich mit seinen Buddys über die Kamera und den Zusammenbau austauschen und darüber diskutieren, wer warum welche Kamera hat. Dann wird zusammengebaut. Kamera mit Objektiv, Gehäuse, Ports, Schienen, Blitzarme, Blitze, Spiralkabel. Vielleicht wird auf dem Gehäuse noch eine Go-Pro angeschraubt, mit einem eigenen Videolicht. Hat man etwas vergessen, wie zum Beispiel die Speicherkarte in die Kamera einzulegen, so kann man mit der Prozedur neu beginnen. Besonders zeitintensiv ist der Vorgang, sicherzustellen, dass die Kamera dicht ist. Ich reibe die O-Ringe des Unterwassergehäuses ausgiebigst mit Silikon ein, das wiederhole ich bis zu drei Mal, es hat etwas von einer Zwangshandlung. Danach schaue ich wie besessen den O-Ring in der Kamera genau an, ob noch irgendwo ein Haar oder ein Sandkorn klebt. Schlussendlich mache ich das Gehäuse zu und schicke ein Stoßgebet zum Himmel, bete, dass mein Kameragehäuse auch wirklich dicht ist.

Danach folgt der Buddycheck, man prüft mit seinem Buddy, ob man alle Ausrüstungsteile hat, ob alles richtig angeschlossen ist, Blei da ist, die Flasche aufgedreht ist und man einfach nichts vergessen hat. Mit all diesen Vorbereitungen kann die Zeit vor dem Tauchgang, in der man sich mit der Ausrüstung beschäftigt, fast länger dauern als der Tauchgang selber.

75. GRUND

Weil man sich nach dem Tauchgang mit der Ausrüstung beschäftigen kann

Zwischen und nach den Tauchgängen ist kein Müßiggang angesagt, wer taucht, hat einiges zu tun, bevor man sich zum wohlverdienten Nickerchen hinlegt. Man muss sich zumindest das Jacket ausziehen und das Blei weggeben. Die Flasche will gefüllt werden, vielleicht zieht man sich auch komplett den Anzug aus und muss sich für den nächsten Tauchgang wieder hineinpressen. Die gefüllte Flasche, das Jacket, die Maske, der Regler, all das will zum nächsten Tauchgang wieder am Körper des Tauchers seinen angestammten Platz haben und muss vorbereitet werden. Die Kamera will ebenfalls versorgt werden, auch wenn diese zwischen den Tauchgängen fest verschlossen bleibt. Aber auch ohne den Fotoapparat und das Gehäuse erneut zusammenzubauen, kann man sich die Zeit zwischen den Tauchgängen extrem verkürzen und kurzweilig gestalten. Wenn man den Tauchtag beendet, ist man schwer beschäftigt, je nachdem, wo man sich befindet und wo man tauchen war. Auf einem Safariboot kann man die Ausrüstung getrost einfach am Platz liegen lassen, denn sogar die Anzüge werden auf manchen Booten von der Crew aufgehängt. Wer dazu neigt, in den Anzug zu pullern, sollte diesen aber mindestens jeden Abend ausspülen und selber aufhängen, das ist für mich eine Frage des Respektes vor der Crew. Ich spüle den Anzug auch zwischen den Tauchgängen aus, sollte er leicht müffeln. Die Kleinteile meiner Ausrüstung verstaue ich abends und auch zwischen den Tauchgängen selber in meiner Box. Dann bleibt nur noch die Kamera von außen zu spülen, gegebenenfalls auseinanderzubauen, die Batterien und Akkus aufzuladen und die Fotos zu überspielen. Wer den Tauchcomputer ausliest, kann diesen abends an den PC stecken und die Tauchgänge übertragen.

Auf einer Tauchbasis ist am Ende des Tages etwas mehr zu tun. So muss man oft die leere Flasche selber zur Basis bringen, die Ausrüstung ausspülen und selber zum Trocknen aufhängen. Alles andere wie Atemregler und Maske wird ebenfalls in der Box verstaut und in den Räumlichkeiten der Tauchbasis untergebracht. Am besten so, dass man sie am nächsten Tag wiederfindet. Was auf großen Tauchbasen mit vielen Kunden oft nicht so einfach ist.

Noch aufwendiger wird es nach einem Tauchtag am See. Nach dem Auftauchen muss man erst mal alles selber am Körper an Land tragen. Dann zieht man sich aus und sucht ein Plätzchen, wo man die Sachen etwas abtropfen lassen kann. Man hängt dann alles sorgsam auf und sammelt es später wieder ein. Oder legt die Sachen einfach in die Sonne. Ist das nicht möglich, verstaut man die klatschnassen Ausrüstungsteile im Tauchkoffer oder der eigenen Box und schleppt alles, auch die Flasche, zum Auto. Dort hievt man das schwere, nasse

Zeug in den Kofferraum und fährt nach Hause. Wer das Glück hat, in einem Haus mit Parkplatz, Keller und Garten zu wohnen, parkt entspannt und hängt idealerweise alles zum Trocknen im Garten oder im Keller auf. Wer wie ich lange mitten in der Stadt im Altbau ohne Parkplatz und Lift gewohnt hat, kann erst mal beten, einen Parkplatz in der Nähe der Wohnung zu finden. Klappt das nicht, was im Sommer in Wien am Wochenende neben dem Wiener Prater fast immer der Fall ist, kann man hoffentlich kurz ausladen und dann weiter einen Parkplatz suchen. Dann folgt, das nasse Zeug in die Wohnung zu schleppen und alles auszuspülen, noch mal in die Wanne zum Abtropfen zu legen oder aus dem Fenster zu hängen. Dann kann man die Sachen auf dem Wäschetrockner ausbreiten und sie dort für die nächsten drei Tage trocknen lassen. Besonders schön ist der Neoprenduft, der sich in der Wohnung verbreitet. Ist alles trocken, packt man es zurück in den Tauchkoffer und verstaut diesen irgendwo in der Wohnung.

Die Unterwasserkamera wird in der Wanne ausgespült und zum Trocknen ebenfalls einige Tage liegen gelassen. Dann erst kann man alles wegräumen. So beschäftigt uns die Ausrüstung nicht nur direkt nach dem Tauchgang, sondern man hat noch tagelang etwas davon. Bis alles eingeräumt und verstaut ist, ist es eigentlich schon wieder Wochenende und Zeit für den nächsten Tauchgang, und alles geht von vorne los.

76. GRUND

Weil Neopren sexy ist

Sommer, Sonnenschein und perfekte Körper. Durchtrainierte Oberkörper, Sixpacks, Sommerbräune. So sehen wir doch alle aus. Um diesen Körper weiter zu untermalen und die Vorzüge auch während des Tauchganges herauszuarbeiten, tragen wir Neopren. Bereits beim

Anziehen hat man als Taucher alle Möglichkeiten, seine Anmut und Gelenkigkeit zu zeigen. Man schlüpft elegant wie eine Ballerina in das wohlduftende Neopren. Mit einer einzigen geschmeidigen Bewegung zieht man den Anzug über die schlanken Beine, den wohltrainierten Hintern und den flachen Bauch nach oben. Wie eine zweite Haut schmiegt sich das Neopren an den Körper. Wendig und schnell schlüpft man auch mit der Armen hinein und bittet, so denn man nun einen Reißverschluss am Rücken hat, den heißen Tauchguide darum, diesen zu schließen. Der zieht ihn mit einem sanften Ruck nach oben, und man sieht in dem Anzug aus wie ein Bond Girl. So weit die Theorie.

In der Praxis müht man sich stundenlang mit dem störrischen Gummianzug ab, das Neopren scheint ein Eigenleben zu haben und eigene Vorstellungen, wie es mit dem Taucher zusammenarbeiten möchte. Zunächst geht es vielversprechend los, denn die Füße in die Hosenbeine zu stecken, das schafft man noch. Hoch motiviert zieht man den Anzug nach oben und bleibt spätestens am ersten Hindernis, den eigenen Unterschenkeln, hängen. Da hilft nur hinsetzen und das Neopren mühsam Zentimeter für Zentimeter nach oben zu ziehen, eine wahre Sisyphos-Arbeit. Ist man an den Knien angekommen, hat man bereits viel erreicht. Schafft man es über die Knie, fühlt man sich wie Hannibal bei der Überquerung der Alpen. Die wahre Herausforderung kommt aber noch. Die Oberschenkel sind gefährliches Territorium, sie sind relativ lang und relativ weich. Schnell schwindet die Illusion, den Anzug mit einem Ruck geschmeidig nach oben zu ziehen. Man liegt beim Anziehen eher wie ein gestrandeter Wal auf dem Rücken und versucht mit hektischem Hin-und-her-Drehen diesen verdammten Anzug über die Oberschenkel zu bekommen. Das nächste Hindernis ist der Hintern. Hier ist ebenfalls Schwerstarbeit angesagt, um den Gummianzug über diese große, weiche Fläche zu ziehen.

Wenn der Anzug relativ weit oben angekommen ist, begibt man sich in eine leichte Kniebeuge, um die Arme irgendwie in die Ärmel zu bekommen, es erinnert an die Position über einem Plumpsklo. Durch ein ruckartiges Aufstehen versucht man, die Arme in die Ärmel zu rammen, ohne sich die Schultergelenke auszukugeln. Dann wackelt man mit dem Hintern, um den Anzug weiter nach oben zu schieben, gleichzeitig wackelt man mit den Armen, um auch dort tiefer reinzukommen. Bei zu viel Winkfleisch muss man auch über den Arm zentimeterweise das Neopren hochziehen. Am besten mithilfe einer zweiten Person. Für den Rückenzip braucht man zwei Leute, einen, der ihn zuhält, und einen, der ihn hochzieht, denn das verflixte Ding ist schon wieder enger geworden. Nach jedem Versuch, den Reißverschluss nach oben zu ziehen, schießt er eigenständig wieder nach unten. Man braucht auch jemanden, der die überschüssige Haut, die oberhalb des Zips hervorquillt, in den Anzug zurückstopft. Die sogenannten Rückenratten sind einfach nicht hilfreich.

Und dann ist man endlich drin, wie Boris Becker damals im Internet. Mit rotem Kopf und schwer atmend geht man wie ein Pinguin zu seiner Ausrüstung und atmet erstmals tief durch. Der Reißverschluss drückt im Rücken, das enge Neopren engt dermaßen ein, dass man Schmerzen bekommt. Die Arme hochzunehmen oder am Körper anzulegen ist fast unmöglich, jedenfalls nicht ohne weitere Schmerzen. Geschenkt, dass das Neopren jedes Kilo zu viel unterstreicht. Man ist einfach nur froh, bis jetzt überlebt zu haben. Da ist es irrelevant, dass man nicht aussieht wie ein Bondgirl sondern wie eine ganz spezielle Wurstsorte in Neoprenpelle.

Noch angenehmer wird es, wenn man aufgrund von Kälte gezwungen ist, so viele Anzüge wie möglich übereinanderzuziehen. Ich kenne junge Damen, die bis zu drei Anzüge übereinander gezogen haben, um im berühmten Grünen See in Tragöß abzutauchen. Ganz abgesehen davon, dass man die Arme im 90-Grad-Winkel zum Körper halten muss, schnürt so viel Neopren auch ein Stück weit die Luftzufuhr ab und lässt die Augen hervorquellen. Sich zu bücken, um Flossen anzuziehen, ist unmöglich. Wie ein dicker Gummikäfer legt man sich mit aufgeblasenem Jacket im Wasser auf den Rücken und lässt sich vom Buddy die Flossen anziehen. Die Menschenwürde hat man zu diesem Zeitpunkt schon längst abgegeben, die braucht man nicht. Unbedingt sollte man sich nach so einer Anstrengung einige Sekunden bis Minuten Zeit nehmen, um wieder ruhig zu atmen und nicht mehr so zu schwitzen. Ein Glas Wasser, viel Humor und Selbstironie beruhigen schnell. Unter Wasser ist die ganze Qual schnell vergessen, das Wasser weitet den Anzug, und schnell fühlt man sich nicht mehr eingeengt, sondern schwerelos.

77. GRUND

Weil man in den Anzug pullern darf

Was mutt, datt mutt, sagt man in Norddeutschland. Heißt übersetzt, was man tun muss, muss man tun. So einfach ist das. Wer im wahrsten Sinne des Wortes mal muss, darf das beim Tauchen eigentlich fast jederzeit. Denn nichts wird so offen angesprochen und diskutiert wie die Frage, ob man während des Tauchganges in seinen Anzug pullert oder nicht. Es gibt da verschiedene Tauchertypen. Diejenigen, die sagen, dass sie bei jedem Tauchgang in ihren Anzug pullern und das kurze, warme Gefühl sogar genießen. Diejenigen, die diese Erleichterung, wenn man lange versucht hat, nicht zu pullern, und dann laufen lässt, so anschaulich beschreiben, dass man ihre Erleichterung mit ihnen durchlebt. Dann gibt es die G'schamigen. Die auf die Frage, ob sie in den Anzug machen, die Augen niederschlagen, aber durch den Duft ihres Anzuges verraten werden.

Es gibt auch diejenigen, die sagen, sie hätten noch nie in ihren Anzug gemacht. Ich kann das nur ganz schwer glauben. Denn Tauchen treibt die Blase an. Sich lange im Wasser zu bewegen, noch dazu bei einer Sportart, bei der man vor dem Tauchgang so viel trinken soll wie möglich, ist eine Herausforderung für jeden Körper. Wer behauptet, es immer auf Toilette geschafft zu haben, dem kann ich das kaum glauben. Sollte es stimmen, dann tun diese Taucher mir fast ein wenig leid. Sie verbringen viel Zeit damit, angestrengt zu vermeiden, dass es doch läuft. Dazu kommt die Herausforderung, dass beim Ausziehen des Anzuges nichts danebengeht. Hat man es so weit geschafft, ist die Toilette vielleicht besetzt. Dann werden schon langsam die Augen gelb, der Gesichtsausdruck angespannt und die Körperhaltung verkrampft. Die Frage ist in so einem Moment auch, was man für Alternativen hat. Kann man noch ins Wasser springen und dort pullern? Und ist das weniger demütigend, als in den Anzug zu pieseln? Denn wer nach dem Tauchgang vom Boot ins Wasser geht und dort so tut, als würde man einfach nur ein wenig schwimmen oder an der Oberfläche treiben wollen, der hält die andern Taucher für blöd. Jeder weiß, was man dort macht. So kommt man quasi dazu, vor Publikum das kleine Geschäft zu erledigen. Da wäre es doch besser gewesen, sich klammheimlich unter Wasser zu erleichtern, ohne Zuschauer.

Es gibt auch wahre Enthusiasten, die sagen, dass es nur dann ein guter Tauchgang sei, wenn man in seinen Anzug gepullert hat. Als ich einer Freundin ihren Anzug, den sie mir geliehen hatte, zurückgab mit den Worten: »Ich habe nicht mal reingemacht«, sagte sie: »Dann hast du ihn nicht richtig verwendet.« Fakt ist also, wer muss, der darf und muss sich dafür nicht schämen. Und wer nicht kann, der muss auch nicht, sollte vielleicht aber mal. Wenn man auf Tauchsafari fährt, ist es aber immer eine gute Idee, den Anzug regelmäßig auszuspülen. Nach einigen Tagen pieseln bei vier Tauchgängen am Tag eigentlich die meisten Taucher in ihre Neoprenhaut. Das macht sich einfach irgendwann bemerkbar, denn die Anzüge stinken erbärmlich. Diese Mischung aus Pipi und Neopren ist für mich der typische Geruch einer solchen Safari und durch regelmäßiges Ausspülen nach jedem Tauchgang echt vermeidbar. Denn auch wenn es sozial toleriert wird, sich so zu erleichtern, muss man die anderen Taucher nicht penetrant mit einem stinkenden Anzug belästigen.

78. GRUND

Weil Flossen endlich einen Sinn haben

Es gibt wohl kaum etwas, was einen Menschen an Land hilfloser erscheinen lässt als ein Paar Flossen an den Füßen. Wer jemals versucht hat, mit Flossen zu gehen, weiß, wovon ich spreche. Ein Schritt nach vorne ist fast unmöglich, da sich das Flossenblatt im Boden verkeilt und nach oben biegt, während man versucht, zu gehen. Man kann wie eine Ente watscheln, indem man die Füße wie Charlie Chaplin so weit wie nur möglich nach außen dreht und auf den Fersen geht. Oder man hebt ganz langsam den Fuß weit nach oben und setzt ihn vor dem eigenen Körper mit dem ganzen Flossenblatt wieder auf den Boden. Egal was man aber macht, es wirkt wie ein Teil des Monty-Python-Klassikers *Ministry of Silly Walks*. Man ist wirklich lächerlich und hilflos. Mit Flossen an Land gehen ist absolut sinnlos.

Unter Wasser hingegen sind sie überlebenswichtig. Wer mal versucht hat, sich ohne Flossen beim Tauchen mit Ausrüstung fortzubewegen, ist fast ist noch eingeschränkter als mit Flossen an Land. Hilflose Schwimmbewegungen bringen nichts, gegen eine auch nur leichte Strömung ist man aufgeschmissen. Mit Flossen hingegen kann man sich ohne allzu große Anstrengung im Wasser fortbewegen. Durch kräftige Beinschläge allein kommt man vorwärts, die Arme kann man vor dem Körper verschränken. Denn dank das guten Antriebes mit Flossen braucht man keine Schwimmbewegungen mit den Armen zu machen. Man fühlt sich fast so agil und mobil wie die eleganten Fische am Riff. Ist man natürlich nicht, denn auch mit Flossen muss man gegen die leichteste Strömung anpaddeln wie ein aufgezogener Duracell-Hase, denn sonst nimmt einen das Wasser einfach mit. Daher sollten Tauchgänge gegen die Strömung vermieden werden, denn gewinnen kann man da als Taucher nie. Manchmal lässt es sich aber nicht vermeiden.

Flossen gibt es in allen möglichen Varianten und Formen. Sie unterscheiden sich im sogenannten Flossenblatt, dieses ist der vordere Teil der Flosse. Der Fußteil variiert ebenfalls, je nach Hersteller ist dieser Teil mal breiter, mal schmaler und mit unterschiedlichen Flossenbändern ausgestattet, um dieses wichtige Ausrüstungsteil fest am Fuß des Tauchers zu fixieren. Ob man ein weiches, hartes, breites, langes oder kurzes Flossenblatt bevorzugt, hängt von vielen Faktoren ab. So greifen kleine Menschen wie ich eher zu kürzeren Flossenblättern, die ganz langen Apnoeflossen sind fast so lang wie ich selber. Auch so mancher Gerätetaucher nutzt diese speziellen Flossen zum Tauchen, da sie angeblich ein schnelleres Vorwärtskommen mit weniger Anstrengung ermöglichen. Harte Flossenblätter wiederum sollen sich für viele Taucher angenehmer in starker Strömung anfühlen, sie bieten ein besseres Vorankommen als weiche Flossenblätter. Beziehungsweise fühlt es sich für die Taucher besser an, wenn das Blatt mehr Widerstand bietet.

Ich persönlich bevorzuge eher weichere Flossen, da ich von ganz harten Blättern tatsächlich Rückenschmerzen bekomme. Aufgrund meiner bereits erwähnten Körpergröße ziehe ich eher kürzere Flossen vor, wobei ich mit den ganz kurzen und breiten Flossen nicht zurechtkomme. Auch wenn diese angeblich von Kampfschwimmern verwendet werden. Ich mag es eher gemütlich.

Es gibt Flossen mit Fußteil, in die man mit Neoprenschuhen einsteigt, und solche Flossen, die man barfuß trägt. Auch wenn aus meiner Sicht die meisten Taucher Flossen mit Neoprenschuhen tragen, gibt es genug Gerätetaucher, die barfuß mit sogenannten Schnorchelflossen tauchen. In diese schlüpft man einfach rein, sie haben keinen separaten Verschluss in Form einer Schnalle. Geräteflossen haben unterschiedliche Systeme zum Verschließen. Das können Schnallen oder eine Art runde Metallfeder sein, die man sich über die Fersen der Neoprenschuhe zieht. Auch hier gilt, die Vorlieben für ein System hängen einfach von den Vorlieben des Tauchers und den Gegebenheiten ab. Wer hauptsächlich in der Karibik taucht, kann das barfuß mit Schnorchelflossen machen. Wobei, sobald man einige längere Strecken zu Fuß durch das Meer waten muss, bevor man abtauchen kann, empfiehlt es sich, doch Flossen mit Neoprenschuhen zu tragen, weil es angenehmer beim Gehen ist und man vermeidet, auf scharfe Korallenstücke oder sogar auf giftige Meeresbewohner zu treten. So sind die Flossen nicht nur ein Mittel zur Fortbewegung, sondern bieten je nach Modell auch einen gewissen Schutz.

79. GRUND

Weil Spucke ein Wundermittel ist

Die Maske sollte bei jedem Tauchgang fest auf der Nase sitzen. Nicht zu fest, denn das gibt hässliche Striemen. Aber fest genug, um sie nicht zu verlieren. Denn nur durch eine Maske hat man klare Sicht auf die zauberhafte Unterwasserwelt. Gerade neue Masken neigen dazu, bei den ersten Tauchgängen zu beschlagen. Aber auch altgediente Modelle tun sich mit dem Temperaturunterschied an Land und unter Wasser schwer und beschlagen plötzlich. Verschiedene Anbieter versuchen uns Tauchern seit Jahren diverse Mittelchen zu verkaufen, die dieses Beschlagen komplett verhindern sollen. Dazu werden aus dem Kosmetikbereich und dem eigenen Haushalt Spülungen, Babyshampoo oder Spülmittel verwendet, um das Beschlagen zu verhindern. All das wurde schon auf Tauchbooten gesichtet. Und all das ist künstlich hergestellt, enthält Chemie, kann leer sein und kostet Geld.

Generationen von Tauchern schwören daher auf die gute alte Spucke. Sie ist ein Wundermittel gegen beschlagene Masken. Vor dem Tauchgang sitzt man einträchtig nebeneinander und holt aus den Tiefem des Mundes, bis zum Rachen hinein, einen möglichst großen, feuchten und liquiden Batzen Spucke. Diesen entlässt man direkt aus dem Mund in die Maske. Entweder bringt man diesen

Batzen in einem Schwung oder in kleineren Portionen in die verschiedenen Bereichen der Maske. Da hat jeder seine eigene Taktik. Mit dem Finger wird dieses Wundermittel dann gut verteilt. Dann sollte es einige Sekunden oder Minuten einwirken. Abschließend taucht man die Maske entweder in das Meer oder in einen Eimer mit Wasser, den alle anderen 15 Taucher auch verwenden, und setzt sich die Maske auf. Spucke ist natürlich abbaubar, nahezu unbegrenzt verfügbar und braucht auch keine Plastikverpackung.

Spucke hilft aber auch bei Kontakt mit Nesseltieren oder Quallen. Wer allergisch auf bestimmte Meeresbewohner reagiert und dennoch mit ihnen in Berührung kommt, sollte gleich nach dem Auftauchen die betroffenen Körperstellen großzügig mit eigener Spucke einreiben. Bis es dann an Land oder auf dem Safariboot besser behandelt werden kann, kann dieses eigenproduzierte Wundermittel wirklich helfen, die Schmerzen und das Jucken einzudämmen. Keine Salbe, kein Spray oder sogar Tabletten können es für mich mit der guten alten Spucke aufnehmen. Bei schlimmen Verbrennungen durch Nesseltiere finde ich zwar Essig etwas wirkungsstärker als Spucke, aber Essig habe ich nicht immer dabei und kann nicht sofort reagieren. Mit Spucke kann ich mich aber sofort, sobald ich an Land komme, selber erstversorgen, wenn ich zum Beispiel schon merke, dass die Finger jucken und brennen. Natürlich das kein Ersatz für Medikamente und andere Behandlung wie Ausspülen der Wunde, aber als Erstmaßnahme einfach perfekt geeignet. Nachts habe ich mich auch schon mit Spucke versorgt, wenn es wieder mal zu stark gejuckt hat.

Der außergewöhnlichste Einsatz für meine Spucke war, als ich nicht mehr genug Kontaktlinsenlösung für die letzten zwei Tage der Tauchsafari hatte und meine Linsen einfach in Spucke aufbewahrt habe. Die befeuchtet und desinfiziert und ist um ein Vielfaches besser als absolute Notlösung als Wasser. Es sollte aber für Kontaktlinsen nur als Notlösung herhalten und kein Dauerzustand werden. Ich schwöre aber in bestimmten Situationen weiterhin auf dieses Wundermittel aus Eigenproduktion.

80. GRUND

Weil man Trockentauchanzüge nie in einer Strumpfhose probieren sollte

Mich zog es zum Tauchen mehr und mehr in die heimischen Seen. Da das Wasser dort kalt und der Wind am See im Herbst oft stark ist, entschloss ich mich, mir einen sogenannten Trockentauchanzug zuzulegen. Wie der Name bereits beinhaltet, bleibt man in einem solchen Anzug im Wasser trocken. Der Anzug hat feste Fußteile, wasserundurchlässige Hals- und Armmanschetten und wird aus verschiedenen Materialien hergestellt. Ich entschied mich für eine günstigere, gebrauchte Variante aus Neopren. Nach einer ersten Anprobe wurde noch die viel zu weite Halsmanschette angepasst, und ich nahm den Anzug nach dieser Änderung mit nach Hause. Die Halsmanschette ist der Knackpunkt eines Trockentauchanzuges. Sie muss so eng sein, dass kein Wasser durchkommt, aber groß genug, um den eigenen Kopf hindurchzuzwängen. So muss sich eine natürliche Geburt für ein Kind anfühlen. Etwas recht Großes wird durch einen engen Kanal gezwängt.

Es war im Hochsommer, 35 Grad in der Wohnung, als ich den Anzug mit der neuen Manschette zurückbekam. Ich zog mich bis auf meine Unterwäsche aus und trug lediglich eine transparente Strumpfhose, damit ich besser in den Anzug hineinkomme. Ich war alleine zu Hause. Mit einem Ruck zog ich mir die enge Manschette über den Kopf. Danach steckte ich meine Arme in die Ärmel und war komplett in dem Teil drin. Und merkte nach einigen Sekunden, dass ich keine Ahnung hatte, wie ich wieder rauskommen sollte. Zunächst versuchte ich mir die Manschette wieder über den Kopf zu ziehen, schaffte es aber irgendwie einfach nicht. Dann zog ich nur einen Arm aus dem Anzug, was meine Lage exponentiell verschlimmerte, denn nun konnte ich mir die Manschette erst recht nicht mehr über den Kopf ziehen. Das funktioniert nur, wenn beide

Arme noch in den Ärmeln sind. Also pfriemelte ich den Arm wieder hinein.

Ich war bereits komplett nass geschwitzt und überlegte, die Nachbarn aus der WG um Hilfe zu bitten. Aber den Anblick einer älteren Frau in einer Strumpfhose in einem Trockentauchanzug im Hochsommer wollte ich diesen jungen Menschen nicht antun. Also überlegte ich, die neue Manschette einfach am Hals abzuschneiden. So könnte ich meinen Kopf gut rausziehen. Das hätte bedeutet, 120 Euro in den Wind zu schreiben und weiter 120 für eine neue Manschette zu zahlen. Außerdem hätte ich dann meine peinliche Geschichte erzählen müssen, denn der Händler meines Vertrauens hätte garantiert wissen wollen, warum ich die neue Manschette ganz abgeschnitten habe. Ich verschaffte mir also mit den Fingern etwas mehr Platz am Hals, indem ich das elende Latexteil etwas von mir wegzog. Dann atmete ich tief durch, trank etwas Wasser und beruhigte mich. Ich konzentrierte mich und redete mir ein, dass ich nicht beim Ausziehen des Anzuges in einer wenige Zentimeter breiten Latexmanschette ersticken könnte und jederzeit wieder in den Anzug hineinkönnte, wenn ich das Ding nicht über den Kopf bekomme.

Letzten Endes habe ich es dann doch geschafft, mir die Halsmanschette mit einem Ruck über den Kopf zu ziehen und mich aus meiner misslichen Lage selbst zu befreien. Ohne arme, junge Studenten zu traumatisieren. Seitdem mache ich solche Experimente nur noch im Beisein anderer Menschen, die sich mit Trockentauchanzügen auskennen und mir professionell helfen können. Die Strumpfhose lasse ich aber dennoch weg, das will wirklich keiner sehen.

81. GRUND

Weil man sich streiten kann

Jeder Taucher schwört auf seine eigene Ausrüstung und ist überzeugt, die besten Flossen und den sichersten Atemregler zu haben. Der eigene Anzug ist das einzig Wahre, etwas Besseres gibt es nicht. So geht es auch im Tauchshop zu. Jeder Verkäufer erklärt einem etwas anderes, was wichtig und gut sei. Und warum man unbedingt Hersteller X und nicht Y kaufen sollte. Der Tauchlehrer hat aber gerade davon abgeraten. Was macht man nun, gerade als Anfänger? Fängt man an zu googeln, wird man überschwemmt von Information, Argumenten und Erfahrungsberichten. Wer ganz mutig ist, postet seine Fragen in diversen Facebookforen. Hier gibt es Gruppen, in denen man sich angeblich unter Gleichgesinnten austauschen, sich Ratschläge zu Ausrüstung holen kann. Der Ton in diesen Foren ist oft für mich schwierig. Man stellt eine unschuldige Frage, gerade als Anfänger kennt man sich nicht so gut aus. Die Antworten können von hilfreich bis zu regelrechten kleinen Shitstorms variieren. Herablassende Kommentare und abwertende Antworten sind leider nicht unüblich. Da ist der Ton im Fachhandel doch deutlich freundlicher. Man kann auch auf anderen Internetseiten wie taucher.net Bewertungen zu Produkten lesen, ohne sich Diskussionen zu stellen oder sich oberlehrerhaft abkanzeln zu lassen. Auf der anderen Seite ist man ja gerade aus dem Grund im Internet, um eine Antwort zu finden und sich verschiedene Meinungen anzuhören, aber wie so oft macht der Ton die Musik.

Was bleibt, ist, sich dennoch auszutauschen, wenn es geht, Ausrüstung im Wasser zu probieren und sich dann irgendwann zu einem Kauf durchzuringen. Hat man sich dann endlich für eine Ausrüstung entschieden, kann man sich gleich für den verbalen Krieg auf der lokalen Tauchbasis oder im Urlaub wappnen. Denn man wird immer jemanden finden, der es besser weiß. »Boah, watt, mit den

Flossen tauchst du«, mit diesen Worten wurde ich bereits auf Safaribooten von mir unbekannten Menschen begrüßt. Wagt man es als vielleicht nicht ganz so erfahrene Taucherin, Widerworte zu geben, dass man ja ganz zufrieden mit den Flossen sei, kommt eine Tirade an Gegenargumenten. Das ging so lange und so weit, das ich die Safari eigentlich hätte abbrechen müssen, denn mit diesen Flossen kann man gar nicht tauchen. Nun war ich aber schon zwei Jahre mit diesen Dingern unterwegs und höchst zufrieden.

In dieser Art kann es bei unangenehmen Zeitgenossen endlos weitergehen: Wer hat dir denn den Atemregler verkauft? Mit dem Jacket kommst zu zurecht? Entweder lässt man sich auf diese Diskussionen ein und debattiert. Aber einen anderen Taucher vom Gegenteil zu überzeugen ist manchmal einfach unmöglich. Da hilft nur nicken, Ohren auf Durchzug schalten und fernhalten. Man kann immer nur versuchen, die optimale Ausrüstung für sich selbst für diesen Zeitpunkt zu finden. Denn die Ansprüche ändern sich mit den Jahren, es kommen neue Materialien und Technologien auf den Markt, oder man möchte einfach irgendwann etwas Neues haben. Andere wiederum tauchen nach 25 Jahren immer noch mit ihrer ersten Ausrüstung, auch wenn der Anzug bereits aus mehr Löchern als Neopren besteht, kann es immer noch für diesen Menschen die beste Ausrüstung sein.

Die Ansprüche sind halt so vielfältig, wie wir Taucher nun mal sind. Ungefragt Tipps zu geben oder von oben herab zu dozieren ist einfach nie in Ordnung. Lediglich wenn Ausrüstungsteile zu einer Gefahr werden, weil sie kaputt sind, muss man auch ungefragt eingreifen und dem betroffenen Taucher freundlich helfen. Ansonsten ist Toleranz angesagt, auch wenn man sich hervorragend über die beste Ausrüstung streiten kann.

Weil es immer einen Grund für mehr Ausrüstung gibt

Wer mit dem Tauchsport beginnt, weiß oft nicht, wie sich dieses neue Hobby entwickelt. Manche starten damit, dass sie jedes Wochenende in die heimischen Seen springen, tauchen dann aber nur noch im Urlaub. Andere bleiben dem kalten Wasser treu und möchten in noch größere Tiefen abtauchen. Andere wollten immer schon nur im Urlaub tauchen, entdecken dann aber doch die Adria oder den Baggersee für sich.

Entsprechend der eigenen Vorlieben rüstet man sich dann aus. Einen dünnen Anzug für das warme Wasser, sowie ein Atemregler und für Neoprenschuhe passende Flossen. Möchte man dann doch in den Baggersee springen, merkt man, dass man nicht nur einen dickeren Anzug, sondern auch einen kaltwassertauglichen Atemregler, vielleicht einen Trockentauchanzug und damit größere Flossen braucht. Denn die Schuhe der Trockentauchanzüge sind größer und robuster als dünne Neoprenbooties. Dann kommt man drauf, dass man im Sommer vielleicht ganz gerne schnorcheln möchte, denn die heimischen Gewässer bieten mehr, als man denkt, eignen sich aber nicht immer zum Tauchen. Dann müssen Schnorchelflossen her, die man barfuß tragen kann. Irgendwann denkt man sich, dass ein Wingjacket doch besser ist als eine herkömmliche Tarierhilfe. Man kauft also das Wing, nimmt sich fest vor, die alte Ausrüstung zu verkaufen. Passiert natürlich nicht, denn vielleicht braucht man mal Ersatz, weil ein Ausrüstungsteil defekt ist. Und so lagert man alles in der Wohnung oder im Keller. Der lokale Tauchshop freut sich, denn neue Ausrüstung bedeutet auch oft eine relativ große Investition in all die neuen Spielzeuge. Diese werden dann wie in der Steinzeit sofort nach Hause geschleppt, dort aufgereiht und bis zum ersten Tauchgang ausgiebig bewundert. Ebenso können Gewichtsschwankungen, Verschleiß oder einfach Lust auf etwas Neues dazu führen, dass man sich einfach mal neue Ausrüstung gönnen möchte.

Meine Neoprenanzüge hingegen kaufe ich nicht, sie vermehren sich von alleine. Sie werden von Jahr zu Jahr einfach mehr und bringen Nachkommen in verschiedenen Farben und Stärken hervor. Im Ernst, die Anzahl der Anzüge, die man besitzt, steigt einfach über die Jahre an. Als Anfänger kauft man sich zum Beispiel den ersten 3-mm-Anzug für den ersten Tauchurlaub. Dort, wo das Wasser warm ist, braucht man eher Schutz vor scharfen Korallen und Nesseltierchen als Wärmeschutz. In diesen Anzug kommt man auch recht einfach hinein. Dann möchte man aber auch andere Tauchgebiete sehen, wo es nicht mehr so warm ist. Zum Beispiel in Kroatien oder auf einer Tauchsafari im Roten Meer im Dezember. Für mittelwarmes Wasser, in dem man aber viele Tauchgänge am Tag macht, dürfen es dann 5 mm sein, für ganz kalte Nachttauchgänge nimmt man auch gerne noch eine Eisweste oder einen Shorty mit, den man theoretisch über den langen Anzug ziehen kann, aber praktisch eigentlich immer viel zu faul dafür ist. Deshalb kauft man sich dann den nächsten Anzug. Für die heimischen Seen oder auch Tauchgebiete wie Cocos Island oder Galapagos sind dann 7 mm angebracht, zumindest für mich selber. Zwar sind die Anzüge umso starrer und schwieriger anzuziehen, je dicker sie sind, aber manchmal muss es einfach warm sein. Nun kann es aber sein, dass man auch in der ganz kalten Jahreszeit in den heimischen Seen tauchen möchte, und hört, wie erfahrene Taucher von sogenannten Trockentauchanzügen schwärmen. Und zack – liegt ein Trockentauchanzug im Schrank. Einfach so.

Steht der nächste Urlaub vor der Tür, merkt man, dass die bösen Kalorien den 3-mm-Anzug, den man sich vor fünf Jahren gekauft hat, einfach enger genäht haben. Zum Glück liegt bereits ein neuer, größerer und besserer Anzug bereit, den man sich gerade gegönnt hat. Den andern behält man, vielleicht nimmt man ja wieder ab. So schnell kann es gehen und man hat eine Sammlung von vier oder fünf Anzügen im Schrank liegen. Zwar braucht man nie alle Anzüge das ganze Jahr über, aber man weiß ja nie, was kommt. Mit der Zeit merkt man, dass man auch einen zweiten Tauchcomputer als Backup braucht, weil der Hauptcomputer mal ausgefallen ist. Oder eine neue Taucherlampe, die man sich selbst zum Geburtstag schenkt, außerdem war sie reduziert. Da konnte man ja nicht dran vorbeigehen. So gibt es immer einen Grund, sich etwas Neues zuzulegen.

83. GRUND

Weil man immer vergisst, wie der Tauchcomputer funktioniert

Vor jedem Tauchgang und erst recht vor jedem Tauchurlaub steht eine kleine Inventur der eigenen Ausrüstung an. Es gibt jede Menge Fragen, die man sich selber stellen kann und sollte: Ist alles da, was man braucht? Funktioniert alles? Sind überall Batterien drin? Sind alle Schnallen da, wo sie sein sollen? Bin ich mit der Funktion jedes Ausrüstungsteiles noch vertraut? Kann man nicht jede dieser Fragen mit einem klaren Ja beantworten, sollte man sich dringend mit denjenigen, die man mit Nein beantwortet, auseinandersetzen. In der Hektik kurz vor dem Abtauchen verzweifelt nach den richtigen Schnallen am Jacket zu suchen macht die Vorbereitung auf den Tauchgang nicht unbedingt angenehmer. Panisch unter Wasser die richtigen Hebel oder Knöpfe zu finden, um die Tarierhilfe aufzublasen oder Luft herauszulassen, kann lebensgefährlich werden. Alle wichtigen Handgriffe sollten einfach sitzen, ohne dass man großartig nachdenken muss.

Das ist, wenn man nicht regelmäßig taucht, nicht ganz so einfach, denn es fehlt die Routine. Beim Autofahren weiß ich geradezu blind, wo Bremse und Kupplung sind, und in gefährlichen Situationen habe ich oft die richtigen Instinkte und Reflexe, um einen Unfall zu vermeiden. Das habe ich aber nur, weil ich jeden Tag fahre, mich selber beim Fahren gut kenne und mein Auto beherrsche. Diesen Zustand erreicht man nur durch Routine. Beim Tauchen merke ich gegen Mitte oder Ende einer Tauchsafari oder nach mehreren Tauchgängen, wie sich eine bestimmte Routine entwickelt. Plötzlich mache ich bestimmte Dinge wieder automatisch, die ich vorher nicht gemacht habe. Ich komme in eine bestimmte Situation und weiß gleich, wie ich reagieren muss. Ich komme nach einigen Tagen Tauchen plötzlich einfacher in das kleine Gummiboot hinein und merke, wie ich beim Anlegen der Ausrüstung nicht mehr so intensiv nachdenken muss, ob ich nichts vergessen habe, wie am Anfang des Urlaubes. Ich muss lediglich aufpassen, dass mich meine Routine nicht nachlässig und weniger konzentriert werden lässt.

Beim Fotografieren lerne ich mit jedem Tauchgang etwas dazu, erinnere ich wieder an die Position der Tasten auf dem Unterwassergehäuse. Ich lerne jedes Mal aufs Neue, welche Einstellungen für welche Umstände unter Wasser geeignet sind und wo ich ein wenig adjustieren muss, um bessere Bilder zu machen. Beim Zusammenbauen der Kamera erlange ich ebenfalls eine gewisse Routine. Am ersten Tag packt mich beim Abtauchen immer noch die Panik, ob ich alles richtig zusammengebaut, die Batterie aufgeladen und die Speicherkarte in die Kamera gesteckt habe. Ob sich nicht doch irgendwo in einem O-Ring ein Haar versteckt hat und sich das Unterwassergehäuse langsam mit Wasser füllen wird. Wenn ich die Kamera zum ersten Mal wieder zusammenbaue, brauche ich ewig, um mich zu erinnern, wie die Blitzarme montiert werden, welche Ports mit welcher Linse kompatibel sind und was ich alles zuschrauben und zudrehen muss.

Viel wichtiger als die Bedienung einer Unterwasserkamera ist aber der richtige Umgang mit meinem Tauchcomputer. Dieses kleine Gerät bewahrt uns Taucher ja vor schwerwiegenden Dekompressionsunfällen. Je nachdem, ob ich mit normaler Pressluft oder Nitrox tauche, muss ich den Computer umstellen. Auch ist es hilfreich, Zeit und Datum der Urlaubsdestination anzupassen, damit man einfach eine bessere Übersicht über die absolvierten Tauchgänge hat, mit genauer Uhrzeit. Zwar hat die Uhrzeit keine Auswirkungen auf die Berechnung der Oberflächenpause und damit auf die Nullzeit des nächsten Tauchganges, aber es ist weniger verwirrend, wenn die Uhrzeit stimmt. Jedes Mal scheitere ich an dem Ding. Ich nehme immer die Bedienungsanleitung mit, ich lese sie mir immer durch und vergesse jedes Mal, wo im Menü sich die Einstellungen befinden. Da ich nicht jeden Tag im Tauchurlaub diese Änderungen vornehme, wird es auch nicht wirklich besser. Zum Glück gibt es immer nette Menschen an Bord oder auf der Basis, die mir aushelfen können und mir mit einer Engelsgeduld helfen. Denn der Tauchcomputer ist für mich jedes Mal aufs Neue ein Rätsel.

84. GRUND

Weil man ohne Ausrüstung abtauchen kann

Wem all die schweren Dinge, die man für einen Tauchgang braucht, zu viel werden, der springt einfach nur mit Maske, Flossen und Schnorchel ins Wasser. Freitauchen, auch genannt Apnoetauchen, ist vielleicht so etwas wie die Königsdisziplin des Tauchens. Denn im Gegensatz zum Gerätetauchen verlassen sich Freitaucher lediglich auf ihren eigenen Körper. Sie füllen sich durch antrainierte Atemübungen mit Luft geradezu an und tauchen dann komplett lautlos unter. Ohne das laute Blubbern des Lungenautomaten schaffen sie es, sich quasi unerkannt unter die Unterwasserbewohner zu mischen. Sie kommen an viele Tiere viel näher heran als Gerätetaucher und sind auch um einiges flexibler, da sie mit wenig Ausrüstung jederzeit in Sekundenschnelle in das Wasser springen können.

Viele große Meeresbewohner sieht man überhaupt eher beim Schnorcheln oder Apnoetauchen, wie zum Beispiel Walhaie an der

Wasseroberfläche oder auch Delfine. Die scheuen Tiere schrecken vor den lautlosen und geschmeidigen Freitauchern oft nicht zurück und lassen sich unter Wasser so lange begleiten, wie der Freitaucher Luft hat. Denn hier ist der einzige Nachteil des Freitauchens zu finden. Die Zeit, die diese Amphibienwesen unter Wasser verbringen können, ist ohne eine externe Luftversorgung doch sehr begrenzt. Zumindest im Vergleich zu Gerätetauchern, die sich theoretisch stundenlang unter Wasser aufhalten können, auch wenn bei uns Sporttauchern eine gute Stunde eher usus ist. Ein relativ untrainierter Apnoetaucher schafft mit gezieltem Training innerhalb kurzer Zeit, zwei Minuten die Luft anzuhalten. Ich selber habe einen Kurs gemacht und dieses Ergebnis erzielt. Trainierte Apnoetaucher schaffen viel längere Zeiträume, ohne Luft zu holen, je nach Training, Disziplin und körperlicher Disposition.

Für uns normale Taucher ist Freitauchen eine perfekte Ergänzung zum Gerätetauchen. Es trainiert, dass man im Notfall auch etwas länger ohne Luft auskommt, hilft den Luftverbrauch zu senken und macht einfach Spaß. Ich rate jedem Taucher, zwischen den Gerätetauchgängen auch mal ohne Flasche ins Wasser zu hüpfen und sich dort lautlos zu bewegen. Ihr werdet den Unterschied sehen. Freitauchen ermöglich es Tauchern auch, Gewässer zu erkunden, in denen Gerätetauchen verboten ist. Sobald Schwimmen erlaubt ist, kann auch geschnorchelt oder eben frei getaucht werden. Kleine Tümpel erweisen sich dann plötzlich als echte kleine Naturparadiese vor unserer Haustür. Es ist dann einfach befreiend, diese Orte ohne schwere Ausrüstung zu erforschen.

7. KAPITEL

DIE ULTIMATIVE ERHOLUNG

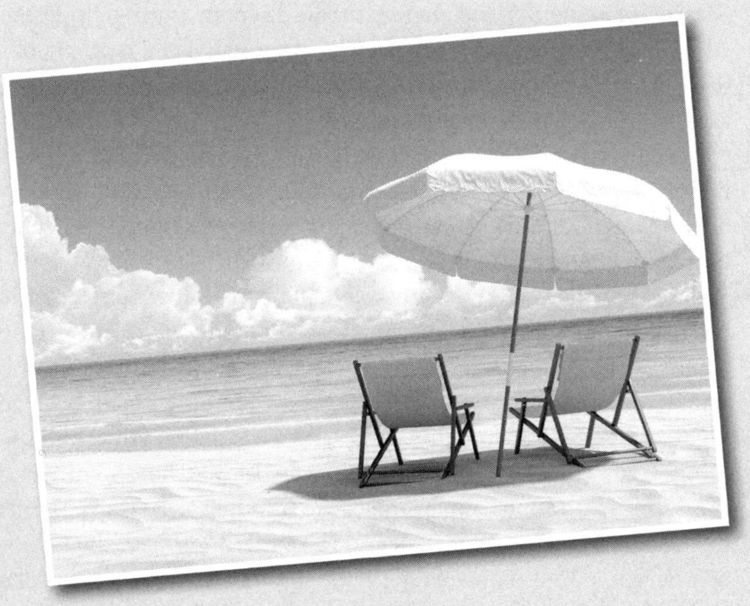

85. GRUND

Weil man keine Schuhe tragen muss

Bevor ich ein Kind und eine Familie hatte, habe ich meine Jahresurlaube am liebsten mit Tauchen verbracht. Ich habe jede Gelegenheit genutzt, um so weit weg wie möglich zu fliegen und tauchen zu gehen. Am liebsten habe ich Tauchsafaris gemacht und bin auf diesen kleinen, schwimmenden Hotels eine oder auch zwei Wochen durch die Welt gekreuzt, im Roter Meer, vor den Malediven oder Indonesien. Der beste Moment war immer der, wenn man auf dem Safariboot seine Schuhe abgibt, sobald man an Bord geht. Dieser Abschied von den Straßenschuhen ist das untrügliche Zeichen, dass der Urlaub losgeht und man sich tatsächlich aus der Welt, wie wir sie kennen, für einige Zeit verabschiedet.

Im Alltag zwängt man die Füße in verschiedene Schuhe, ich habe früher besonders gern High Heels getragen. Der Moment, gar keine Schuhe mehr zu tragen, war daher für meine geschundenen Zehen eine doppelte Erleichterung. Dieser Moment wird auch von allen anderen Tauchern, die das Boot oder eine Barfußinsel betreten, zelebriert. Jeder kennt die Bedeutung dieses Momentes. Das Ablegen der Schuhe steht symbolisch für das Ablegen des Alltages. Jeder Taucher seufzt vor Erleichterung und tut lautstark kund, wie sehr er es genießt, die Treter in den dafür vorgesehenen Behälter zu werfen und mindestens eine Woche lang nicht mehr in die Hand nehmen zu müssen. Für einzelne Landausflüge, wie zum Beispiel das Erklimmen der Leuchttürme im Roten Meer, kramt die Bootscrew die Schuhbox hervor, damit man sich die Füße auf den heißen Steinen nicht verbrennt. Was tröstet, ist, dass man sie nach dem Ausflug gleich wieder an Unterdeck verschwinden lassen kann, bis der Urlaub dann irgendwann vorbei ist.

Und wie in jedem Urlaub kommt dieser Moment dann irgendwann. Die Schuhe wieder anzuziehen ist daher der schwerste Moment der ganzen Tauchsafari. Für mich ist es auch ein Symbol. Denn barfuß bin ich frei. Ohne Zwänge, ohne Pflichten. Ich muss meine Füße in nichts hineinpressen, um irgendwo dem Anlass entsprechend angezogen zu sein. Ich muss mich nicht in hohe Hacken quetschen, um etwas darzustellen, was ich nicht bin. Ich muss keine passenden Schuhe zu einem Kostüm raussuchen, um einem ungeschriebenen Gesetz zu folgen, das einen bestimmten Dresscode für bestimmte Anlässe vorsieht. Jeder, der diesen Normen nicht entspricht, wird nicht ernst genommen. Die Basis für dieses Ernstnehmen ist zunächst das äußere Erscheinungsbild, und Schuhe sind ein ganz wichtiger Teil dieses ganzen Bildes. Ich lasse meine nackten Füße einfach viel lieber über der Reling baumeln und genieße es, den Wind zwischen den Zehen zu spüren. Das ist die absolute Freiheit und gibt mir innere Ruhe und Frieden. Ein Paar Schuhe wird mich nie in diesen Glückszustand versetzen.

Ich laufe auch zu Hause soviel ich nur kann, barfuß durch den Garten und das Haus, ich liebe es das Gras und den Sand zu spüren. Dieses Gefühl, wie angenehm Barfußlaufen ist, kam bei mir tatsächlich mit dem Tauchen erst wieder zurück, ich hatte es aus Kindheitstagen schon fast vergessen, wie schön und ungezwungen es sich anfühlt.

86. GRUND

Weil man am und im Wasser ist

Wasser war immer schon mein Element. Bereits als kleines Kind hat meine Mutter mich mit blauen Lippen und zitternd aus dem Wasser gezogen, wogegen ich lauthals protestierte. Ich wollte noch im Wasser bleiben, egal wie kalt mir schon war. Als ich dann mit dem Tauchen begann, stellte ich begeistert fest, dass ich ab sofort jede freie Sekunde am Wasser verbringen kann. Jeder Kurzurlaub, jeder lange Urlaub, alles würde sich nur noch um Wasser drehen. Am Wochenende kann man die heimischen Seen auf eine ganz andere Art und Weise entdecken. Oder für ein langes Wochenende ans Meer fahren, wenn man denn geografisch günstig wohnt. Im Urlaub geht es entweder in Hotels ans Meer oder auf ein Safariboot.

Das Safariboot ist das Nonplusultra, denn da hat man 24 Stunden am Tag Wasser um sich herum. Jeder Blick fällt auf das Meer. Man sitzt zwischen den Tauchgängen an Deck und sieht auf das Meer hinaus. Wer vom Hotel aus mit Tagesbooten Ausflüge macht, ist ebenfalls den ganzen Tag auf dem Wasser und für die Tauchgänge mitten im Lieblingselement. Beim Tauchen bewegt man sich schwerelos durch das Wasser. Nach dem Tauchgang verbringt man noch ein wenig Zeit entspannt an der Oberfläche und lässt sich in den Wellen treiben, bis man in das Boot einsteigt. Oder man schnorchelt zwischen den Tauchgängen und ist auch da leicht wie eine Feder in den Wellen. Ohne große Anstrengung liegt man an der Wasseroberfläche und muss eigentlich nicht viel machen.

Alles, was man im, auf oder am Wasser macht, entspannt mich automatisch. Bereits ein Kaffee schmeckt besser, wenn man ihn am Wasser trinkt. Die Laune steigt sofort, wenn man einen schönen See sieht oder am Wasser spazieren geht. Nichts entspannt doch so sehr, wie die hypnotischen Bewegungen der Wasseroberfläche. Unter Wasser ist man schwerelos, mühelos bewegt man sich durch das kühle Nass. Jeder Muskel entspannt sich, meine Rückenschmerzen verschwinden mit jedem Flossenschlag. Unter Wasser schalte ich meine Gedanken einfach ab, ich bin nur noch im Hier und Jetzt unterwegs, die Welt an Land lasse ich über und hinter mir. Ich kann einem kleinen Lebewesen unter Wasser ewig zusehen und entspanne mich komplett dabei.

Wasser ist für mich einfach automatisch Entspannung, sogar in meiner Badewanne bin ich sofort ganz relaxt, wenn ich mich hineinlege. Wasser ist die ultimative Beruhigung für die Seele, den Geist und den Körper. Sich von den Wellen tragen lassen, wenn man sich kurz im Wasser abkühlt, ist wie ein Kurzurlaub vom Alltag. Alles, was mit Wasser zu tun hat, ist für mich Erholung pur. Wie praktisch, dass Tauchen halt immer am und im Wasser stattfindet.

87. GRUND

Weil Langsamkeit wichtig ist

Die heutige Welt kennt nur ein Motto: Schneller. Alles scheint sich mit einer atemberaubenden Geschwindigkeit zu entwickeln und abzuspielen. Unablässig prasseln über das Internet Videos, Bilder und Texte auf uns ein. Wir kommunizieren ständig auf zig Kanälen, sind immer unterwegs, immer in Bewegung. Wir reisen, fahren weg, fliegen weg und müssen uns ständig verändern und anpassen. Viele Menschen fühlen sich von den rasanten technologischen Entwicklungen abgehängt oder unter Druck gesetzt, unmittelbar zu reagieren. Fühlen sich verpflichtet, noch schnell eine E-Mail am Wochenende zu lesen und zu bearbeiten oder an das Firmenhandy zu gehen, sobald es klingelt, egal wann. In der Arbeit müssen gefühlt mehr Aufgaben in weniger Zeit erledigt werden. Selbst Kinder haben schon einen vollen Terminkalender, wir Erwachsene sowieso. Jeder klagt irgendwann in seinem Leben über Zeitdruck, Terminstress und das Fehlen von Zeit für sich, Freunde und Familie. Alles und jeder ist eingespannt, verplant und ausgebucht. Wer als agil, erfolgreich und modern gelten will, der bringt in seinem Tag zwölf Stunden Arbeit, Familie und drei Hobbys unter.

Tauchen ist der Gegenpol zu diesem stressigen, schnellen Alltag. Beim Tauchen muss es langsam zugehen. Das Wichtigste bei der Vorbereitung des Tauchganges ist Genauigkeit und sich Zeit zu lassen. Sich nicht hetzen zu lassen, denn wer sich stresst, macht eher Fehler. Jeder soll nach seinem Tempo die Ausrüstung zusammenbauen, den Anzug anziehen und sich fertig machen. Lieber wartet die gesamte

Gruppe etwas länger, als eine Person zu hetzen. Nur so kann man dann auch ganz entspannt den Tauchgang starten, denn wer schon abgekämpft vom Anziehen des Anzugs abtaucht, verbraucht mehr Luft, und der Tauchgang ist schneller vorbei. Auch unter Wasser gilt das Motto der Langsamkeit. Je langsamer und regelmäßiger die Flossenschläge, desto ruhiger die Atmung. Das senkt den Luftverbrauch. Außerdem werden auch die Meeresbewohner nicht übermäßig gestört. Hektisches Herumfuchteln verjagt auch den mutigsten Clownfisch irgendwann aus seiner Anemone.

In Zeitlupe bewegen sich die Taucher am Riff entlang; wer meint sich durch Geschwindigkeit profilieren zu müssen, wird freundlich ausgelacht und gefragt, ob er auf der Flucht sei. Langsamkeit ist Trumpf, ist ein Zeichen für einen guten, ausgeglichenen und entspannten Taucher, den man gerne an seiner Seite hat. Beim Tauchen kann jeder sein Tempo fahren, Hauptsache es wird nie hektisch. Denn der Hektik wollen wir beim Tauchen ja entfliehen und setzten dem Geschwindigkeitsrausch an Land die Langsamkeit unter Wasser entgegen.

88. GRUND

Weil nichts ist wie zu Hause

Viele Menschen mögen es ja angeblich, wenn im Urlaub alles so ist wie zu Hause. Wenn es dasselbe Essen gibt, dieselben Getränke und man am besten noch Deutsch spricht. Aber das alles bitte unter Palmen und am Strand. Der Kellner im Restaurant auf Mallorca soll die Bestellung in perfektem Deutsch entgegennehmen, aber dabei glutäugig authentisch rüberkommen. Morgens gibt es Kaffee im Kännchen, auf der Terrasse. Tagsüber pfercht man sich mit Gleichgesinnten aus dem Heimatland in Busse, um Ausflüge zu machen und das echte Urlaubsland und seine Einheimischen kennenzulernen.

Abends geht es dann wieder ans Buffet. Exotik ja, aber bitte nicht auf Kosten des Komforts oder der Gewohnheit. Selbst der Tagesablauf gleicht manchmal dem Alltag zu Hause. Man steht mit dem Mietwagen im Stau, ärgert sich über andere Autofahrer und muss schnell noch tanken gehen. Wohnt man im Apartment, muss man noch einkaufen, Müll wegbringen, kochen, aufräumen und morgens das Bett machen. Im All-inclusive-Hotel soll das Essen leicht exotisch, aber bitte nicht zu scharf oder fremdartig gewürzt sein. Man freut sich, wenn es Pasta gibt, vielleicht auch Fleisch mit Kartoffeln und einer undefinierbaren Soße. Zum Trinken bitte das gewohnte Bier oder einen guten Weißwein.

Auf meinen Tauchreisen aber war nie etwas wie zu Hause. Weder das Essen noch die Tagesabläufe. Der krasseste Unterschied zum Alltag zu Hause ist, wie man den Tag beginnt, ihn verbringt und ihn beendet. Alles ist anders. Wenn der Tag morgens um sechs damit startet, dass man in den Neoprenanzug steigt und auf 40 Meter abtaucht, hat das mit zu Hause und Alltag überhaupt nichts zu tun. Bei einem Frühstück bestehend aus einer scharfen Nudelsuppe und einem Mango Lassi lasse ich den ersten Tauchgang vor meinem inneren Auge vorbeiziehen und plane den nächsten Unterwasserausflug. Auf einem Safariboot ist der Unterschied zum Alltag zu Hause besonders krass, da man immer am oder im Wasser ist. Man bewegt sich barfuß auf dem Schiff und hat eine Woche lang fast keinen festen Boden unter den Füßen. Je nach Route besucht man hier und da eine kleine Insel oder einen Leuchtturm. Aber so eine Woche auf offenem Meer ist für mich wie eine Kur in einem Wellnesshotel, nur viel besser und effektiver. Denn ich kann alles vergessen, was mit Alltag zu tun hat. Ich bin meilenweit von der Realität entfernt auf einem Schiff unterwegs und genieße jede Sekunde. Tauchen, Essen, Schlafen.

Nichts lenkt mich ab. Statt den Tag mit Fernsehen oder dem Checken von Social-Media-Kanälen ausklingen zu lassen, wie man das zu Hause oft macht, beende ich den Tag im Tauchurlaub mit einem Nachttauchgang. Danach lege ich mich an Deck und schaue in den Sternenhimmel. Nichts, aber auch gar nichts, erinnert mich an den Alltag zu Hause. Ich empfinde das als extrem erholsam und entspannend. Ich komme aus meinem Hamsterrad heraus und kann einen Teil meiner schlechten Gewohnheiten ablegen. Statt auf Facebook zu surfen, lese ich abends endlich mal wieder länger in einem guten Krimi. Oder ich lese gar nicht, sondern falle einfach todmüde nach vier Tauchgängen in mein Bett. Manchmal scherzt man natürlich an Bord und fragt, wer mitkommen mag ins Kino oder in ein Restaurant. Oder dass man sich jetzt für das Captain's Dinner in sein Abendkleid wirft, die Männer möchten doch bitte den Smoking auspacken.

Manchmal sitze ich auch einfach nur ewig lange herum und mache absolut nichts. Ich schaue den Mitreisenden zu, schaue aufs Meer raus und hänge meinen Gedanken nach. Denn das schöne an einsamen Hotels oder einem Safariboot ist, dass man nicht in den gewohnten Alltag zurückfallen kann. Man kann sich nicht in Shopping oder Spaziergänge flüchten. Man muss einfach abwarten, bis der Abend vorbei ist und am nächsten Tag neue Tauchabenteuer warten. Mehr gibt es nicht zu tun, und das ist gut so, nichts erinnert an das Leben zu Hause. So sieht für mich die ultimative Pause vom Alltag und damit die absolute Erholung aus.

89. GRUND

Weil man nichts planen muss

Wer einen Tauchurlaub macht, wirkt auf seine Mitmenschen oft wahnsinnig mutig und individuell. Scheinbar verbringen wir Taucher unsere Ferien fernab jeglicher Zivilisation an exotischen Orten. Wir üben einen herausfordernden Sport aus und stürzen uns dafür in uns unbekannte Tiefen.

Aber gleichzeitig sind wir Taucher die bequemsten Pauschalurlauber, die es gibt. Denn nichts ist einfacher als ein Tauchurlaub. Wer sich in ein Hotel mit Tauchbasis einbucht, bekommt einen komplett organisierten Urlaub geliefert. Der weltoffene Taucher muss nicht ein einziges Mal sein Gehirn anwerfen, um in seiner wertvollen freien Zeit etwas zu planen. Denn alles ist von der Tauchbasis fest vorgegeben. Speziell auf deutschen Tauchbasen im Ausland gelten sehr deutsche Regeln. Wo, wann und wie lange getaucht wird, ist genau festgelegt und nicht optional. Wer sich nicht daran hält, riskiert ein Tauchverbot. Im sogenannten »Briefing« am Beginn des Urlaubes wird genau erklärt, was sich wo auf der Tauchbasis oder auf dem Boot befindet, wie und wo die Ausrüstung abzulegen, aufzuhängen und auszuspülen ist. Für die einzelnen Teile der Ausrüstung gibt es separate Becken zum Spülen. Eigene Ausrüstung darf nicht mit der Ausrüstung der Tauchbasis aufgehängt werden, Verstöße werden durch die Basisleitung kommentiert. Der feste Zeitplan lässt wenig Spielraum. Der Gast muss also lediglich eine Leistung erbringen: seine Zeit so zu planen, das er es pünktlich vom Buffet zur Tauchbasis schafft. Lediglich die Frage, wie viele Tauchgänge man pro Tag machen möchte und wann man am nächsten Tag tauchen möchte, sollte man beantworten können. Je nach Tauchbasis muss man sich auch entscheiden, ob man von Land oder von einem Boot aus tauchen möchte. In weniger entlegenen Gegenden stellt sich auch die Frage, ob man abends oder tagsüber mal etwas von der Umgebung sehen möchte. Hier muss man dann abwägen zwischen Tauchen und Sightseeing. Aber in vielen Gegenden stellt sich diese Frage abends fast nicht, lediglich für oder gegen Tagesausflüge muss man sich entscheiden. Abends muss man die wichtige Frage klären, wann man zum Abendessen geht. Alles Dinge, die für einen müden und faulen Taucher fast zu viel sind.

Noch weniger Eigenleistung muss man auf den Tauchsafaris bringen. Sie hören sich immer wahnsinnig exotisch an, da man eine oder zwei Wochen durch so abgelegene Orte wie Raja Ampat in Indonesien oder das Rote Meer vor dem Sudan fährt. An Bord muss man aber nichts mehr selber machen. Man wird morgens geweckt, das Essen wird mit einer Glocke angekündigt. Pawlow lässt grüßen. Jeder Tauchgang wird ebenfalls mit einer Glocke angekündigt, vor jedem Tauchgang gibt es ein Briefing zum Tauchplatz, und die Crew hilft sogar beim Anziehen der Flossen. So wird einem alles komplett abgenommen, man kann sich auf Tauchen, Essen und Schlafen konzentrieren. Die schwierigsten Fragen, denen man sich stellen muss, sind wahre Luxusprobleme. Geht man lieber auf einen der wenigen Landausflüge mit, oder macht man doch noch einen Tauchgang? Verzichtet man auf den Nachttauchgang? Wenn ja, was macht man mit der freien Zeit bis zum Abendessen, und wird man es vor lauter Hunger überhaupt aushalten? Macht man alle vier Tauchgänge am Tag, oder lässt man den ersten frühen Tauchgang einfach mal aus und schläft länger? Was aber, wenn genau dann der Walhai vorbeischwimmt?

Fotografen müssen sich jeden Tag aufs Neue entscheiden, welche Linse sie auf ihre Kamera geben, ob sie Makroaufnahmen von winzigen Seepferdchen oder riese Haie fotografieren werden. Außerdem müssen Kamera und Blitz regelmäßig aufgeladen und eventuell die Bilder von der Speicherkarte auf das Laptop überspielt werden. Das ist aber auch alles, was man selber tun muss. Ein perfektes Leben für bequeme Taucher, denn in so einem Urlaub wird einem organisatorisch alles abgenommen. Die Planung überlässt man anderen Menschen und kann sich selbst auf das Wesentliche konzentrieren.

90. GRUND

Weil man viel schlafen kann

Wer einen Tauchurlaub macht, darf einfach immer und überall schlafen, denn Tauchen macht einfach wahnsinnig müde. Nach meinen ersten Tauchgängen im Urlaub fielen mir bereits vor dem

Abendessen die Augen zu. Das war aber nachdem ich bereits an Bord des Tagesbootes ein Nickerchen nach den Tauchgängen gehalten hatte. Ich habe schon auf Bänken in Flughäfen, in Bussen, auf Schiffen und in Autos geschlafen. Ich lag an Deck, ich lag im Gemeinschaftsraum und auf Hotelliegen. Ich habe am Strand geschlafen, unter Sternen und Palmen.

Mich amüsieren auch immer meine Mittaucher, die ebenso wie ich einfach überall ein Nickerchen halten. Wer sich im Urlaub auf einer Tauchbasis oder einem Tauchboot genau umsieht, dem fällt eines sofort auf: Überall liegen zu jeder Tageszeit ungeniert Menschen herum, die schlafen. Sie schlafen auf Sofas, Teppichen, Holzplanken oder Stühlen. Auf den Liegen an Deck, auf Handtüchern und so manch einer, wird gemunkelt, sogar im Motorraum. Jede Sekunde wird für ein Nickerchen genutzt, denn selten kann man sich so ungeniert erholen wie beim Tauchen. Manche liegen mit einem Buch in der Hand und der Sonnenbrille auf der Nase an Deck des Tauchbootes und tun so, als würden sie lesen. In Wahrheit schlafen sie. Manche haben noch ihren Teller vom Mittagessen vor sich stehen oder eine Tasse Tee. Jede Sekunde rechnet man damit, sie essen oder trinken zu sehen. Aber sie schlafen.

Auf Tauchbooten ist es wie in einem gigantischen Schlaflabor. Zu jeder Tageszeit liegen überall verstreut Menschen und schlafen. An Deck, unter Deck. In der Sonne, im Schatten. Man schläft neben wildfremden Menschen auf einer Sonnenliege und schnarcht hemmungslos vor sich hin. Wenn jemand zu lange in der prallen Sonne liegt und schläft, zieht man ihn in den Schatten oder stellt einen Schirm hin. Es ist geradezu, als würde das Sandmännchen unablässig seine Runden an Bord drehen. Nirgendwo schläft man so hemmungslos und gut wie auf einem Boot nach einem Tauchgang. Die Müdigkeit in Kombination mit einem vollen Magen, Sonne und der schaukelnden Bewegung des Schiffes, diese Kombi ist stärker als Valium. Am schönsten ist es ja auch überhaupt, unter freiem Himmel zu schlafen. In Indonesien und im Sudan lag ich jeden Abend an

Deck des Safaribootes und schlief unter dem funkelnden Firmament ein. Ich habe noch nie so gut, tief und erholsam geschlafen wie an Deck eines Schiffes.

Wer einen Tauchurlaub gebucht hat, hat meistens sonst nichts anderes vor. Keine Gebäude, die man sehen muss. Keine Restaurants, in denen man essen sollte. Keine Museen, in die man reingehen sollte. Keine Ausflüge, die geplant werden müssen. Keine Tagestouren irgendwohin, mit Auto oder Bus. Nichts dergleichen. Wenn ich mal mit einer durchschnittlichen Tauchsafari ein Schlafbeispiel rechnen darf, dann komme ich auf eine gute Stundenanzahl an Schlaf. Der Tag an Bord beginnt frühmorgens. Bis 7 Uhr isst man einen Keks, trinkt einen Kaffee und zieht sich an. Ein durchschnittlicher Tauchgang geht dann bis ungefähr 8 Uhr, bis 8:30 Uhr ist man wieder zurück und beginnt um 9 Uhr das Frühstück. Ab 10 Uhr kann man also spätestens das erste Nickerchen machen. Der nächste Tauchgang beginnt ungefähr um 11 Uhr, nach Tauchgang und Mittagessen kann man sich auf ein erneutes Schläfchen bis ca. 14 Uhr freuen, danach geht es wieder ins Wasser. Die Zeit bis zum Nachttauchgang in der beginnenden Dunkelheit, nehmen wir mal an so um 18 Uhr, kann man auch in der Horizontalen verbringen. Nach dem Abendessen kann der erschöpfte Taucher sich getrost ab 20 Uhr hinlegen und bis am nächsten Morgen um 6 Uhr von den wunderbaren Tauchgängen träumen. Ab morgens beginnt der Tag genau so wie der vorherige, es gibt genug Möglichkeiten, zwischen den Ausflügen in die Unterwasserwelt ein Nickerchen einzuschieben. Lediglich zum nächsten Tauchgang sollte man sein Schlafplätzchen wieder verlassen haben und zumindest so tun, als sei man wach genug, um sich selber den Anzug anzuziehen.

91. GRUND

Weil es wichtig ist, zu essen und viel zu trinken

Wer »Tauchen« und »Kalorienverbrauch« googelt, findet die Information, dass Tauchen soviel Kalorien verbraucht wie Joggen[12]. Rund 600 der bösen Kalorien sollen es sein, die man bei einem Unterwasserspaziergang loswird. Schuld daran sind der Temperaturausgleich, die gesteigerte Atemanstrengung und auch die Muskelbewegung. Daher muss man sich immer größte Mühe geben, diesen Kalorienhaushalt auszugleichen. Ich war in meinem Leben selten so hungrig wie nach dem Tauchen.

Ich kann das nur mit dem Hunger einer stillenden Mutter vergleichen, der ist ebenfalls unerbittlich und übermächtig, sodass man sofort etwas essen muss. Unter Wasser braucht der Körper einfach sehr viel mehr Energie als an Land. Und Energie zieht man bekanntlich aus der Nahrung. Außerdem gibt doch nichts mehr und bessere Energie als ein gutes Essen nach einem tiefen Tauchgang. Noch dazu wenn es sich um frisch zubereitete arabische oder indonesische Spezialitäten handelt, die gut duftend auf das Rudel hungriger Taucher warten. Es wäre doch schade, wenn man diese Umstände nicht nutzt, um die Kalorienzufuhr konstant hoch zu halten. Eine Diät kann ich nach dem Urlaub immer noch machen. Ich verzichte doch nicht aus Eitelkeit auf lokale Köstlichkeiten, die ich zu Hause nicht bekomme. Außerdem nimmt man ja weniger zu, da Tauchen ja so viele Kalorien verbraucht.

Hinzu kommt, dass Essen in guter Gesellschaft ja gar nicht so zu Buche schlägt wie die eine Chipstüte, die man sich einsam auf dem Sofa reinzieht. Neben der reinen Kalorienzufuhr hat die Nahrungsaufnahme auch eine soziale und kulturelle Komponente. Nach einem Tauchgang geht man mit seinen Mittauchern, die man vielleicht auch gerade erst kennengelernt hat, zusammen essen. So kann man sich besser kennenlernen, abchecken, wer nett ist, wer nervig werden könnte, und man kann sich über den letzten Tauchgang austauschen. Auf Reisen ist das Schöne am Essen, dass man auch etwas über das Reiseland lernt. Denn nicht nur die Liebe, sondern auch die Kultur geht durch den Magen. Wer sich die Gerichte von Einheimischen erklären lässt, kann oft einiges über Land und Leute lernen. Es geht nicht nur um die reine Nahrungsaufnahme, sondern auch um die kulturelle und soziale Komponente beim Essen. Essen bringt Menschen zusammen, erweitert manchmal den Horizont und macht glücklich.

Ebenfalls wichtig, ist es, als Taucher viel zu trinken. Mit viel trinken ist beim Tauchen tatsächlich Wasser und nicht Alkohol gemeint. Übermäßiger Alkoholkonsum beim Tauchen ist keine gute Idee, denn verkatert unter Wasser zu sein ist kein Spaß und kann auch ernsthafte gesundheitliche Konsequenzen für den Taucher haben. Tagsüber sollten Taucher so viel Wasser, Tee oder isotonische Getränke zu sich nehmen, wie sie können. Eine Richtlinie in Litern gibt es nicht, ich versuche einfach immer eine Flasche mit Wasser in der Hand zu haben und beständig zu trinken. So kann Dehydrierung vermieden und das Risiko eines Dekompressionsunfalls gesenkt werden.

Ein gemeinsames Getränk am Abend nach einem langen Tauchgang hat auch einen positiven Effekt für die Gesundheit, denn es ist einfach gesellig und bringt Menschen zusammen. Auch wenn ich selber keinen Alkohol mehr trinke, setze ich mich immer zu meinen Mittauchern dazu, die ein Dekobierchen am Abend zu sich nehmen und über den Tauchtag plaudern. Das gehört einfach dazu, so kann man den Tauchtag ganz entspannt ausklingen lassen.

92. GRUND

Weil man freiwillig um 6 Uhr morgens aufsteht

Man kann gemütliche Tauchurlaube machen. In Ruhe morgens frühstücken, dann zur Basis schlendern und am Hausriff in Ruhe abtauchen. Oder man kann auf Tauchsafari fahren. Sich mindestens eine Woche lang mit wildfremden Menschen auf einem Boot aufhalten, auf dem keiner wegkann und alle die Zeit miteinander verbringen müssen. Wenn das nicht schon verlockend genug klingt, darf man sich auch darauf freuen, morgens um spätestens 6 Uhr aus dem Bett geworfen zu werden.

Das ist der ultimative Urlaub für alle, die gerne mal im Urlaub lange schlafen und spät aufstehen wollen. Denn wenn man um 20 Uhr schlafen geht, bekommt man immer noch gute zehn Stunden Schlaf. Die schönsten Tauchgänge sind für mich nämlich einfach die ganz früh am Morgen. Ich liebe es, mit dem Sonnenaufgang aufzustehen, denn so erlebe ich die gesamte Bandbreite des Tages, wie sich die Natur um mich herum im Laufe das Tages verändert. Ich fühle mich irgendwie erholter, wenn ich mich den natürlichen Gezeiten im Urlaub anpasse. So früh morgens ist noch alles ruhig, das Meer ist glatt wie ein Spiegel und die Mittaucher sind um die Uhrzeit auch noch ruhig und verschlafen. Ich stecke mir einen Keks in den Mund, schütte Kaffee hinterher und klettere in meinen Anzug. Das Riff erwacht unter Wasser genauso, wie ich gerade wach werde. Die Sonne schickt ihre ersten Strahlen unter die Wasseroberfläche, und alle Lebewesen fangen langsam an, vor sich hin zu wuseln, und gehen ihrem Tagesgeschäft nach. Zu Hause fehlt oft die Motivation, so früh aufzustehen, denn man weiß nicht immer etwas mit der vielen Zeit anzufangen. Mitten in der Großstadt morgens mit dem Sonnenaufgang aufzustehen hat auch nicht unbedingt den Reiz wie am Meer. Die spektakulären Sonnenaufgänge machen es deutlich einfacher, so früh aus den Federn zu kriechen. Wenn es dann noch grau in grau ist, trüb und regnerisch, dreht man sich einfach lieber noch mal im eigenen Bett um und döst noch einige Stunden. Je länger ich allerdings schlafe, desto fertiger bin ich eigentlich.

Im Sommer, wenn ich früher aufstehe und den ganzen Tag an der frischen Luft verbringe, bin ich viel fitter als im Winter. Wenn ich meinen Tauchurlaub in warmen Gefilden verbringe, es ist morgens schon schön warm, und das erleichtert das frühe Aufstehen doch enorm. Die Aussicht auf einen traumhaften Tauchgang motiviert natürlich auch um einiges mehr als ein Spaziergang durch eine trübe Stadt bei kaltem Wetter irgendwo in Europa. Nach dem Tauchgang sitzt man bei einem richtigen Frühstück an Deck und lässt sich die Sonne auf den Bauch scheinen, während man vom nächsten Tauchgang träumt oder noch ein schnelles Nickerchen vor dem nächsten Tauchgang einschiebt. Man ist ja schließlich im Urlaub, nicht auf der Flucht. Außerdem ist man verdammt früh aufgestanden, da darf man sich ruhig noch mal kurz hinlegen. Denn so ein Nickerchen entspannt einfach und macht glücklich. So empfinde ich es als Erholung, so früh aufzustehen, ich habe mehr vom Tag und kann mich zwischendurch dennoch ausruhen.

93. GRUND

Weil man nur am Buffet anstehen muss

Einen Tauchurlaub zu machen, bedeutet hauptsächlich zu tauchen. Man fliegt stundenlang um die Welt, steigt dreimal um und verbringt dann den Großteil des Urlaubes auf der Basis oder dem Tauchschiff, um so viele Tauchgänge am Tag zu machen wie nur möglich. Das bedeutet auch, dass man von dem bereisten Land nicht so viel sieht. Die Anzahl der Ausflüge beschränkt sich bei Tauchern oft auf wenige bis gar keine, da man einfach keinen Tag Tauchen aufgeben möchte. Oft sind die Hotels, in denen sich die Tauchbasen befinden, auch einfach extrem abgelegen. Die schönsten Tauchgebiete sind meistens dort, wo sich generell wenig Menschen aufhalten und die Natur sich noch frei entfalten kann.

Daher gibt es auch an Land bis auf wunderschöne Landschaften oft nicht so viel zu sehen oder gar zu besichtigen. Man muss auch nirgendwo anstehen, um in ein Museum, ein Restaurant oder eine Kirche hineinzukommen. Der einzige Ort, an dem man eventuell ein wenig anstehen muss, ist das Buffet, denn Taucher haben meistens alle zur selben Zeit Hunger. Die üblichen Touristenausflüge fallen für viele Tauchreisende einfach weg oder werden auf ein Minimum reduziert. Macht man eine Tauchsafari, ist es um einiges schwieriger, an Land zu gehen. Bei einer zehntägigen Tauchsafari hat man oft nur ein oder zwei Landgänge vorgesehen. Der Zeitplan für die Schiffe ist recht straff kalkuliert, damit auch alle versprochenen Tauchplätze angefahren werden können. Ich versuche aber, auf jeder Tauchsafari die Landgänge zu machen, weil es auch an Land so viel zu sehen gibt. Ich hätte es bitter bereut, wenn ich die berühmte Kokos-Insel, auf der Teile von *Jurassic Park* gedreht wurde, nicht gesehen hätte. Oder in Indonesien nicht die Aussicht von einer Plattform über die grünen Inseln im Meer mitgenommen hätte.

Ich liebe es eigentlich, meine Tage nur an Bord zu verbringen, weil ich komplett aus dem Alltag rauskomme. Manchmal tut es mir dennoch ein wenig leid, dass ich von manchen Ländern nicht mehr gesehen habe. Wenn ich mehr von Land und Leuten sehen möchte, mache ich das oft im Anschluss an eine Tauchreise, und dann trifft mich immer der Alltag mit voller Wucht. Nach zehn Tagen in der Abgeschiedenheit von Raja Ampat fühlte ich mich in der indonesischen Hauptstadt Jakarta, als sei ich aus dem Paradies in das absolute Chaos katapultiert worden. Plötzlich musst ich mich wieder durch Menschenmassen drängeln, Autos ausweichen und im Hotel ewig für den Check-in anstehen. Kurz bereute ich fast, nicht noch einige Tage auf einer Insel statt in Jakarta verbracht zu haben, so erschlagen war ich von all den Geräuschen und Eindrücken. Im Endeffekt habe ich es aber großartig gefunden, mit Freunden diese quirlige Metropole zu erkunden, auch wenn es der erste Schritt zurück in den Alltag war und mich etwas aus der Bahn geworfen hat.

Die Tatsache, dass man im Tauchurlaub so wenig selber planen muss, macht die Rückkehr in den Alltag für mich immer schwerer als nach einem Städtetrip oder einem Familienurlaub irgendwo am Meer. Denn das Fehlen jeglicher eigenen Planung bedeutet, dass man sich mal um gar nichts kümmern muss, was eine willkommene Abwechslung zum Alltag zu Hause ist. Viele schöne Tauchgebiete sind abgelegen und einsam. Keine Hektik, keine Menschenmassen, kein Massentourismus stört die Taucher. Die einzige Ansammlung von Menschen, die man in solchem Tauchurlaub sieht, bleibt also die Schlange am Buffet.

94. GRUND

Weil einem alles abgenommen wird

An sich ist Tauchen schon ein anstrengender Sport. Die schwere Ausrüstung muss vom Keller in das Auto und zum See transportiert werden. Oder am Flughafen vom Taxi zum Terminal geschleppt werden und dann weiter in das Hotel oder auf das Tauchschiff. Einmal angekommen, muss man alles auspacken, aufhängen und nachprüfen, ob man nichts vergessen hat. Das zumindest sollte man auch als extrem entspannter Taucher im Urlaub hinbekommen. Man sollte auch in der Lage sein, bekannt zu geben, was man an Tauchgängen so geplant hat, ob man jeden Tag tauchen möchte oder auch Ausflüge geplant hat.

Je nachdem, was man für eine Reise gebucht hat, sind aber auch diese organisatorischen Fragen bereits vorab geklärt worden. Dann muss man eigentlich nur noch selber tauchen gehen, das muss man dann schon selber machen. Die gute Nachricht ist aber, dass man sich im Urlaub ansonsten so ziemlich alles abnehmen lassen kann. Je nach Destination und Preissegment kann man einen kompletten Sorglos -Service dazu bekommen. Die Ausrüstung wird von freundlichen Angestellten samt Flasche zum Tagesboot oder auf das Zodiac gebracht. Auf einem Safariboot wartet das Jacket mit Atemregler und einer wie von Geisterhand gefüllten Flasche immer am selben Platz auf den Taucher. Man muss sich nur noch beim Aufsetzen auf den Rücken helfen lassen. Lediglich das Nitrox, sofern man es zum Tauchen verwendet, sollte man vor jedem Tauchgang selber checken. Hilfreiche Hände reichen einem den Anzug, und bei Bedarf wird man auch von mehreren freundlichen Menschen in das enge Neopren geschoben, gezogen oder gepresst. Beim Rausgehen aus dem Wasser kann man den Helfern an Bord den Bleigürtel und sogar die gesamte Ausrüstung samt Flasche reichen.

Sogar in das kleine Gummiboot, das die Taucher von den Tauchplätzen abholt, kann man sich reinziehen lassen. Sofern man kein Schamgefühlt und keine Würde mehr hat, und die hat man in dem Moment, in dem man in so ein Boot hineinkommen muss, nicht mehr, ist das überhaupt keine große Sache. Man wird den starken Männern wie ein Stück Gammelfleisch auf die Gummiwulst des Zodiacs gezogen. Dort strandet man dann, mit den Beinen noch im Wasser, mit dem Oberkörper auf dem Boot. Mit einem winzigen Rest an Selbstachtung und Menschenwürde versucht man sich so zu verbiegen, dass man sich die Flossen selber ausziehen kann. Was aber fast nie klappt. Denn man kommt an die Füße nicht heran, außer man bekommt die Beine in das Boot, wofür man Schwung und Platz bräuchte. Es bleibt einem nichts weiter übrig, als bäuchlings liegen zu bleiben, den dicken Hintern im Neopren nach oben gestreckt, und zu warten bis man die Flossen ausgezogen bekommt. Erniedrigend.

Auf manchen Tauchbooten und Tauchbasen wird sogar die Ausrüstung der Gäste mit abgespült, aufgehängt und abends in die Basis geholt. So muss man sich wirklich um gar nichts mehr kümmern.

Man wird gefüttert, der Tagesablauf wird durch die Tauchgänge strukturiert, die Müdigkeit treibt den Taucher von ganz alleine früh ins Bett. Tauchen, essen, schlafen. Mehr muss man eigentlich an Tauchtagen im Urlaub kaum an Eigenleistung erbringen.

95. GRUND

Weil man alles selber machen muss

Wer hingegen am See taucht oder auch an einigen Orten in Europa, der darf alles selber machen. Die Ausrüstung zum See tragen, alles aufbauen, sich alleine anziehen, den Bleigurt anlegen und die Ausrüstung mit der schweren Flasche auf den Rücken schnallen. Nach dem Tauchgang begibt man sich an Land und muss sich darum kümmern, dass die Flasche zum Kompressorraum kommt, um gefüllt zu werden, dass man seine Sachen aufhängt und auch wiederfindet. So eine Bleitasche ist schnell mal irgendwo liegen gelassen oder vergessen. Zwischen den Tauchgängen muss man sich auch noch sein Essen selber organisieren, und gemütliche Plätze für das Nickerchen zwischendurch sind auch nicht so einfach zu finden wie auf einem Safariboot. Nach den Tauchgängen geht es mit dem Stress weiter. Alleine das Wegräumen der Ausrüstung, das Ausspülen, Aufhängen und die Vorbereitung für den Tauchgang am nächsten Tag kann eine gute Stunde in Anspruch nehmen.

Taucht man zu Hause, muss die nasse Ausrüstung in das Auto verfrachtet, zu Hause ausgespült und aufgehängt werden. Was in einer Mietwohnung im Altbau ohne Lift eine echte Herausforderung sein kann. Besonders schön ist die Überraschung, wenn man ein nasses Neoprenteil im warmen Auto vergisst und es im Auto am übernächsten Tag nach abgestandenem Gummi riecht. Nachdem man alles zum Trocknen in der Wohnung aufgehängt hat, muss man es auch wieder wegräumen, denn niemand will mit Neoprenteilen auf Dauer zusammenleben. Wer fotografiert, muss die Kamerateile ebenfalls gut ausspülen und verstauen. Es sind recht ernüchternde Momente, in denen ich mich frage, warum ich mir das alles antue. Würde ich stricken, hätte ich es einfacher. Oder häkeln. Oder einfach nur Netflix gucken, da müsste ich nicht mal von der Couch runter. Aber am Ende des Tages ist es ein befriedigendes Gefühl, dass ich das alles alleine schaffen kann. Ich kann meine Ausrüstung tragen, ich kann alles selber zusammenbauen, meine Flasche füllen lassen und die Ausrüstung wieder ins Auto hieven. Ich bin nach dem Tauchgang ewig zu Hause damit beschäftig, die Sachen auszuspülen und wegzuräumen. Aber irgendwie ist es dann auch ein gutes Gefühl. Wenn ich eigenständig tauchen war und alles selber und alleine erledigt habe, weiß ich abends, was ich tagsüber getan habe. Ich falle mit diesem schönen, schweren Gefühl einer tiefen, aber zufriedenen Müdigkeit in mein Bett, wie ich es nur nach einem Tauchgang kenne. Ich bin trotz der ganzen Anstrengungen extrem zufrieden und fühle mich fast so erholt wie nach einem langen Urlaub.

96. GRUND

Weil sich ein Tag wie ein ganzer Urlaub anfühlt

Ich werde nicht müde, mich zu wiederholen. Tauchen ist für mich die absolute und ultimative Erholung. Nichts ist besser, um komplett abzuschalten und sich nur auf den Moment, in dem man sich befindet, zu konzentrieren. Wenige Sportarten machen es so einfach, den Alltag wortwörtlich an Land zu lassen und abzutauchen. Um diese Entspannung zu erreichen, bedarf es nicht mal wochenlanger Urlaube. Für mich reicht oft ein einziger Tag am heimischen See, um mich zu fühlen wie nach einer Woche Ferien am Meer.

Es beginnt schon mit der Anfahrt am See. Die Sonne scheint, der Himmel ist blau, das Wasser funkelt. Man trifft liebe Menschen, mit denen man zum Tauchen verabredet ist, und lernt neue Leute kennen. Zwanglos plaudert man mit den Leuten, die ihre Ausrüstung aufbauen. Jemand hat Kaffee dabei und was zu essen, man teilt sich alles und kommt mit wildfremden Leuten schnell ins Gespräch. Nicht zu vergleichen mit den Momenten, wo wir in öffentlichen Verkehrsmitteln in unser Smartphone starren und die Menschen neben uns ignorieren. Das Gefühl vor dem Tauchgang ist immer das gleiche. Eine leichte Aufregung, eine große Vorfreude. Ein Kribbeln im Magen, der Glanz in den Augen. Was werde ich sehen? Wie wird der Tauchgang? Wie kalt ist das Wasser? Die Vorbereitungen auf den Tauchgang, das Zusammenbauen der Ausrüstung, all das versetzt mich bereits in den Tauchmodus. Ich bin voll konzentriert auf mich, meine Ausrüstung und auf meinen Buddy. Wir checken gegenseitig unsere Ausrüstung und gehen zum Wasser. Dann der magische Moment, in dem ich durch die Oberfläche eintauche und sofort in meinem Element bin. Ich lasse mich langsam sinken, passe hier und da noch meine Ausrüstung an und adjustiere meine Maske. Ich merke, wie mein Herzschlag sich beruhigt, meine Atmung langsam und regelmäßig wird. Mit langsamen Flossenschlägen dringe ich in die Tiefe vor, verlasse den flachen Uferbereich. Ich spüre das Glück, unter Wasser zu sein. Mein Buddy hat ein dickes Grinsen im Gesicht und ist so zufrieden, wie ich es bin. Die Schätze der Natur offenbaren sich, junge Hechte suchen das Weite, ein Wels zieht unberührt an uns vorbei. Im Schilf tummeln sich hunderte von kleinen Fischen, sie glänzen silbrig in der Sonne. Mit jedem Meter Tiefe wird es im See dunkler, die Sicht wird eher schlechter. Dennoch genieße ich den Moment, einfach tauchen zu dürfen. Nach 60 Minuten ist der Ausflug in die Unterwasserwelt vorbei, zusammen mit meinem Buddy stapfe ich an das Ufer.

Nach dem Tauchgang wird natürlich über den Tauchgang geredet, mit leuchtenden Augen berichtet jeder, was er gesehen hat. Es wird viel gelacht, gut gegessen und ein wenig in der Sonne geschlafen. Faul herumzuliegen ist beim Tauchen ja extrem wichtig, um sich für den nächsten Tauchgang zu regenerieren. Nachmittags geht es, nach einem ausgiebigen Mittagessen, nochmals in die Tiefe. Nach dem Tauchgang packt man alles zusammen, geht noch auf ein Dekogetränk und isst in Ruhe ein Eis, bevor es nach Hause geht. Alle Sorgen, der Alltag, alles ist ganz weit weg, und nach einem Tag ist man tatsächlich so erholt wie nach einem kurzen Urlaub.

97. GRUND

Weil man ein Dekobier trinken darf

Der Dekompressionsvorgang ist für Taucher überlebenswichtig. Während des Tauchganges sammelt sich Stickstoff im Gewebe des Tauchers an. Taucht man nun zu schnell auf, löst sich das Gas in Form von Blasen, sprudelt geradezu in das Gewebe und die Körperflüssigkeiten. Einen Taucher kann man sich direkt nach dem Tauchgang daher wie eine geschüttelte Flasche Mineralwasser vorstellen. Taucht man zu schnell auf, ist es, wie diese geschüttelte Flasche mit einem Ruck zu öffnen. Nun stelle man sich statt Mineralwasser ein Bierchen vor, auch eine geschüttelte Flasche Bier darf man nicht ruckartig öffnen, sonst schäumt sie über.

Bier ist für viele Taucher essenziell, um den Dekompressionsvorgang vollständig an Land abzuschließen. Grob gesagt führt ein Dekompressionsgetränk den Dekompressionsvorgang nicht im eigentlichen Sinne fort, sondern es geht eher darum, wie man sich als Taucher die Entspannung während des Tauchganges auch an Land beibehalten kann. Hier hilft das sogenannte Dekobier. Für Nichtalkoholiker wie mich geht auch alternativ eine Deko-Cola, ein Deko-Redbull oder ein Deko-Saft. Dieses Deko-Getränk wird ausschließlich in geselliger Runde mit anderen Tauchern, idealerweise direkt auf der Tauchbasis oder an Deck eines Bootes zu sich genommen. Ganz wichtig ist es, das Getränk langsam und entspannt zu sich zu nehmen und es zu genießen. Es darf kein Stress und keine Eile aufkommen, sonst wirkt das Dekobier nicht entspannend. Zum Dekobier passt eine Kleinigkeit zu knabbern, um den Kalorienausgleich auch durch feste Nahrung sicherzustellen, außerdem bereitet ein Snack ideal auf das folgende Abendessen vor. Der Abstand zwischen letztem Tauchgang und Getränk darf auch nicht zu groß sein, sonst wirkt es nicht so massiv entspannend, wie es wirken soll. Medizinisch ist die Wirksamkeit eines Dekobiers oder Dekogetränkes nicht nachgewiesen.

Meine eigenen nicht-repräsentativen Feldstudien an lebenden, aktiven Tauchern haben aber deutliche Ergebnisse gebracht. Ein Dekogetränk, was in Maßen auch für das Dekobier gilt, steigert das Wohlbefinden enorm. Durch die sofort eintretende Entspannung und das gesellige Beisammensein mit anderen Tauchern sowie das Rekapitulieren der gemeinsamen Tauchgänge fühlt man sich umgehend noch entspannter und glücklicher. Verzichtet daher darauf, euren Arzt oder Apotheker zu fragen, sondern nehmt euch im nächsten Tauchurlaub ein Getränk und verbringt Zeit in netter Gesellschaft.

8. KAPITEL

AUSBILDUNG, REGELN UND GRENZEN

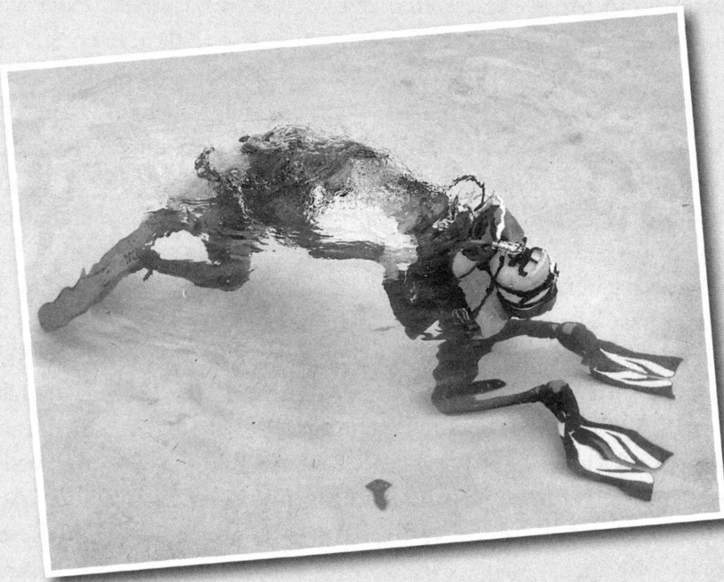

98. GRUND

Weil man eine Ausbildung machen darf

Wer tauchen möchte, muss einen sogenannten Tauchschein, auch Brevet genannt, machen. Verschiedene Ausbildungsorganisationen bieten diesen Schein nach ihren jeweiligen Ausbildungsrichtlinien an. Untereinander unterscheiden sich diese in den Namen, die diese Brevets haben, dem System, wie die Scheine aufeinander aufbauen und was sie beinhalten, bzw. was sie nicht erlauben. So gibt es verschiedene Tiefengrenzen, die eingehalten werden müssen, je nach erreichtem Brevet. Die Dauer der Ausbildung unterscheidet sich auch, sowohl zwischen den Organisation wie auch je nach Schein, den man macht.

Den Tauchschein kann man sowohl im Heimatland oder auch im Urlaub machen. Die meisten Tauchschulen bieten an, dass man den Theorieteil in Europa machen kann und die Praxis dann im Urlaub macht und dort den Schein dann abschließt. Grundsätzlich wird eigentlich jedes Brevet weltweit anerkannt. Manche Ausbildungsorganisationen sind kommerziell erfolgreicher und weiter verbreitet als andere. Wer aber einen Schein von einer Organisation hat, sollte ohne große Probleme überall tauchen können. Die Ausbildung umfasst Theorie und praktische Übungen im Pool sowie einige Tauchgänge im Freiwasser. Ebenfalls gefordert wird, dass man schwimmen kann und ohne Gerät taucht. Manche Ausbildungsorganisationen stellen weniger hohe körperliche Anforderungen an die Taucher als andere. Die Ausbildung vermittelt das theoretische Grundwissen und setzt auch gewisse Grenzen für die Taucher innerhalb ihrer Organisation und Ausbildungsstufe. Viel mehr als von der Ausbildungsorganisation hängt die Qualität der Ausbildung aber vom Tauchlehrer ab. Ist er motiviert, erfahren und geduldig, dann ist es egal, nach welchen Richtlinien er ausbildet. Mit diesem Menschen steht und fällt die erste Taucherfahrung.

Der erste Schein ist überhaupt nur der erste Schritt in ein neues Leben als Taucher. Wer tiefere Tauchgänge machen möchte, muss in der Regel noch mindestens einen weiteren Schein machen, um bis zur 40-Meter-Grenze oder auch darüber hinaus tauchen zu dürfen. Die Ausbildung ist aber kein Freifahrtschein für tiefe Tauchgänge. Jeder Schein ist einfach der erste Schritt, denn ein Führerscheinneuling sollt auch nicht gleich mit 200 über die Autobahn rasen. So ist es auch mit dem Tauchen. Nur weil man plötzlich auf 40 Meter darf, muss man es nicht gleich machen, sondern sollte erst mal Erfahrung sammeln und sich langsam an die Tiefe herantasten.

Wo jeder Taucher mit seiner Ausbildung aufhört, kann nur individuell entschieden werden. Manche möchten so weit wie möglich gehen und am liebten gleich Tauchlehrer werden. Anderen reicht es, durch einen extra Kurs etwas mehr Sicherheit im Umgang mit Notfällen zu bekommen oder mehr Theorie zu erlernen. Andere Taucher zieht es in ganz große Tiefen, wo eine ganz andere Ausbildung im technischen Tauchen notwendig ist. Es gibt einfach keinen ultimativen Ratschlag oder eine goldene Regel, wie weit jeder Taucher mit seiner Ausbildung gehen sollte. Jeder Taucher muss selber entscheiden, welche Richtung unter Wasser eingeschlagen werden soll, und dementsprechend die Ausbildung gestalten und sich das notwendige Wissen in der Ausbildung aneignen. Danach folgt, das Wissen in der Praxis zu vertiefen und einfach durch Routine ein erfahrener Taucher zu werden.

99. GRUND

Weil man unendlich viele Scheine machen kann

Ich bin etwas altmodisch. Ich finde, wenn man einen Schein gemacht hat, reicht das nicht. Es braucht Fleiß und Übung, um in der Disziplin, in der man den Schein gemacht hat, gut zu werden. Ob

Autofahren, Segeln, Motorradfahren oder Fliegen. Jeder Schein, den man macht, ist immer nur der allererste Schritt. Der dazugehörige Kurs, der zu jedem neuen Schein führt, vermittelt Grundwissen, Regeln und Gesetze sowie viel theoretisches Wissen. Nur durch Übung und viel Praxis erlangt man aber Sicherheit, Routine und Erfahrung. Das gilt auch im Tauchsport. Der Schein ist quasi die Erlaubnis, den Sport mal auszuüben. An den jeweiligen Fähigkeiten, die im Tauchsport gebraucht werden, muss man dann selber arbeiten.

Wer gut tarieren möchte, muss halt immer wieder üben. Wer in ein Wrack tauchen will, sollte zwar das Brevet haben, das tiefe Tauchgänge ermöglicht. Aber man sollte auch genug Routine, viele Tauchgänge und starke Nerven haben, um in dieses Wrack hineinzutauchen und ohne Panikattacke wieder herauszukommen. Ob man aber wirklich ein Spezialbrevet im Wracktauchen braucht, muss jeder Taucher für sich selber entscheiden. Im kommerziellen Tauchsport finden sich heutzutage Brevets und Sonderausbildungen für Bereiche, die für manche Taucher eher lustig als ernsthaft notwendig klingen. So kann man einen Kurs machen, in dem man erfährt, wie man vom Boot aus taucht, und mehr über Boote lernt. Ich habe all mein Wissen über Bootstauchgänge aber einfach auf Booten gesammelt. So viel muss man da aber eigentlich nicht wissen. Wie man von einem Boot aus taucht und wie man wieder reinkommt, erklärt der Guide im Briefing. Je mehr man taucht, desto mehr Bootstauchgänge macht man, und durch Gespräche mit der Crew lernt man auch viel über die Boote, die Technik oder Navigation. Das kann kein Kurs so intensiv vermitteln.

Ich will nicht überheblich klingen, aber ich denke, dass man bestimmtes Wissen auch einfach ohne Kurse erlangen kann. Für die Grundausbildung sind die Scheine unerlässlich. Was darüber hinausgeht und mit der Technik des Tauchens an sich, mit Ausrüstung oder Sicherheit unter Wasser nicht mehr so viel zu tun hat, kann man sich meiner Meinung nach auch durch viele Tauchgänge, durch das Beobachten routinierter Taucher und durch eigene Erfahrungen ganz gut selber erarbeiten. Viel wichtiger, als einen Schein nach dem anderen zu machen, ist es doch, viel zu tauchen. Wenn ich einmal meinen Führerschein habe, mache ich ja nicht auch noch einen Kurs in Autobahnfahren oder Fahren bei Dunkelheit. Sondern ich mache einen weiteren Schein, wenn ich eine andere Art von Gefährt fahren möchte, zum Beispiel einen Lkw oder ein Motorrad.

So sehe ich es auch mit den Tauchscheinen. Wer von Sporttauchen auf technisches Tauchen umsteigt, der sollte unbedingt einen weiteren Schein machen. Wer beim Sporttauchen gut mit Strömung umgehen möchte, der muss üben, üben und üben, statt einen weiteren Spezialschein im Strömungstauchen machen. So sammelt man nicht so viele bunte Plastikkarten, aber dafür einiges mehr an Erfahrung. Natürlich muss auch hier jeder Taucher selber entscheiden, welches Brevet notwendig ist und welches nicht. Ich appelliere nur an den Hausverstand und an das eigene Urteilsvermögen. Wer viel taucht, ist mit vielen verschiedenen Situationen konfrontiert und lernt in der Praxis, mit diesen umzugehen. Das ist für mich wertvoller als viele Spezialbrevets.

100. GRUND

Weil man sich gut vorbereiten muss

Eines der wichtigsten Dinge beim Tauchen ist die Vorbereitung, und die größte Gefahr für jeden Taucher ist die Routine. Wer auf einer Tauchsafari vier Tauchgänge am Tag macht und bei drei Tauchgängen jedes Mal beim Prüfen der Flasche gesehen hat, dass diese offen und gefüllt ist, der läuft eher Gefahr, beim vierten Tauchgang nachlässig zu werden und mit der geschlossenen Flasche abzutauchen. Wer den ersten Tauchgang des Tages macht, kontrolliert noch sorgfältiger. Daher ist es wirklich wichtig, sich vor jedem Tauchgang so vorzubereiten, als sei es der erste. Man schaut sich jedes Mal seine

Ausrüstung genau an und plant gedanklich den Ablauf des Tauchganges. Man überlegt sich, was man braucht, wenn man abtauchen möchte. Anzug, Jacket, Tauchcomputer, Flossen, Maske, Atemregler, eine offene Flasche mit genug Luft. Dabei geht es darum, nichts zu vergessen. Auf offenem Meer im Speedboot zu merken, dass man den Atemregler auf der Basis oder dem Safariboot vergessen hat, ist äußerst ungünstig.

Ebenfalls hilft es, sich das Briefing gut anzuhören und zu wissen, was einen erwarten kann. Pfeift die Strömung und muss man sofort zügig abtauchen oder kann man an der Oberfläche etwas vor sich hin dümpeln? Ist es sehr wellig und windig oder wartet ein ruhiges Meer mit einer spiegelglatte Oberfläche? Hat man genug getrunken, ist die Kamera aufgeladen und die Speicherkarte eingesetzt? Ist das Jacket an die Flasche angeschlossen? All diese Kleinigkeiten spuken dem Taucher kurz vor dem Tauchgang durch den Kopf. Es ist besser, diese Gedanken zu strukturieren und alles im Kopf nach und nach durchzugehen, um gut vorbereitet zu sein. Danach folgt der sogenannte Buddycheck, der dafür da ist, damit zwei Taucher gegenseitig ihre Ausrüstung auf Vollständigkeit prüfen. Dann startet man entspannter in den Tauchgang und vergisst nichts, nur weil ja bereits dreimal alles gut gegangen ist. Wer einen Tauchgang plant, muss sorgfältig und genau sein. Diese fast schon altmodischen Tugenden sind die Lebensversicherung eines jeden Tauchers. Schon ein kurzer Moment der Unaufmerksamkeit, und die Flasche ist nicht aufgedreht. Oder der Atemregler ist nicht an die Flasche angeschlossen, die Maske wird an Land vergessen. Solche Vorfälle sind im besten Fall nicht so schlimm, da man den Fehler doch noch kurz vor dem Tauchgang erkennt. Oder man merkt es rechtzeitig beim Abtauchen und kann noch eingreifen.

Wer aber mit geschlossener Flasche abtaucht oder den Inflatorschlauch des Jackets nicht angeschlossen hat und sinkt wie ein Stein, der kann in ernsthafte Schwierigkeiten geraten. Hier ist auch die Genauigkeit des Buddys gefragt. Ein aufmerksamer Blick, und schnell ist ein Problem eines Mittauchers erkannt und behoben. Wer wegsieht und solche Gefahren nicht erkennt, findet sich schnell in einem echten Notfall wieder und muss vielleicht sogar Erste Hilfe leisten. Daher, Augen auf bei der Vorbereitung und beim Tauchgang selber. Genauigkeit und Sorgfältigkeit können Leben retten, entweder das eigene oder das anderer Menschen. Es ist auch immer ratsam, sorgfältig mit der eigenen Ausrüstung umzugehen. Ein abgeknickter Schlauch kann einen Riss nach sich ziehen und den Schlauch undicht werden lassen. Auch O-Ringe sollten genau geprüft werden, ob sie nicht porös sind und damit durchlässig werden. Empfindliche Ausrüstungsteile sollten regelmäßig visuell geprüft und zur Wartung gegeben werden, damit es keine bösen Überraschungen gibt. Denn genaue und sorgfältige Vorbereitung ist einfach die beste Art, Unfällen vorzubeugen.

101. GRUND

Weil man keine Fehler machen darf

Fehler können zu lustigen Momenten führen. So erzählte ich einmal vor einem Nachttauchgang etwas von einer barbusigen Meerjungfrau mit langen Haaren. Nach dem Abtauchen fehlte mein Buddy, er sagte mir nach dem Auftauchen, er sei so verwirrt gewesen bei dem Gedanken an die Sirene mit den großen Brüsten, dass er ohne Flossen abtauchte. Was nachts nicht unbedingt so lustig ist, denn man muss im Dunkeln wieder auftauchen, die Flossen an die Füße bekommen und die Gruppe wiederfinden.

Fehler können aber auch den Taucher ernsthaft gefährden oder sogar tödlich sein. Wer vergisst, nachzumessen, wie die Nitrox-Mischung ist, und sich an die Angaben auf dem Tauchcomputer hält, der kann einen Tauchunfall haben. Wer die Flasche nicht kontrolliert und beim Abtauchen merkt, dass keine Luft kommt, kann leicht in

Panik geraten, was wirklich ernste Konsequenzen haben kann. Auch vermeintlich lustige Fehler, wie die fehlenden Flossen, können einen unerfahrenen Taucher unter schwierigen Bedingungen schnell so verunsichern, dass Panik aufsteigt. Das falsche Ablesen des eigenen Tauchcomputers, Selbstüberschätzung, eine kaputte Ausrüstung oder ein Navigationsfehler, schnell können Fehler zu einer gefährlichen Situation führen, die in diesem für uns feindlichen Lebensraum zur Tragödie werden. Das heißt nun nicht, dass man vor jedem Tauchgang hysterisch vor Angst 50 Mal die Flasche kontrolliert. Sondern sich ruhig und besonnen konzentriert, seine Ausrüstung durchgeht und einen Buddycheck mit dem Tauchpartner macht. Das kann auch bedeuten, sich auf drei Metern noch mal gegenseitig zu checken, ob man genug Blei hat und alle Schläuche angeschlossen sind. Denn gerade sehr erfahrene Taucher, ich eingeschlossen, neigen manchmal im Rausch der Vorfreude auf den Tauchgang zu etwas Nachlässigkeit.

Fehler darf man sich aber eigentlich nicht erlauben, wenn man auf 40 Metern unterhalb der Wasseroberfläche unterwegs ist. Strenge Prozeduren vor dem Tauchgang wie ein ausführlicher Buddycheck werden von erfahrenen Tauchern manchmal nur noch milde belächelt und als überflüssig abgetan. Beim Buddycheck geht es darum, dass sich 2 Taucher gegenseitig kontrollieren und ihre Ausrüstung auf Vollständigkeit prüfen. Um nichts zu vergessen, kann man sich mit dem Spruch »Taucher Brauchen Viel Saubere Luft« helfen. Die Anfangsbuchstaben sehen für: *Taucher* – Tarierhilfe: Ist das Jacket korrekt angeschlossen, sind alle Schnallen geschlossen? Funktioniert alles, wie die Ablässe und ist der Inflatorschlauch am Trockentauchanzug angeschlossen? *Brauchen* steht für Blei: hat der Taucher genug Blei, entweder integriert im Jacket oder am Bleigürtel? Viel = *Ventil*: Ist das Luftventil korrekt geöffnet, sprich einmal bis zum kompletten Anschlag geöffnet und dann wieder eine halbe Drehung zurück? *Saubere* steht für Schnallen: Sind alle Schnallen geschlossen? Sind alle Bänder so lang, wie sie sein sollen? *Luft* – steht für die Flasche:

Ist diese korrekt angebracht und sitzt fest? Wackelt sie nicht, und sitzt sie weder zu hoch noch zu niedrig, damit sie den Taucher nicht in der Bewegung einschränkt? Diese Prozedur bei vier Tauchgängen am Tag sauber durchzuziehen und das über einen ganzen Tauchurlaub hinweg kann anstrengend sein. Es kann die anderen Taucher nerven, die warten, dass man zusammen abtaucht. Das sollte aber niemanden davon abhalten, diesen Check durchzuführen.

Jeder Taucher sollte sich auch jeden Abend damit auseinandersetzen, ob der Tauchcomputer auf Luft oder Nitrox eingestellt ist, und einfach mal einen visuellen Check der Ausrüstung vornehmen. Das ist vielleicht auch etwas aufwendig, aber es kann unangenehme und gefährliche Situationen vermeiden. Denn der kleinste Fehler oder eine Unachtsamkeit kann unter Wasser gravierende Folgen haben.

102. GRUND

Weil man sich an Regeln halten muss

Beim Tauchen herrschen einige Regeln. Manche sind von den Ausbildungsorganisationen vorgegeben, manche von der Tauchbasis oder von dem Land, in dem man unterwegs ist. Zwischen den großen Ausbildungsorganisationen unterscheiden sich zum Beispiel die Tiefengrenzen, die Taucher einhalten müssen. Drei der großen Organisationen PADI, SSI VDST, setzen diese für Sporttaucher bei 40 Metern, CMAS und BSAC hingegen setzt diese bei 60 Metern. So kommt es aber nicht nur darauf an, was die eigene Ausbildungsorganisation vorschreibt, sondern darauf, wie dort, wo man seine Tauchgänge absolviert, getaucht wird. Wenn die Basis eine Tiefengrenze von 30 Metern vorschreibt, dann gilt diese. Nicht relevant ist, dass man selber vielleicht viel tiefer gehen darf. Wie tief die Sporttaucher je nach Ausbildungsorganisation gehen, sollte aber nicht nur von diesen formalen Grenzen abhängen.

Neben solchen allgemeinen Regeln muss jeder Taucher innerhalb seiner persönlichen Grenzen und in Einklang mit seinen Erfahrungen tauchen. Nur weil man bis 40 oder 60 Meter tauchen darf, muss man das nicht machen. Einige Organisationen erlauben nur sogenannte Nullzeittauchgänge. Dies bedeutet, dass man in einer bestimmten Tiefe eine maximale Dauer des Tauchganges nicht überschreitet. So verhindert man, dass man beim Auftauchen einen Dekompressionsstopp machen muss, zusätzlich zu dem dreiminütigen Sicherheitsstopp auf fünf Metern. Nun gibt es drei Gruppen von Tauchern. Die, die sich sklavisch an die Nullzeit halten, einen Sicherheitstopp auf drei Metern machen und auftauchen. Dann gibt es diejenigen, die auch mal fünf gerade sein lassen. Wer wenige Minuten an Dekompression ansammelt, kann diese durch langsames Austauchen am Riff ohne Probleme vor dem Sicherheitsstopp loswerden und macht dann nur noch die drei Minuten auf fünf Metern. Die dritte Gruppe geht regelmäßig und mit großer Freude weit über die Nullzeit hinaus und verbringt mehr Zeit beim Sicherheitsstopp als beim Tauchgang selber. Egal, zu welcher Gruppe man sich zählt, wichtig ist, dass man sich innerhalb seiner Tauchgruppe an die Regeln hält. Dass man die Regeln für Dekompression und Sicherheitsstopps einhält, um sich nicht in Gefahr zu bringen.

Wenn die Tauchbasis vorgibt, dass alle sich an die Nullzeit halten und ein Tauchgang maximal 60 Minuten dauern darf, dann hält man sich daran. Sonst verzögert man das Umsetzen des Bootes oder die Heimfahrt in das Hotel für alle anderen.

Ist man nur zu zweit eigenständig unterwegs, sollte man sich ebenfalls an Absprachen und Regeln halten. An eine maximale Tiefe, an die Zeit, zu der man umkehrt, und an die Dauer des Tauchganges. Sonst kann man seinen Mittaucher schnell in Schwierigkeiten bringen und sich selbst natürlich auch. In manchen Ländern oder auf der Tauchbasis droht bei mehreren Verstößen gegen bestimmte Regeln sogar ein Tauchverbot. Da muss man sich gut überlegen, ob es das einem wert ist, sich über solche Vorschriften hinwegzusetzen. Wer sich nicht an Regeln halten möchte, kann das unter Wasser außerdem auch nicht besprechen. Wenn ich mit meinem Buddy ausgemacht habe, dass wir nach 30 Minuten umdrehen, und der Buddy einfach stur geradeaus weitertaucht, dann gefällt mir das nicht. Ich werde unsicher, muss den Partner kontaktieren und ihm mit Händen und Füßen erklären, was los ist. Meistens ist es reine Unaufmerksamkeit, aber manchmal hat der Tauchpartner plötzlich seine Meinung geändert und möchte anders tauchen. Bedingt durch die mangelnde Möglichkeit der Kommunikation ist das immer ein Problem und schafft Unsicherheit.

Wer sich also an Regeln und Absprachen hält, macht es dem Partner einfacher und erzeugt keine Unsicherheiten. Sich an Absprachen zu halten ist einfach ein Zeichen von Respekt und Verlässlichkeit und macht das Tauchen angenehmer und entspannter. Wer sich auf einer Tauchbasis oder einem Safariboot aufhält, hat sich ebenfalls mit den Regeln grundsätzlich einverstanden erklärt, denn die Informationen zu Beschränkungen und gewissen Regeln erhält man eigentlich immer vorab. Wer sich an diese nicht halten möchte, wird es relativ schwer haben und Unruhe in die ganze Gruppe bringen. Auch wenn nicht jede Regel immer sinnvoll erscheint, ist es einfach besser, sich daran zu halten, was vorgeschrieben ist.

103. GRUND

Weil die Elemente unbezwingbar sind

Wir modernen und zivilisierten Menschen glauben ja gerne, dass wir alles im Griff haben. Wir fliegen durch die Lüfte, rasen über Autobahnen, springen mit Fallschirmen aus Flugzeugen. Stets haben wir die volle Kontrolle, so glauben wir es zumindest. Auch beim Tauchen denken wir, dass wir gut ausgebildet und ausgerüstet bestens für einen Tauchgang vorbereitet sind. Dann springen wir auf den Malediven in das spiegelglatte Meer, freuen uns auf einen entspannten Tauchgang. Und plötzlich packt uns die Strömung und wirbelt uns wie ein Blatt im Wind umher. Aus dem Nichts scheint diese Wassergewalt zu kommen, ohne Ankündigung und von oben kaum sichtbar. Verzweifelt versuchen wir, dagegen anzukämpfen, um unsere Richtung zu halten. Neben uns stehen winzige Fischchen still im Wasser, lediglich mit kleinen Flossenschlägen halten sie sich gegen die Strömung. Wir hingegen sind chancenlos.

Die Gewalt, die Kraft und die Energie des Wassers reißt uns einfach mit. Wir haben keine andere Möglichkeit, außer uns treiben zu lassen und mit der Strömung zu gehen. Wenn wir dagegen ankämpfen, saugen wir innerhalb kürzester Zeit unsere Flasche leer und müssen irgendwo auftauchen. So schießen wir mit der Strömung wie Superman über das Riff hinweg, wie im Zeitraffer zieht die Natur an uns vorbei. Uns bleibt am Ende nur, trotz der Geschwindigkeit langsam und kontrolliert aufzutauchen und nach unserem Boot Ausschau zu halten. So ein Ritt erinnert mich immer daran, dass ich in den Fängen der Natur hilflos und klein bin. Auf einer Tauchsafari in Indonesien tobte die ganze Nacht ein Sturm, der es in sich hatte. Wie eine Nussschale wurde das Boot auf den hohen Wellen durchgeschaukelt, wir hielten uns in den Kabinen an allem fest, was gut angeschraubt war. An Schlaf war ohne Medikamente gegen Seekrankheit für mich nicht zu denken, ich wünschte mir irgendwann nur noch, dass für einige Minuten das Boot ruhig steht, damit ich schnell einschlafen kann. Wir hatten Glück, dass wir die Überfahrt gut gemeistert haben und der Kapitän uns sicher hinübergebracht hat. Dieser Sturm hätte aber auch ein Übersetzen unmöglich machen können, wir hätten mehrere Tauchtage verloren.

Die Natur passt sich nicht an uns an. Selbst in Ländern mit vermeintlicher Schönwettergarantie ist man als Taucher nicht vor der Natur gefeit. So kann ein Sandsturm im Sommer in Ägypten dazu führen, dass man für zwei oder drei Tage einfach nicht tauchen gehen kann. Oder dass bestimmte Tauchplätze nicht erreichbar sind, dies kann auf jeder Tauchsafari passieren und ist kein Grund, wütend zu werden. Es bringt nichts, sich aufzuregen oder laut zu argumentieren, dass man ja für diese Reise viel Geld bezahlt hat. Gegen die Elemente sind wir machtlos und können uns ihnen nur fügen. Wer sich dem Lauf der Natur anpasst, verbringt einfach einen viel entspannteren Tauchurlaub als jemand, der sich über nicht machbare Tauchgänge aufregt. Wer an einem langen Wochenende einige Tauchgänge in einem See geplant hat, darf sich auch nicht ärgern, wenn es plötzlich ohne Pause regnet. Es gibt nur zwei Möglichkeiten: trotz Regen abtauchen, denn nass wird man sowieso. Oder es sein lassen, wenn man auf eventuell eingeschränkte Sicht keinen Wert legt. Außerdem ist es nach dem Rausgehen auch etwas ungemütlicher an Land, als bei strahlendem Sonnenschein den nassen Anzug auszuziehen.

Aber so ist es nun mal, und wir Menschen können nichts dagegen tun. Und das ist auch in Ordnung so, nicht alles muss kontrollierbar und bezwingbar sein. Mal nicht den eigenen Willen durchzusetzen tut vielen Menschen sogar recht gut. Die Elemente sind einfach nicht bezwingbar, und es ist eine gute Lektion, daran erinnert zu werden, dass wir nicht alles kontrollieren können.

104. GRUND

Weil man an seine Grenzen stößt

Es heißt ja immer, man soll im Leben über seine Grenzen hinausgehen. Sie überwinden, über sich selbst dadurch hinauswachsen. Im Tauchsport ist das eigentlich keine so gute Idee. Denn die Grenzen setzen sich aus der Ausbildungsstufe, der körperlichen Konstitution, der mentalen Stärke, der eigenen Ausrüstung, der Witterung und der Tagesverfassung zusammen. So kann eine Grenzüberschreitung zu ernsthaften Schwierigkeiten unter Wasser führen. Wenn ich zum

Beispiel auf zehn Metern im See merke, dass ich schon vor Kälte zittere, hat es überhaupt keinen Sinn, sich einzureden, man geht über diese Kältegrenze hinaus und taucht noch tiefer ab. Wird es dann zu kalt und es setzt eine Hypothermie ein, verlassen einen auch schnell die Kräfte. Im besten Fall muss man an der Oberfläche zurückschwimmen, im schlimmsten Fall kommt der Notarzt.

Hat man mit seinem Buddy abgesprochen, man geht runter auf 40 Meter, und merkt bei 30 Metern, dass man sich einfach nicht wohlfühlt, sollte man ebenfalls dringend signalisieren, dass man nicht tiefer gehen möchte. Wer hier über diese Grenze hinausgeht, riskiert eine Panikattacke und einen unkontrollierten panischen Aufstieg von 40 Metern an die Oberfläche. Was wirklich schlimme Folgen haben kann. Daher ist es immer ratsam, sich an seine tagesaktuellen Grenzen zu halten und sich von nichts und niemandem zu irgendetwas überreden zu lassen. Wer an seine Grenzen stößt, sollte diese akzeptieren und nicht darüber hinausgehen.

Dennoch hilft Tauchen, die eigenen Grenzen manchmal ein wenig zu verschieben, ohne sich in Gefahr zu bringen. Ohne über die eigenen Grenzen hinauszugehen, kann man durchaus beim Tauchen Ängste überwinden. So hatte ich zu Beginn meines Taucherlebens große Angst vor Höhlen und Wracks. Ich mochte die Idee nicht, dass über mir eine geschlossene Decke ist und ich nicht jederzeit auftauchen kann. Wobei ich sowieso nicht ohne Sicherheitsstopp jederzeit auftauchen kann. Das ging manchmal so weit, dass ich mir plötzlich aus dem Nichts heraus einbildete, dass über mir ein Felsen oder eine solide Wand sei, und Angst bekam. Ich redete offen mit meinem Buddy darüber und erzählte von diesen Ängsten. Besonders bei schlechter Sicht bekam ich sehr schnell Angst und sah Dinge, die einfach nicht da waren. Wie eine geschlossene Decke über mir im Wasser. Zunächst übten wir daher im ganz flachen Wasser bei schlechter Sicht zu tauchen. Wir tauchten auf drei Meter ab und verblieben in dieser geringen Tiefe, mit fast keiner Sicht. Meinen Buddy konnte ich kaum erkennen. Ich merkte aber, es passiert mir nichts. Schlechte Sicht ist an sich kein Problem, sie ist für mich keine Gefahr. Ich kann auch jederzeit auftauchen, über mir ist auch kein Hindernis.

Der nächste Schritt war, unter Überhängen hindurchzutauchen, dann sogar in kleine Höhlen. Irgendwann tauchte ich ganz selbstverständlich in tief liegende Wracks, in den Maschinenraum, ohne über mir die Oberfläche zu sehen. Diese Ängste zu überwinden hat mir sehr viel Mut gemacht. Ich habe gemerkt, dass es oft auf die mentale Stärke ankommt und man sich langsam an Situationen, die einem Angst machen, aber die beherrschbar sind, herantasten und sie meistern kann. Seitdem machen mir auch schwierige Situationen im Alltag weniger Angst. Auch wenn der Tauchsport also viele Grenzen hat, ist es eigentlich ein grenzenloser Sport. Denn innerhalb von Nullzeiten, Dekostopps, Tiefengrenzen und der begrenzten Atemluft sind wir grenzenlos frei. Wir schweben wie Vögel durch das Wasser, das so blau ist wie der Himmel über uns. Wir sind schwerelos wie Astronauten und betrachten eine wundersame Welt, die sich uns eröffnet. Wir können an so vielen verschiedenen Orten tauchen, da sind der Fantasie keine Grenzen gesetzt. Lediglich das Budget begrenzt uns vielleicht dann doch irgendwann mal.

Dennoch, überall auf der Welt gibt es unter Wasser etwas zu sehen und zu entdecken. Nichts und niemand stellt sich uns in den Weg, wir sind frei, die Welt zu erforschen und die Tiefen der Meere zu erkunden. Wir können Hindernisse überwinden, uns mental stärken. Für mich fühlt sich so die absolute Freiheit an. Hinabsinken in die unbekannten Gewässer unter mir und nach dem Tauchgang am Meer sitzen und den Horizont sehen. Den Sonnenuntergang vom Bord eines Tauchschiffes beobachten und zu neuen Abenteuern segeln. Ich kenne in diesem Moment keine Grenzen, ich fühle nur Freiheit und Glück. Die Grenzen, die das Tauchen also durchaus hat, dienen meiner Sicherheit. Innerhalb dieser Grenzen bin ich aber frei, so frei, wie ich es an Land nie sein werde. Dennoch ist es immer wichtig, seine eigenen, persönlichen Grenzen immer im Auge zu behalten, sich regelmäßig zu hinterfragen und ehrlich zu sich selbst zu sein. Auch wenn man die eine oder andere persönliche Barriere überwindet, darf man unter Wasser nie etwas erzwingen und sollte sich innerhalb der eigenen Limits bewegen.

105. GRUND

Weil man manchmal einfach abbrechen muss

Manchmal geht einfach nichts mehr, man ist irgendwie mit dem falschen Fuß in die Flosse eingestiegen. Der Anzug will nicht über den Hintern drüber, der Reißverschluss geht nicht zu. Man findet die Maske nicht, die Flasche ist aus unerklärlichen Gründen nicht voll. Das bedeutet, die eben vorbereitete Ausrüstung wieder auseinanderzubauen und eine neue Flasche zu holen, diese wieder am Jacket anzubringen. Weiter in den Anzug zwängen. Die Maske taucht doch auf. Dann ist die Batterie vom Unterwasserblitz leer. Gut, Blitz bleibt oben, muss abgeschraubt werden. Der Buddy braucht noch länger als man selbst, durch die brennende Sonne ist man nass geschwitzt und genervt. Dann endlich geht es ins Wasser. Der Anzug drückt genau auf den Knoten vom Bikini. Die Maske beschlägt ohne Pause. Man ist nur damit beschäftigt, diese wieder klar zu bekommen, und nimmt fast nichts von der Unterwasserwelt wahr. Dann sticht es auch noch in den Ohren, der Schnupfen ist vielleicht noch nicht komplett auskuriert. Schlechte Sicht, Strömung, Schmerzen und eine generelle Gereiztheit. Mit dem Buddy wird unter Wasser in Zeichensprache diskutiert, dass man den Tauchgang abbrechen möchte, weil es einfach nichts bringt. Der Guide wird informiert, man taucht eigenständig auf und geht wieder an Bord des Schiffes. Kapituliert vor den Widrigkeiten, die sich akkumuliert haben und in ihrer Summe den Tauchgang einfach nicht möglich machen.

Die wahre Stärke ist es, sich dieses einzugestehen und einige ruhige Minuten auf dem Boot zu verbringen, bevor die anderen Taucher zurückkommen. Denn wer unter schlechten Bedingungen einen Tauchgang erzwingt, bringt sich und andere in Gefahr. Wer mit leichten Kopfschmerzen den Tauchgang beginnt, kann sich plötzlich mit rasenden Schmerzen auf 35 Metern wiederfinden. Eine leichte Magenverstimmung kann dazu führen, dass man sich unter Wasser übergeben muss, was nicht so angenehm ist. Wer müde, kaputt und einfach erschöpft ist, kann sich in einer sich plötzlich drehenden Strömung vielleicht nicht mehr zurechtfinden und gerät in Panik. Oder schafft es bei hohen Wellen nur schwer zurück ins Boot, weil die Kraft nicht mehr ausreicht. Ein leichter Schnupfen kann unter Wasser zu ernsthaften Problemen führen. Wer keinen Druckausgleich machen kann, setzt sich einer großen Gefahr aus, kann ein Barotrauma davontragen, welches auch langfristig das Tauchen fast unmöglich machen kann. Aber auch Schwindelanfälle und Desorientierung können unter Wasser gefährlich werden. Auch eine vermeintlich harmlose Magenverstimmung oder Durchfall können zu einer Dehydrierung und einem daraus resultierenden Tauchunfall führen.

Das liest sich alles nun recht dramatisch, und eigentlich ist Tauchen ein recht sicherer Sport. Es geht mir nicht darum, Katastrophenszenarien zu beschreiben, sondern eher darum, zu erklären, dass es einfach Gefahren gibt und man einen Tauchgang nie erzwingen sollte, wenn man sich nicht gut fühlt. Denn man bringt sich und auch immer andere, die dann eventuell retten müssen, in Gefahr. Das ist kein Tauchgang wert. Lieber einmal zu viel an Land bleiben und die Aussicht auf das Meer oder den See genießen und sich entspannen. Der nächste Tauchgang kommt bestimmt. Die wahre Größe zeigt sich dann, wenn man einen Tauchgang, der schlecht begonnen hat, rechtzeitig abbricht. Nämlich so rechtzeitig, dass man gar nicht erst abtaucht, sondern bereits vorher feststellt, dass es einfach nicht geht.

106. GRUND

Weil man gegen die Instinkte handeln muss

Jahrtausende der Evolution haben uns Menschen bestimmte Instinkte und Verhaltensweisen mitgegeben. Sie sind tief in uns verwurzelt und haben auch in der modernen Welt ihren Nutzen nicht verloren. So tendieren wir oft in Stresssituationen dazu, die Flucht ergreifen zu wollen. Hormone, Nerven, das Gehirn und unsere Muskeln signalisieren uns, dass wir den Rückzug antreten sollen. Kommt es unter Wasser zu einer Stresssituation, möchten wir eigentlich nur eines: so schnell wie möglich an die Oberfläche zurückzukehren. Hat ein Taucher unter Wasser ein Problem, setzen diese Urinstinkte ein. Der Fluchtinstinkt will uns so schnell wie möglich an die Oberfläche bringen. Wir wollen geradezu panisch und schnell diesen feindlichen Lebensraum verlassen. Genau diese Reaktion ist aber die falsche. Denn ein hysterischer und zu rascher Aufstieg kann zu einem Dekompressionsunfall mit ernsten Konsequenzen bis hin zum Tod führen.

Ein Taucher, der unter Wasser ein Problem hat, muss also diesen Urinstinkt überwinden, sich beruhigen und erst mal dort bleiben, wo er ist. Er muss sein Problem soweit es geht unter Wasser lösen, sich Hilfe eines Mittauchers holen und dann kontrolliert den Aufstieg einleiten. Dieses Verhalten kann man trainieren. Wer regelmäßig taucht, sollte auch immer wieder Notsituationen nachstellen und sich so angewöhnen, besonnen zu reagieren. Denn unter Wasser können uns unsere Instinkte das Leben kosten.

Wir Menschen sind halt echte Landratten. Wir sind das jahrtausendealte Ergebnis der Evolution, die uns für ein Leben an Land geformt hat. Wir gehen auf langen Beinen aufrecht auf der Erdoberfläche umher. Wir haben zwei kräftige Arme, mit denen wir Arbeit verrichten können. Wir haben eine gut ausgebildete Lunge, die uns ab dem Tag unseres ersten Schreis das Überleben ermöglicht. Unsere

Augen sind perfekt an die Bedingungen in unserer Welt angepasst. Wir ergänzen die Informationen, die unsere Augen liefern, durch die Geräusche um uns herum und formen uns so ein Gesamtbild einer Situation. Wir kommunizieren durch das gesprochene Wort, wir hören und wir riechen. Weglaufen, rufen, schreien, sich mit Händen und Füßen wehren. Es handelt sich um ursprüngliche, grundlegende Verhaltensmuster, Reflexe und Instinkte, die uns das Überleben seit Anbeginn der Menschheit sichern sollen. Nur schade, dass sie alle unter Wasser leider komplett nutzlos sind. Denn wir können dort unten weder gehen, noch immer gut sehen, wir können nichts hören, nichts riechen, und sprechen können wir auch nicht. Unsere Körper wirken im Vergleich zu denen der Meeresbewohner plump und unbeholfen. Die Beine dienen zwar der Fortbewegung, aber ohne die großen Flossen wären auch sie absolut nutzlos und würden uns keinen Meter voranbringen. Wir sind auf Technik angewiesen, um atmen zu können. Die Arme, sofern er keine Kamera in den Händen hält, hat ein Taucher immer dicht am Körper.

Unsere Instinkte sind unter Wasser zum größten Teil also nutzlos. Lediglich wenn wir uns unwohl fühlen und eine Situation unangenehm ist, sollten wir auf unser Bauchgefühl hören. Selbst dann ist aber Flucht keine Option, wir müssen uns immer vor Augen halten, dass wir erst nachdenken und dann handeln müssen, um uns nicht in Gefahr zu bringen. Wir dürfen uns unter Wasser nicht dem ersten Impuls hingeben, sondern im ersten Moment genau gegen diesen handeln. Das ist nicht immer einfach, aber ein langsamer und kontrollierter Aufstieg kann unser Leben retten.

107. GRUND

Weil man anderen vertrauen muss

Sich gut vorzubereiten, sich mit seiner Ausrüstung auseinanderzusetzen, zu wissen, was man in einem Notfall tun muss, und die eigenen Fähigkeiten genau kennen. Das alles ist essenziell für jeden Taucher. Genauso wichtig sind aber die anderen Menschen, mit denen man abtaucht. Denn sollte ein Notfall unter Wasser eintreten, muss man sich auf diese anderen Menschen verlassen. Einfach ist es, wenn man stets mit demselben Buddy unterwegs ist. Da weiß man, was man hat, wie der andere tickt, wo die Stärken und Schwächen liegen.

Verreist man so wie ich hauptsächlich alleine, muss man sich jedes Mal auf neue Leute einstellen und hoffen, dass die Mittaucher richtig reagieren, wenn es darauf ankommt. Grundsätzlich habe ich festgestellt, dass die meisten Menschen schwer in Ordnung sind und auf ihre Mittaucher achten. Manche übertreiben es, geben Anweisungen und fragen zigmal nach, wie viel Luft man hat. Aber wahrscheinlich sind genau diese Pedanten die idealen Tauchbuddys, denn sie achten wirklich auf ihre Mittaucher und tun nicht nur so. Ein gewisses Grundvertrauen sollte man allerdings schon mitbringen, wenn man alleine auf Tauchurlaub geht, und manche Taucher mögen es nicht, ständig mit Fremden unterwegs zu sein. Denn sie wollen lieber jemanden, den sie kennen und dem sie vertrauen können. Ich gehe einfach immer vom Guten im Menschen aus und versuche, meine neuen Tauchbuddys so gut wie es geht vor dem Tauchgang abzuklopfen. Wenn ich bei jemandem ein ganz schlechtes Gefühl habe, dann habe ich keine falsche Scheu, das dem Guide mitzuteilen und um Zuteilung in eine neue Gruppe zu bitten. Denn Vertrauen ist wichtig, aber ich vertraue fast niemandem blind, schon gar nicht einer unbekannten Person.

Daher ist es gut und wichtig, sich vor dem Tauchgang kurz mit den anderen Tauchern und dem noch unbekannten Buddy abzusprechen. Ein kurzer Abgleich der taucherischen Erfahrung, wie viele Tauchgänge der andere hat und wie oft er tauchen geht, wann der letzte Tauchgang war, all diese Informationen helfen uns abzuschätzen, wie erfahren der Taucher ist. Was an Land besprochen wird und wie es dann unter Wasser wirklich aussieht, sind manchmal allerdings ganz verschiedene Sachen. So mancher Supertaucher entpuppt sich als hektischer, zappelnder Zeitgenosse, der nach 30 Minuten seine Flasche leer gesaugt hat. So mancher Anfänger liegt mit 40 Tauchgängen ruhig wie ein Profi im Wasser und strahlt Ruhe und Verlässlichkeit aus. Man sollte sich also jeden Buddy auch unter Wasser genau ansehen, um ein Bild zu bekommen, wie es denn wirklich um die taucherischen Fähigkeiten steht.

Aber am Ende des Tages bringt das alles nur wenig, denn ich muss mich dennoch in einem Notfall auf diesen Menschen verlassen und ein Stück weit darauf vertrauen, dass alles gut gehen wird, auch wenn es zu einer schwierigen Situation kommen sollte. Anders kann man nicht mit fremden Menschen tauchen, sondern sollte es sein lassen.

108. GRUND

Weil man auch mal ran muss

Gemütlich vor sich hin tauchen, bunte Fische gucken und ganz entspannt durch die Unterwasserwelt dümpeln. So stellt sich jeder Taucher den idealen Tauchgang doch vor. Kein Stress, keine Hektik, keine Probleme. In einer idealen Tauchwelt wird einem die Ausrüstung direkt ans Wasser getragen, man bekommt Hilfe beim Ein- und Aussteigen aus dem Wasser und muss sich um nichts kümmern.

Doch so ist es nicht immer. Manchmal passiert etwas, manchmal gibt es Probleme. Dann muss auch jeder von uns mal ran. Mittauchern, die Probleme haben beim Ausstieg, kann man mit der Ausrüstung helfen. Ich bin recht klein und zierlich, mir haben schon oft andere Taucher geholfen, die schwere Ausrüstung an den See zu tragen. Oder mir geholfen, als ich in der Brandung auf Teneriffa nicht mehr auf die Beine gekommen bin. Helfen ist mit der eigenen schweren Ausrüstung nicht einfach, aber Hilfe zu leisten finde ich unerlässlich. Es kann jeden von uns jederzeit unter Wasser oder an Land treffen, dass ein anderer Taucher einen Notfall hat und Hilfe braucht. Ich habe mal einen Taucher beobachtet, der unkontrolliert von 20 Metern plötzlich aufstieg. Ich bin sofort mit einem zweiten Taucher hingeschwommen und habe ihn festgehalten. Mit Zeichensprache fragten wir, ob er auftauchen möchte, und als er verneinte, zogen wir ihn wieder einige Meter weiter hinunter. Das Wichtigste beim Hilfeleisten ist zwar, sich selbst nicht in Gefahr zu bringen. Im Rahmen der eigenen Möglichkeiten sollte man aber immer bereit sein, einzuspringen und zu helfen. Egal, was der andere braucht. Als Taucher hält man da zusammen und unterstützt sich gegenseitig. Man muss sich immer der Tatsache bewusst sein, dass man manchmal Hilfe leisten muss, dass es zu einem echten Notfall kommen kann und man auch vielleicht Erste Hilfe leisten muss. Dass man eventuell andere Taucher und Umstehende zu Hilfe rufen und die Rettungskette organisieren muss.

Jeder Taucher sollte auch bereit sein, im Rahmen der eigenen Möglichkeiten einfach bei Schwierigkeiten zu helfen. Von mir, als laufendem Meter, wird niemand erwarten, einem großen Techtaucher mit viel Ausrüstung beim Tragen zur Seite zu stehen. Ich kann aber sehr wohl einspringen, wenn jemand an Land die Flossen nicht ausziehen kann oder den Arm nicht in das Jacket bekommt. Ich kann Dinge schnell holen, die jemand an Land vergessen hat, oder die Flossen annehmen, wenn jemand aus dem Wasser rauskommt. Ich kann die Kamera eines Tauchers verstauen oder einen Reißverschluss auf- oder zumachen. All das kann ich leisten und bin auch bereit dafür. Wer nur mit Scheuklappen rumsitzt und nicht bereit ist ,auch mal selber zu helfen, der sollte seine Einstellung zum Tauchen und anderen Menschen überdenken. Denn Tauchen ist ein Teamsport, und jeder muss mal ran.

109. GRUND

Weil man sich auf sich selbst verlassen muss

Tauchen ist also kein Sport, den man ganz alleine ausübt, da man oft in einer Zweierkonstellation oder auch in einer Gruppe unterwegs ist. Gegenseitige Hilfe, aufeinander aufzupassen und in einer Notsituation richtig zu handeln, diese Erwartungen hat man an einen Buddy. Doch manchmal ist der Mittaucher nicht verlässlich. Hält sich nicht an Absprachen. Taucht tiefer als abgesprochen. Hält die Richtung nicht ein, verliert die Gruppe und achtet nicht auf die anderen Taucher. Oder taucht tief und riskant, nimmt lange Dekozeiten in Kauf, bei vielleicht nicht ganz idealem Luftverbrauch. So kann ein übermütiger Buddy nicht nur sich selbst, sondern auch den Buddy oder die Gruppe in große Gefahr bringen.

Bei aller Verantwortung für den Mittaucher ist die eigene Sicherheit dennoch immer höher anzusehen als die anderer Menschen. Daher ist es auch beim Teamsport Tauchen von großer Wichtigkeit, sich selbst abzusichern. Immer auf den eigenen Luftverbrauch achten. Die Navigation beachten, sich beim Briefing merken, wo das Boot liegt und in welche Richtung getaucht wird. Einen Kompass haben, einen funktionierenden Tauchcomputer und eventuell einen alternativen Tiefenmesser als Back-up-System des Tauchcomputers. Oder auch gleich einen zweiten Computer dabeihaben. Merkt man, dass der Buddy entgegen gemeinsamer Absprachen taucht, ist es natürlich schwierig, unter Wasser eine Diskussion zu beginnen. Man kann versuchen, mit Handzeichen die Situation anzusprechen, was aber auch zu weiteren Missverständnissen führen kann. Taucht man in einer Gruppe mit einem Guide, sofort den Guide informieren, dass der Buddy sich selbstständig macht, und ihm das Problem überlassen. Im schlimmsten Fall muss man sich während des Tauchganges vom Buddy trennen. Wenn dieser plötzlich immer tiefer taucht, dann gehe ich nicht bis in jede Tiefe hinterher. Das klingt brutal, aber kann mein eigenes Leben retten.

Im Zweifel sollte man sich nämlich eher auf den eigenen Instinkt verlassen, anstatt um jeden Preis einen renitenten Buddy einzufangen. Als Tauchanfänger war ich nicht so selbstbewusst. War unsicher und bin eher einem andern Taucher fast schon blind gefolgt, als mich alleine auf den Weg an die Oberfläche zu machen. Heute habe ich Vertrauen in meine Fähigkeiten, in mein Können und kenne meine Grenzen. Ich weiß, wann ich den Rückzug antreten sollte und wo ich meinem Buddy nicht blind folge. Dann kommuniziere ich das dem Gegenüber und verlasse mich auf meine eigenen Instinkte. Denn nur ich weiß, wann ich mich wohlfühle und wann nicht. Dieses Vertrauen in die eigenen Gefühle ist beim Tauchen sehr wichtig, und wir sollten immer auf uns selber hören. Der Buddy ist nicht immer so, da nicht immer verlässlich und der Situation nicht immer gewachsen. Manchmal kann man sich also manchmal einfach nur auf sich selbst verlassen.

110. GRUND

Weil man Entscheidungen nicht nur für sich trifft

Perfektes Tauchwetter vor der indonesischen Küste. Eine leichte Brise, wolkenloser Himmel und ein buntes Riff. Endlich kommen wir nach einer langen Überfahrt mit dem Safariboot an unserem Tauchplatz an. Die Lust auf den ersten Tauchgang ist unendlich groß. Leider hat der Magen die Strapazen nicht mitgemacht, die Rache der Pharaonen hat mich erwischt. Übelkeit, Durst, Müdigkeit. Was tun? Tauchen oder nicht? Schaffe ich die Überfahrt zum Tauchplatz mit dem kleinen Gummiboot überhaupt, ohne mich zu übergeben? Einige Jahre später auf den Malediven. Lang ersehnter Tauchurlaub. Ich wache auf, mit Fieber. Inhaliere, nehme Tabletten, es wird einfach nicht besser. Die Nase ist verstopft, der Kopf brummt. Soll ich dennoch abtauchen? Meine erste große Tauchsafari. In Ägypten. Alle schwärmen von den Tauchgängen bei Nacht. Ich bin noch nicht so sicher unter Wasser, bin viel mit mir selbst beschäftigt. Soll ich dennoch nachts abtauchen und versuchen, diese Angst zu überwinden? Teneriffa, einige Monate später. Das Meer tobt, es bäumt sich auf. Das Boot schaukelt wie eine Nussschale auf dem Wasser. Dennoch wird ein Tauchgang angeboten. Gehe ich mit? Schaffe ich es wieder in das Boot, oder soll ich an Deck bleiben?

Es gibt unzählige solcher Momente, in denen man sich entscheiden muss, ob man abtaucht oder nicht. Ich habe mich von Mal zu Mal entschieden. Bei leichter Seekrankheit auf dem Schiff ist es oft wirklich hilfreich, doch abzutauchen. Kaum hat man den Kopf unter Wasser, ist die Übelkeit verschwunden. Aber nur wenn die Übelkeit von der Seekrankheit kommt, auslöst durch die Bewegung des Bootes an der Oberfläche. Hat man sich den Magen verdorben und taucht ab, kann es sein, dass man sich auch unter Wasser übergeben muss und dann gute Nerven braucht, um nicht in Panik auszubrechen. Auf den Malediven bin ich trotz verstopfter Nase und Fieber abgetaucht und werde genau das nie wieder machen. Ich litt während des gesamten Tauchganges unter Schwindelanfällen, Kopfschmerzen und hatte Glück, dass ich mir keine Umkehrblockade eingefangen habe. Den Nachttauchgang in Ägypten habe ich trotz meiner Angst doch gemacht. Birgit, ein Guide an Bord und bis heute eine Freundin, hat mir so davon vorgeschwärmt und mich wortwörtlich unter Wasser an die Hand genommen. Sie ist mit mir alleine runter gegangen, damit sie sich ganz auf mich konzentrieren konnte. Ihre Ruhe, Begeisterung und Erfahrung haben mir die Angst genommen.

Wenn es einem also schlecht geht oder man Ängste hat, muss man gut abwägen, was man tut. Es geht dabei natürlich um die eigene Gesundheit, die eigenen Grenzen und Sicherheit. Es geht aber auch im gleichen Maße um die anderen Taucher, die dabei sind. Denn es einfach nur mal probieren, ob man abtauchen kann oder den Tauchgang zu Ende bringt, ist oft nervig für die ganze Gruppe. Wenn jemand Ohrenschmerzen hat, es aber dennoch mit dem Tauchen probiert und dann nicht abtauchen kann, müssen alle warten und verbrauchen dabei wertvolle Luft. Wenn man dann den Tauchgang doch abbrechen muss, muss der Buddy eventuell mit rauf. Ein Taucher, dem es nicht gut geht, ist auch unter Wasser geschwächt und kann dadurch sich und auch die Gruppe schnell in Gefahr bringen.

Daher müssen solche Entscheidungen schnell und entschlossen getroffen werden. Aus Gründen der Sicherheit und auch aus Respekt den anderen Gruppenmitgliedern gegenüber sollte man also eher von einem Tauchgang Abstand nehmen, wenn man sich nicht gut fühlt, als sich selber und andere in Gefahr zu bringen und allen den Tauchgang zu ruinieren. Der ganzen Gruppe den Tauchgang zu vermiesen ist allerdings das günstigste Szenario.

Denn die eigene Dummheit oder Selbstüberschätzung kann eine ganze Gruppe in Gefahr bringen. Eine Rettung kann auch die Retter in Schwierigkeiten bringen, wenn zum Beispiel ein Taucher aus großer Tiefe geborgen werden muss. Jede eigene Entscheidung kann ernsthafte Konsequenzen für andere Menschen haben, daher muss man immer gut abwägen, was man macht und was nicht.

111. GRUND

Weil man manchmal gar nicht tauchen darf

Die Hürden für den Einstig und die Ausübung des Tauchsports sind zwar etwas höher als in manchen anderen Sportarten, aber nicht unmenschlich hoch. Wer sich einer guten Gesundheit erfreut, sich körperlich fit fühlt, die tauchärztliche Untersuchung übersteht und schwimmen kann, dem steht eigentlich nichts im Wege. Auch altersmäßig gibt es kaum eine Beschränkung, ich bin mit über 70-Jährigen getaucht, die aufgrund ihrer langjährigen Erfahrung und der regelmäßigen Ausübung ihres Hobbys so fit oder sogar besser in Schuss waren als wir jüngeren Taucher.

Dennoch können bestimmte körperliche Dispositionen, psychische Krankheiten, Unfälle oder sonstige Zipperlein deine Ausübung des Tauchsportes unmöglich machen. Viele andere Hobbys lassen sich nämlich trotz Einschränkungen auf eine andere Art und Weise ausüben. Wer zum Beispiel jahrelang Mountainbike oder Rennrad gefahren ist und nicht mehr so leistungsfähig ist, kann oft auf gemütlichere Radtouren umsteigen. Bergsteiger mit Verletzungen können vielleicht nicht mehr die ganz steilen Gipfel erklimmen, aber zumindest in den Bergen wandern gehen. Natürlich trifft das nicht auf alle Sportarten zu, es gibt genug Hobbys, die nach Unfällen oder Krankheiten nie wieder ausgeübt werden können. Tauchen ist hier ganz vorne mit dabei. Manchen Menschen gelingt der Druckausgleich einfach nicht, das kann in einzelnen Fällen an einer zu engen Eustachischen Röhre liegen. Wer unter Herzkrankheiten leidet, vielleicht sogar einen Herzinfarkt hatte, darf vielleicht nie wieder abtauchen. Zwar gibt es unter Medizinern da verschiedene Meinungen, und die Gründe für ein Tauchverbot sind vielfältig, es gibt keine allgemeingültige Richtlinie. Aber das Tauchen birgt viele Risiken für Herzpatienten, angefangen von der Wassertemperatur bis hin zur den Stickstoffblasen im Blut. Diese

Faktoren können unter Wasser das Risiko für ernsthafte Probleme signifikant erhöhen.

Ein einfacher Schnupfen oder ein grippaler Infekt macht das Tauchen zum Glück nur temporär fast unmöglich, wobei es genug Taucher geben soll, die bei einer stark verstopften Nase besonders gerne abtauchen. Der Druck löst den Schleim beim Auftauchen, und das Salzwasser hilft, die Nase durchzuspülen. Allerdings kann es hier zu einer Umkehrblockade kommen, die ein Auftauchen erheblich erschwert. Daher kann ich das Abtauchen mit einem starken Schnupfen anderen Tauchern nicht empfehlen. Ein kaum erforschtes Feld sind Taucher mit psychischen Krankheiten. Depressionen oder bipolaren Störungen. Sollten diese Menschen tauchen? Eine sehr provokante Frage, die sich nicht einfach beantworten lässt. Wer Medikamente zur Therapie einer psychischen Krankheit nimmt, sollte sich auf jeden Fall intensiv medizinisch untersuchen und beraten lassen. Manche Medikamente schränken die Reaktionsfähigkeit ein oder die Fähigkeit, rationale Entscheidungen zu treffen. Wer an Land starke Ängste hat, kann unter Wasser vielleicht eher eine Panikattacke entwickeln. Denn vor diesen Angstanfällen unter Wasser ist wirklich kein Taucher sicher, auch erfahrene Taucher kann das plötzlich unter Wasser treffen. Nach schweren Operationen kann man erst wieder tauchen, wenn alle Wunden verheilt und auch die körperlichen Einschränkungen verschwunden sind. So einfach Tauchen auch aussieht, für den Organismus sind die Tiefe, die schwere Ausrüstung und auch die körperliche Anstrengung einfach eine Belastung.

Im Gegensatz zu einem Läufer oder Radfahrer kann man nicht einfach anhalten und eine lange Pause machen, manchmal muss man gegen die Strömung schwimmen, und man ist gezwungen, langsam aufzutauchen. Kein Tauchgang kann schnell und abrupt abgebrochen werden, was für mich der größte Unterschied zu andern Sportarten ist. Bergsteiger oder Fallschirmspringer sind da in einer vergleichbaren Situation. Egal wie schlecht es einem geht, man muss wieder zurückkehren in die gewohnte Umgebung. Eine weitere Gruppe, die absolutes Tauchverbot hat, sind Schwangere. Da gibt es auch keine Diskussion, kein Wenn und Aber. Wer schwanger ist, darf gerne entspannt schnorcheln, aber nicht abtauchen. Die Auswirkungen auf den Fötus sind zwar nicht erforscht, denn solche Experimente am Menschen sind Gott sei Dank nicht möglich. Die theoretisch größte Gefahr ist, dass sich Stickstoffblasen im Kreislauf der Mutter ansammeln, über die Nabelschnur in den kindlichen Kreislauf gelangen und Embolien auslösen können. Die kleinen Bläschen können die Sauerstoffzufuhr zum Kind unterbrechen. Außerdem ist die Frau selber durch ihren Zustand anfälliger für Durchblutungsstörungen und eine Dekompressionskrankheit.[13]

Wurde ein Tauchverbot, aus welchen Gründen auch immer, ausgesprochen, sollte man sich auch besser daran halten. Man setzt unter Wasser sein eigenes Leben aufs Spiel und gefährdet möglicherweise Mittaucher und Helfer. Auch wenn es wehtut, nicht mehr zu tauchen, sollte man das eigene Leben an erste Stelle setzen. Und Schnorcheln ist ja auch sehr schön und bietet eine gute Alternative zum Tauchen. Oft bedeutet aber ein Tauchverbot nur eine temporäre Einschränkung, nach einer vollständigen Genesung sind Tauchgänge wieder erlaubt, wenn auch vielleicht leicht eingeschränkt, was die Tiefe angeht. Aber auch das ist besser, als gar nicht zu tauchen.

Danke

Mein Dank gilt der Familie für die organisatorische Unterstützung in turbulenten Zeiten und meinen Buddies für all die tollen gemeinsamen Tauchgänge.

Anmerkungen

1 www.aqua-med.eu/medizin/aerztlicheleistungen/medizinische-artikel/medizinische-artikel/dekompressionserkrankung
2 https://derstandard.at/2000065801844/Warum-Tauchen-fuer-Raucher-gefaehrlich-werden-kann, https://derstandard.at/2000065801844/Warum-Tauchen-fuer-Raucher-gefaehrlich-werden-kann
3 https://de.wikipedia.org/wiki/Tauchphysik
4 www.taucherpedia.info/wiki/Druckausgleich
5 https://de.wikipedia.org/wiki/Erdoberfläche
6 https://de.wikipedia.org/wiki/Tiefsee
7 https://en.wikipedia.org/wiki/Ahmed_Gabr
8 https://en.wikipedia.org/wiki/Deepsea_Challenger
9 https://de.wikipedia.org/wiki/Tiefsee-U-Boot
10 www.spektrum.de/news/jagd-nach-dem-ursprung-des-lebens-auf-gesteinen-in-der-tiefsee/1579234
11 www.spiegel.de/wissenschaft/natur/symbiose-clownfische-faecheln-seeanemonen-wasser-zu-a-886054.html
12 www.tauchen.de/tauchwissen/tauchmedizin/kalorienverbrauch-beim-tauchen-macht-tauchen-schlank.
13 www.kup.at/kup/pdf/9210.pdf, Hachemian N. Tauchen in der Schwangerschaft – Eine Literaturübersicht. Speculum – Zeitschrift für Gynäkologie und Geburtshilfe 2010; 28 (3) (Ausgabe für Österreich), 14-15. peculum – Zeitschrift für Gynäkologie und Geburtshilfe 2010; 28 (3), (Ausgabe für Schweiz), 14-14

Bildnachweis

Titelfoto: © Jukka - stock.adobe.com

Textteil: 1. Kapitel: © maximsamos/depositphotos.com, 2. Kapitel: © maximsamos/depositphotos.com, 3. Kapitel: © Andaman/depositphotos.com, 4. Kapitel: © Bettina Winert, 5. Kapitel: © Observer/depositphotos.com, 6. Kapitel: © STYLEPICS/depositphotos.com, 7. Kapitel: © sellingpix/depositphotos.com, 8. Kapitel: © photosky/depositphotos.com

Bildteil 1 (von oben nach unten): Seite I: © paulcowell - stock.adobe.com, S. II: © moofushi - stock.adobe.com, © Jag_cz - stock.adobe.com, S. III: © SebastianPeña - stock.adobe.com, © Jag_cz - stock.adobe.com, S. IV-V: © vkilikov - stock.adobe.com, S. VI: © Bunakenhans - stock.adobe.com, © hakbak - stock.adobe.com, S. VII: beide Fotos © Bettina Winert, S. VIII: © mekanphotography - stock.adobe.com, © uwimages - stock.adobe.com, S. IX: © whitcomberd - stock.adobe.com, © frantisek hojdysz - stock.adobe.com, S. X: © Patryk Kosmider - stock.adobe.com, © Song Heming - stock.adobe.com, S. XI: © Richard Carey - stock.adobe.com, © frantisek hojdysz - stock.adobe.com, S. XII-XIII: © nickeverett1981 - stock.adobe.com, S. XIV-XV alle Fotos © Bettina Winert, S. XVI: © willyam - stock.adobe.com

Bildteil 2 (von oben nach unten): Seite I: © moofushi - stock.adobe.com, S. II: © Bettina Winert, © timsimages.uk - stock.adobe.com, S. III: © edouarrr - stock.adobe.com, © frolova_elena - stock.adobe.com, S. IV: © Frank Waßerführer - stock.adobe.com, © Tropical studio - stock.adobe.com, S. V: © JeanFrancois - stock.adobe.com, VI-VII: © leonardogonzalez - stock.adobe.com, S. VIII: © Bettina Winert, © crisod - stock.adobe.com, S. IX: © Bettina Winert, © Kletr - stock.adobe.com, S. X: © Sarah OGorman, © Bettina Winert, S. XI: © Bettina Winert, © pirotehnik - stock.adobe.com, S. XII: © OutdoorWorks - stock.adobe.com, S. XIII: © Bettina Winert, S. XII-XIII unten: © Richard Carey - stock.adobe.com, S. XIV-XV: © Josephine Julian - stock.adobe.com, S. XVI: © aquapix - stock.adobe.com, © mekanphotography - stock.adobe.com

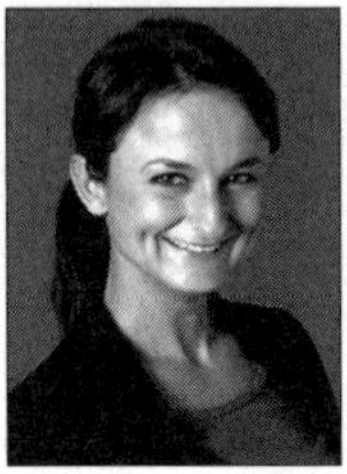

BETTINA WINERT, Jahrgang 1978, lebt seit 2005 in Wien. Die gebürtige Deutsche hat in Österreich in einem kalten Bergsee ihre Liebe zum Tauchen entdeckt. Ihre Leidenschaft für den schönsten Sport der Welt hat sie rund um die Welt geführt, jede freie Sekunde verbringt sie lieber unter Wasser als an Land. Ob in den klaren Tiefen des Roten Meeres oder in einem heimischen See, sie kann keinem Gewässer widerstehen und taucht überall, wo sie die Möglichkeit dazu hat.

Bettina Winert
111 GRÜNDE, TAUCHEN ZU GEHEN
Eine Liebeserklärung an die Unterwasserwelt

ISBN 978-3-86265-793-3

VERLAG
Schwarzkopf & Schwarzkopf Verlag GmbH
Kastanienallee 32, 10435 Berlin
Telefon: 030 – 44 33 63 00
Fax: 030 – 44 33 63 044

INTERNET | E-MAIL
www.schwarzkopf-schwarzkopf.de
www.facebook.com/schwarzkopfverlag
info@schwarzkopf-schwarzkopf.de